新しい〈地方《ふるさと》〉を創る

未来への戦略

杉山友城 編著

井上武史・栃川昌文
塚本利幸・成田光江
福井銀行 地域創生チーム 著

晃洋書房

まえがき

いま、本書を手に取っていただいている方には、いろいろな立場の方がいると思う。世代（若者からベテランなど）も、住んでいる場所（都心や農村など）も、仕事（サラリーマンや経営者、行政職員、学生など）も、悩み（地域を活性化させたい、自分探しをしたいなど）も違う。ただ、地域や地方、地域づくりや地方づくりに対して何らかの興味や関心を持っているということは、共通しているのではないだろうか。

立場によって、地域づくり・地方づくりの捉え方は違ってくる。道路、建物、公園などを造る地域開発（インフラ整備）も地域づくりであろうし、そのための政策を考えること（地域政策）も地域づくりである。なかには、自分自身の心のよりどころになる場所をつくること（＝ふるさと探し・ふるさとづくり）を地域づくりと捉える人もいるであろう。いずれも地域づくりであって、間違ってはいない。

さて、本書をまとめ、発表しようとしたきっかけを紹介しておこう。令和２（２０２０）年４月、福井県が実施する「人口減少対策データ分析・調査事業」に手を挙げるため、福井県立大学地域経済研究所に関わる研究者や実務家（本書の執筆者たち）の特別研究チームを発足した。研究内容は、福井県の人口減少の実態をデータに基づき客観的に把握することと、その結果から、人口減少対策に資する提案をするというもので、すなわち、主観的な情報ではなく、統計データや各種指標など、客観的エビデンス（根拠や証拠）を基にして、効果的・効率的な政策（ＥＢＰＭ）とは何かを提示するというものである。

研究チームでは、独自のアンケート調査を設計し、主として福井県出身で現在、他県に住んでいる人を対象に「なぜ福井県から出たのか」などの把握を行った（本書でも、この調査（以下、人口減調査）の結果も活用している）。また、数回の研究ミーティングを実施し、同年12月に最終報告書として、福井県に提出した。

完了と共に研究チームは解散しても良かった訳だが、この研究に取り組む過程で、人口減少対策についてだけではなく「地方や福井の魅力を伝える」「地方移住を検討している人に参考になる情報を発信する」「地域活動に取り組む人にヒントを提供する」ことができないかということになった。アンケート調査の結果を眺めると「福井からなぜ出ていったのか」「なぜ福井に残ったのか」などが見えてきた。ここで得たことは、必ずしも福井が嫌いで出ていった訳ではないことや、現在県外で暮らす福井出身者の福井への愛着が極めて高いことなどが分かったことである。幸福度日本一とも言われる福井の実情を、多くの人に知ってもらうことで、福井以外の地域（都道府県や市町村）における地域づくり・地方づくりのヒントを提供しようということになった。

コロナウイルス感染症が拡大する前の「地方創生」では、東京一極集中の是正と少子化対策としての合計特殊出生率の向上がターゲットであり、移住促進や関係人口の増加が目的となっていた。メディアで「地方移住が増加」といったものが流れたかと思えば、「夢の地方移住で挫折」といったものも流れるなど、果たして、地方とは住みやすい場所なのか、それとも住みにくい場所なのか、と悩んでしまうことも多かった。

ただ、地方・福井に対して筆者らが共通して持つ認識は、「都市・東京にはない地方・福井の魅力がある」ということである。

なお、本書では、地方やふるさと、地元や地域という言葉が多く出てくる。これらはいずれも、場所や範囲を規定する言葉で、例えば、地方とは、「中央と地方」と使われる場合には、中央が東京で、東京以外のすべてが地方になる。

また、ふるさとは、「生まれ育った場所」をイメージする人が多いようだが、「実家」「今住んでいる場所」「帰る・帰りたくなる場所」「思い出がたくさん詰まった場所」「自分にとって原点の場所」「見慣れた場所」をイメージする人も少なからずいる。なかには「忘れたい過去の場所」「ふるさとなんてない」と思っている人もいるであろう。地方やふるさと、地元には、「点」の性格がある。一方で、地域は「面」の性格を持ち、国境を超えて同質性を持つエリアという広域に括るものから、極めて狭いコミュニティまでをも含むものである。これらを明確に定義することは難題で、ゆえに、本書に登場する地域はどこを指しているのか、どの範囲を指しているのかは、都度、文脈を読み取りながら、本書を読み進めてくれることを期待している。

もうひとつ付け加えておくならば、本書の特長は、過去・現在・未来と、地方の姿を抜き出し、タイムワープを繰り返しながら書かれている。「新しい地方《ふるさと》」を構想するうえでは、このタイムワープが重要で、現状がどのような状態であったとしても、現代のトレンドや、来るべき未来を想定しておかなければならない。他方で、「吾々が今日こうやって活《い》きているのは、先祖のお蔭であって、吾々の智慧《ちえ》も経験も生活も思想も、多かれ少なかれ先祖から受け継いでいる――もし、自分一人の力で何もかもしなければならないとしたら、――生きてゆく力さえない」。「もし歴史が後《うしろ》に控えていなかったら、あの簡単に見える草履《ぞうり》一つだって作るのに難儀《なんぎ》する――一枚の紙だとて、どうして作るか、途方にくれる――これを想うと、どんなものも歴史的につながりを有って、存在している――吾々の生活はどうしても歴史と縁を切ることが出来」ないと、柳宗悦が指摘するように、過去からの関係性からは避けられないからである。

なお、本書は、序章と終章を含め7つの章で構成されている。序章では、本書を読み進める上での目線合わせを行い、第1章からは、地方の代表格ともいえる福井県を題材にして書かれている。第1章では、歴史という背景から、「新しい地方《ふるさと》をつくる」ための視点を導き出している。

大きな地方問題のひとつは、人口減少であり、そこで、第2章は、人口減調査の結果から、なぜ、地方から人が出ていくのか、地方に人が残るのか、そして、出ていった人がなぜ戻ってくるのか。その背景を明らかにしている。

第3章では、特に地方における女性の生き方、暮らし方に注目し、女性がイキイキと暮らせる場が地方にはあること。「新しい地方《ふるさと》」には、都会では得ることができない女性が楽しむことができる環境があることを伝えている。

第4章では、人口が減る要因として大きな影響を与える所得に視点を移し、地方における生産・消費、そしてこの2つの結果から生まれる生産性についてみている。

第1章から第4章を踏まえて、筆者らが考える「新しい地方《ふるさと》」とは何かを示したのが第5章であり、この実現に向けた提言にあたる章が、終章である。

また、第1章から第5章の末尾に、それぞれ、コラムを用意した。このコラムを読むことで、地方・福井県で暮らし、働く人たちの息づかいを感じ取ってもらえると思う。

地方は経済というよりも文化に価値があり、地方では人の流れに格差があり、地方には自己増殖的に衰退していくというプロセスがある、とポール・クルーグマンは指摘している。

地方とは「弱い存在」であり「守らなければならない存在」であり「活性化、創生させなければならない存在」であるという前提を多くの人たちは持っている。しかし、地方とは、ポテンシャルを秘めた存在であること、このポテンシャルを呼び覚ますことができるか、できないかは、私たち一人ひとりの力量と行動にかかっているのではないだろうか。

「新しい地方《ふるさと》を創る」ために、その時々の最適解は示せても、こうすれば必ずうまくいくという正解は示せない。未来がこうなると断言できる人はいないだろうし、「これが正解だ。こうすればうまくいく」という人ほど、無責任で胡散臭い。

できることは、方法を示すことではなく、一人ひとりやコミュニティ、それぞれの組織が意思決定をする際の判断基準になる視点（ものさし）を示すこと。加えて、意思決定を後押しすること、それぞれ立場が異なる人たちが、地域や地方の未来を考え、共に悩み、地域や地方に今より少しでも関心を持つことから始める「きっかけ」を提供することだと思う。たったひとりで、地域や地方を変えることは難しい。しかし、小さくてもやれることはあるだろうし、そうした小さな活動や運動が、新しい地域や地方を創っていくと確信している。

地方が元気になることで、幸せな暮らしが地方に広がること、地方をなんとかしたいと考える人たちに役立つことを願いつつ、本書を世の中に送り出したいと思う。

2022年3月

著者を代表して　杉山友城

もくじ

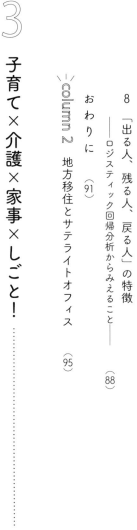

終章　新しい地方《ふるさと》づくりに向けた政策への展望　200

序章　人口減少時代の地域づくり・地方づくりへの視座

――新しい地方《ふるさと》モデルの創造に向けて――

はじめに

新型コロナウイルス感染症が流行し、東京一極集中が収まり始めているかのような報道や論調の記事を目にすることがあった。長らく続いていた東京における人の流入超過が、コロナウイルス感染症の拡大と同時に流出超過に転じたことが背景にある。しかし、これは単月での話であり、一年を通してみれば、依然として東京への流入超過の状況は続いている。

コロナ禍は、かつてのボリューム感からすれば、東京への流入と東京からの流出というバランスに変化を与えたことは間違いではない。リモートワークが普及し、どこでも仕事ができるのであれば、高密にならない自然豊かな地で、子供と一緒に人間らしい生活をしてみようと地方に移住した人もいるであろう。かたや、仕事が減り、東京での生活に限界が生じたことで、地元に帰るしかなくなったという人もいるであろう。しかし、これらも限定的な話であり、地方における人口減少問題を解決に向かわせるほどのインパクトはない。

というのも、東京都から転出した多くの人たちは、東京から遠く離れた地方ではなく、東京圏内の埼玉県、神奈川県、千葉県への移住が目立つからである。わざわざ高密で高コストの東京に住む必要性が下がり、通勤1時間圏内であれば、埼玉や千葉や神奈川でもよいではないかという意識が働いた人のほうが多い。東京での生活コスト高騰を避け、近隣県

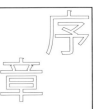

へと移住したというかつての構造とさほど変わらない。

地方圏に目を転じれば、大阪を中核とした関西圏、愛知を中核とした東海圏、岡山や広島、福岡といった地方圏における中核的な府県は流入超過となっており（他、沖縄県や富山県も流入超過であるが）、中核府県に隣接する地方の県は、人口が減り続けているというのが実態である。つまり、一極集中や地方分散というよりも「多極集中」に向かっている。

コロナウイルス感染症の拡大が、日本各地の人口格差を是正する大きなきっかけになるというのは、残念ながら事実を歪めた希望的な観測に過ぎない。移住という選択は、それなりの覚悟と意思が必要なことであり「移住者に現金を支給」といった人参をぶら下げる方式や、地方には大自然があり、非過密は売りになるのだから「空き家をただ同然で貸し出す」ことで移住者を増やそうといった施策では根本的な解決には結びつかない。

コロナ禍以前も、コロナ禍の最中も、そして、コロナ収束後も、東京から遠く離れ、また地方の中核から外れた県や市町村にとって、人口減少問題は引き続き解決困難な地域課題として圧し掛かることになる。

1 人口減少と地方

そもそも、日本の人口減少は問題なのであろうか。「人口が減ったとしても、コミュニティとしての繋がりや助け合いの精神が根づいていれば、それでいいではないか」という声を聞いたこともある。

（1）人口減少は望ましくない姿

少し古くなるが、2014年8月に内閣府が行った世論調査によれば、9割以上の国民が「人口減少は望ましくない」と回答している。さらにその内訳をみると、人口減少は望ましくなく「増加するように努力すべき（33・1％）」「現在程度の人口を維持すべき（18・6％）」「減少幅が小さくなるよう努力すべき（23・5％）」、人口減少は望ましくないが「仕方がない（19・1％）」となっている。

約2割の「仕方がない」と回答した人は、人口減少に対して消極的な承認とも捉えることができるが、8割弱は問題として認識していることが分かる。ただ、解決の方向性として、「空いてしまった席をどう埋めるかを考えるべき」「空いてしまったのであれば、その範囲で留めるべき」「さらに席が空かないようにすべき」と、意見が分かれる。

こうした意見の違いは、回答した人たちが暮らす場のステージによって異なっていることが要因と言えるのではないか。比較的に都市部であれば、まだ人口減少を食い止めることができるというイメージを持つ可能性はあるだろうし、かたや農山漁村といった地方圏のさらに地方に住む人たちからすれば、これ以上の人口減少は致命傷になってしまうと実感しているかもしれない。また、すでに諦めてしまっている人もいるかもしれない。

地方創生を旗印に「東京一極集中の是正と少子化対策」という大号令だけでは、事情が異なる地方の人口減少を止めることは難しい。そもそも、地方創生の議論は、東京から地方への人の移動を促し、人口という頭数を揃え、地域間のバランスを整えるというイメージが強い。

（2）人口減少が招く本当の問題

地方に住み暮らす人たちにとって深刻な問題は、東京に人口が一極集中していることではなく、人口減少に伴う生活や暮らしに直結した「生活関連サービスの縮小」や「地域公共交通の撤退・縮小」「税収低下に伴う行政サービス水準の低下」「地域コミュニティの崩壊による治安悪化」など、身近なことに起こる都市機能の低下ではないだろうか。

頭数を揃えることではなく、人口が減少していくならば、その数で都市機能が維持・運営できるように箱の大きさを見直すことや、どのような方法があるのかに知恵を絞ること、時間を費やすことのほうが合理的あり有効的ではないだろうか。

（3）人口減少が起こった背景

各地域における人口増減数を把握するのはとても単純なもので、出生と死亡をみる自然増減と、流入と流出をみる社会増減でしかない。地方創生で謳われる少子化対策は、合計特殊出生率を高めることによる出生数の増加を目論んだものである。先行して地方で訪れている超高齢化の波は、当然として死亡数を増やすことになる。では、合計特殊出生率は地方の方が低いかというとそうではない。東京が最も低くなっている。合計特殊出生率が東京より高い地方の人口減少が進んでいるという事実は皮肉なことで、地方には、そもそも出産世代の人がいないという問題がある。

では、なぜ、地方には出産世代が少ないのだろうか。かつての高度成長期には、労働力不足を解消するために、地方から都市に人は大移動した。移動した人たちは、農山漁村よりも都市の方が、魅力的で所得も多くなる仕事があること。また、今よりも高い生活水準や利便性を求めて移動した。県境を越えた移動もあれば、地方の中でも中核を担う主要都市への移動も見られた。これが、地方の農山漁村における過疎問題につながる。その後は、自動車の普及、ホームセンターやドラッグストアといった店舗の増加、高騰しすぎた中心部の地価の高騰から逃れるためなどを背景に、地方都市の中心部は空洞化し、暮らしの郊外化が進んだ。とはいえ、この時代は、東京や大阪といった巨大都市が備えた人を引き寄せる力はさらに強力なものになっており、特に、進学世代（15〜18歳）や新規学卒就職世代（20〜24歳、25〜29歳）が、都会に移り住み、その後も定住し続けるという構図で、出産世代が地方には少ないというアンバランスな人口構造になっていき、現在に至る。残る人とは、高齢者や外に出たくても出ることが許されない人たちであった。

（4）「足し算」から「引き算」の視点

地域づくりとは、1970年代頃から使われ始めた言葉で、時代によって、その内容が異なっていた。例えば、1980年から1990年前半頃のバブル期では「地域活性化」、2000年以降の困難期では「地域再生・地方再生、地方創生」と、どうすればいま以上に輝ける地域・地方をつくれるのか、輝きを失った地域や地方を、どうすれば立ち直らせることができるのかと、目標が時代によって変化している。世代によって、地域づくりの捉え方が異なるのは、経験や体験の違いがそうさせている。

また、これまでの地域づくりの視点は「暮らしの基準づくり」「暮らしの場やしくみづくり」「お金とお金の循環づくり」の3点に整理できる。「暮らしの基準づくり」のヒントを与えようと幸福度ランキングや魅力度ランキングなどが毎年発表されているし、「暮らしの場・しくみづくり」として国土交通省では「小さな拠点」をうたっている。また、地域に新産業と新産業創造の条件を整えようとする地域イノベーションといった試みは「お金とお金の循環づくり」と言える。

人口増加が前提の時代は、アップグレードしていくことが成長であって、あらゆることが「足し算」であった。しかし、人口減少を前提にしなければならない現在は、V字回復か、踏ん張ることが意識されている。ただ、社会や経済や各種インフラなど、仮に今が適正な水準だとすれば、人口が減少していけば、過剰供給になっていき、効率が極めて悪くなる。すなわち「引き算」も意識しなければならない。ダウングレードやダウンサイズこそ素晴らしいという分野も出てくるだろう。

2 未来（2040年）の日本の姿

あるべき姿から現状を見ることで、問題が見えてくる。これは、よく使われる、伝統的な問題発見の作法のひとつで、現代的に言えば、バックキャスティング＝「『未来のあるべき姿』から『未来を起点』に解決策を見つける思考法」である。「設定型」のアプローチとも言える。一方、過去からの流れのなかから現在の問題を発見する手法がフォアキャスティングであり、「発生型」のアプローチと言えよう。フォアキャスティングは、人口が増加していくことが前提の場合は、機能してくれる。

しかし、人口減少に加えて、環境の変化が極めて激しい現代では、バックキャスティングとフォアキャスティングの二刀流によるアプローチによって、本質的な問題が何かを見つけ出すことが求められる。トレンドや未来の姿を意識しながらも、今の姿を形づくった歴史も尊重し、私たちがいまなすべきことが何か、そして、過去と未来の折り合いをつけるセンスを磨かなければならないのではないか。

新型コロナウイルス感染症の拡大で、私たちの働き方も暮らし方もコミュニケーションのあり方も、劇的に変化した。この変化の中には、拡大前に戻るものがあれば、不可逆的なものもあるだろう。リモートの便利さを知ってしまった私たちは、もうこれを手放すことができなくなった。

社会や経済の成長期においては、過去の延長線上に未来を想定することができた。しかし、VUCA[1]の時代と言われる現在、社会やビジネスにおいて将来の予測が困難になっている。こういう時代においては、現在から未来を考えるのではなく、バックキャスティングで政策等を考えなければならない。そのためには、未来がどのようなものかを思い描く必要がある。

そこでまず、大局的に未来（2040年）の日本は、どうなっているのかを推察してみる。

（1）人口減少、少子高齢社会

国立社会保障・人口問題研究所の推計によれば、2040年の日本の人口は約1億1100万人であり、2020年の人口よりも約1400万人減少する。人口が約11％減少することになる。

また、人口が減少するだけでなく年齢構成比も変化し、少子高齢社会がますます進む。2020年は、0～14歳割合は12・0％、15～64歳割合は59・1％、65歳～割合は28・9％であるが、2040年には、0～14歳割合は10・8％、15～64歳割合は53・9％、65歳～割合は35・3％となる。

これを人口で比べると、生産年齢である15～64歳の人口は、2020年の7400万人から2040年には6000

万人へと減少し、全人口の減少がそのまま生産年齢人口の減少であることがわかる。また、子供（0～14歳）の人口は、2020年の1500万人から2040年は1200万人へと減少し、高齢者（65歳～）の人口は、2020年の3600万人から2040年には3900万人へと増加する。更に、高齢者の内訳をみると、前期高齢者が2020年の1750万人から1680万人に微減し、後期高齢者が2020年の1870万人から2240万人に増加する。

移民政策を大きく変えるなどしない限り、人口減少・少子高齢社会は「決まった未来」であり、人口減少対策をいろいろやったところで、大きく変わるものではない。もちろん、人口減少対策は重要であるが、その成果が表れるのは2040年以降になると考えられる。

人口減少や少子高齢社会を課題と認識するのではなく、人口減少や少子高齢社会という人口構造の変化によっておこるさまざまな社会変化や課題を認識し、豊かに暮らすための政策等を考えなければならない。

2019年7月に総務省が出した「2040年頃から逆算し顕在化する地方行政の諸課題とその対応方策についての中間報告」を参考に、以下では、人口構造の変化によって浮かび上がる諸問題と課題について考察する。

（2）経済への影響

人口構造の変化は、サービスの需要と供給の両面に大きな変化が現れる。人口減少は需要を減少させ、生活を支えるサービス事業者の事業継続に影響を与える。また、生産年齢人口の減少により、住民の生活を支えるサービスの担い手も減少していく。一方、高齢者が増加することで日常生活に支えを必要とする住民が増加し、地域における医療・介護や移動手段の確保等、多様な場面において生活を支えるサービスの需要が増加する。

支えを必要とする人が増加する一方、支える人が減少する需給ギャップにより、経済の多様な分野において課題が生まれると考えられる。

（3）公共インフラ等への影響

人口構造の変化は、インフラ・空間へも影響を与える。今後、人口増加期に集中的に整備してきたインフラが老朽化していくことで更新需要が高まる。他方、人口が減少していくと、公共施設、公営企業、公共交通等を利用し、その負担を分かち合う住民が減少していくとともに、土木・建築分野の労働力は減少傾向にあり維持管理・更新のために必要な人材が減少していく。

インフラの更新需要が高まる一方、利用者や管理する人材が減少する需給ギャップにより、公共サービスにおいて課題が生まれると考えられる。

（4）食料自給への影響

2019年7月の国連の報告書によると、世界人口は現在の77億人から2050年の97億人へと、今後30年で20億人が増加する見込みである。2019年9月に農林水産省は、人口増加と経済発展により2050年の世界の食料需要量は2010年比1・7倍になると発表している。多くの農産物を輸入する日本は国内での食料生産の増大を図る必要がある。

一方、農業分野では基幹的農業従事者の高齢化が進み、その数が大幅に減少し、熟練農業者のノウハウが失われるおそれがある。

人口減少により食料需要は減るが、供給がそれ以上に減ることにより、食料の自給における課題が生まれると考えられる。

人口、経済、公共インフラ、食品自給にみられるこうした変化や課題は全国的におきるものだが、その内容や時期は地域ごとに大きく異なる。各地域において、首長・議会・住民等がともに2040年頃の姿についての共通理解を醸成しながら、長期的な視点から対策を講じていくことが求められる。

次に、人口構造の変化以外の大きな課題として、エネルギーとテクノロジー（デジタル化）への対応を考察する。先進国の中では日本が遅れているとも言われている分野であり、政府は「グリーンとデジタルが成長の源泉」として取組みを強化している。

（5）エネルギー（グリーン改革）

日本は「2050年カーボンニュートラル」という目標をかかげ、化石燃料に頼らない「脱炭素社会」の実現を目指している。実現のためには、原子力発電の安全性問題、再生可能エネルギーの主力電源化、水素社会の実現、蓄電池技術の向上、カーボンリサイクルの確立等、技術だけでなく社会構造など、さまざまな分野でイノベーションが求められる。

2018年7月に資源エネルギー庁が発表した「第5次エネルギー基本計画」には、「地域の特性に応じて総合的なエネルギー需給管理を行う分散型・地産地消型エネルギーシステム」について次のような記載がある。

地域のエネルギーを地域で有効活用する地産地消型エネルギーシステムは、省エネルギーの推進や再生可能エネルギーの普及拡大、エネルギーシステムの強靭化に貢献する取組として重要であり、また、コンパクトシティや交通システムの構築等、まちづくりと一体的にその導入が進められることで、地域の活性化にも貢献し『地域循環共生圏』の形成にも寄与する。(2)

地産地消型エネルギーシステムは、家庭やオフィス、工場といった、これまで電力を消費していた場所に、クリーンな自家発電の仕組みを導入し、従来のように大型発電所だけに頼らず、地域で必要な電力を消費地で生産できるという仕組みである。国民一人一人がエネルギーの需要家であると同時に、エネルギーの生産者として再生可能エネルギーや蓄電システムを駆使することで、従来の「集権型エネルギー」から「分散型エネルギーシステム」に転換するものである。

（6）テクノロジー（デジタル改革）

２０２０年12月に政府は「デジタル社会の実現に向けた改革の基本方針」を発表した。デジタル改革が目指すデジタル社会のビジョンとして「デジタルの活用により、一人ひとりのニーズに合ったサービスを選ぶことができ、多様な幸せが実現できる社会」を掲げ、「誰一人取り残さない、人に優しいデジタル化」を進めるとある。

ＩｏＴであらゆるモノと人が即時につながれば、様々な情報が共有され、必要なサービスが必要な人に必要な分だけ提供される。ＡＩ（Artificial Intelligence：人工知能）やロボット等の普及は、人間を単純労働から解放し人間にしかできない仕事に従事させることができる。また、これまでにない新たな産業が生まれ、関連する雇用を生む可能性もある。

一方、技術を活用できる人材の育成が必要となり、社会に出てからも時代の変化や新たな職務の必要性に応じて学び直すリカレント教育やリスキリング教育の重要性も高まる。

テクノロジーの進化は、人材不足や距離、時間等の様々な制約により従来は対応困難であった個人や地域の課題を解決できる可能性がある。個人、組織や地域が潜在的な可能性を発揮し、今後顕在化が見込まれる様々な課題にきめ細やかに対応できるようになる可能性がある。

エネルギーとテクノロジー（デジタル化）への対応においても、地域の事情を考慮して独自性を発揮することで、地域を活性化し持続可能な地域を作ることが可能になる。

今以上に進行する人口減少・少子高齢社会に向けて、地域の住民がやりがいや生きがいを感じながら地域活動に取り組み、生活の質を高められるようにすることが重要である。互助の力を育み、住民同士が助け合える持続可能な地域社会を実現する必要がある。

3 地方の現状と抱える課題

次に、地方の現状を整理しておこう。とはいえ、地方とはどこを指すのかを規定しないと前に進めない。東京を起点に地方を設定しようとすれば、東京以外が地方になる。また、筆者が住む福井県を起点に設定しようとすれば、東京都以外でも、神奈川県や大阪府などは都市であり、地方というには違和感がある。さらに言えば、政令指定都市や中核市あたりまでは、地方都市と呼ばれるように、地方なのか都市なのか、極めて曖昧になる。

そこでここでは、批判を恐れずに、差し当たり、日本の三大経済圏の中核を担う、東京都、神奈川県、大阪府、愛知県の4都府県を都市とし、それ以外の43道府県を地方としておく。

(1) バランスが崩れている国土と人口

国土地理院が公表している都道府県別の面積と国勢調査（速報）——ともに令和2年——をみると、国土と人口のバランスに大きな偏りがあることが分かる。

都市の面積は日本の面積の3・1%であり、そこに31・4%もの人が暮らしている。これを見ただけで、都市に人が集中していることが分かるであろう。さらに言えば、東京都の面積は0・6%であるのに対して、人口は11・1%を占めており、都市でも、特に東京都の人口集中が目立つ。これが、東京一極集中であると言われている背景であることは多くの人が理解していることであろう。

都市に人が集中しているとはいえ、依然として8700万人弱（68・6%）の人は、地方に住んでいるわけであり、これはドイツ（8352万人）やイギリス（6753万人）などという一国を上回るだけの社会・経済規模が、依然として日本の地方には存在しているということである。

（2）「多極集中」による地方の人口減少

とはいえ、日本の人口減少は深刻で、令和2年の国勢調査（速報）をみると、日本の総人口は1億2623万人であり、平成27年から5年間で86万8177人の減少となっている（**表1**）。筆者が暮らす福井県の人口が78万人弱であるから、福井県に住む人たちがすべていなくなったとしても間に合わないほどのスピードで人口減少が進行している。この5年間では、日本全体では0・7％の減少であったものの、地方と都市とでは大きな格差があり、都市では1・9％増加、一方、地方では1・8％の減少となっている。さらに言えば、東京都の人口増加が目立ち4・1％もの増加になっているのである。こうしてみると、「東京一極集中」だけではなく、大きな経済圏の中核を担う府県へも人が流れているということであり、「多極集中」という構造によって、地方の人口減少が発生していることが示唆される。

では、少子化・高齢化の中で、都市と地方とで、若者と高齢者のバランスがどうなっているかをみておくことにしよう。

まず若年者（15歳以下）はといえば、全体の69・9％が地方で暮らしている。人口全体と比較すれば、わずかではあるが都市よりも割合が多いということになる。ただ、ここで見逃せない大きな問題は、若年者の減少度合いが地方で大きいことで、過去10年で、日本全体が9・3％の減少であったのに対して、地方では12・0％とマイナス幅が2・7ポイントも上回っている。都市では2・4％のマイナスであるし、東京都にいたっては6・6％と増加していることが確認できる。

他方、高齢者（65歳以上）の状況はというと、過去10年間では、増加率の幅は都市よりも、地方の方が狭くなっている。ただ、高齢化とは、地方が先行し、都市が後から着いてくるというものであり、地方の高齢化率の上昇が少し落ち着きをみせ、都市にこの波が押し寄せているのであろう。事実、依然として地方の高齢化率が27・5％であるのに対して、都市では23・6％と3・9ポイント下回っている。何よりも重要なことは、高齢者全体の72・5％が地方で暮らしているという事実である。

表１　地方と都市の比較（国土，人口，財政力）

	地方	都市					（参考）
			東京都	神奈川県	愛知県	大阪府	全国
国土（R2）：%	96.9	3.1	0.6	0.6	1.4	0.5	100.0
人口（R2）：人	86,532,746	39,693,822	14,064,696	9,240,411	7,546,192	8,842,523	126,226,568
人口シェア（R2）：%	68.6	31.4	11.1	7.3	6.0	7.0	100.0
人口増減（H27→ R2）：%	−1.8	1.9	4.1	1.3	0.8	0.0	−0.7
若年人口（H27）：人	11,112,289	4,774,521	1,518,130	1,140,748	1,022,532	1,093,111	15,886,810
若年人口シェア（H27）：%	69.9	30.1	9.6	7.2	6.4	6.9	100.0
若年人口増減（H17→ H27）：%	−12.0	−2.4	6.6	−3.7	−4.4	−9.8	−9.3
高齢人口（H27）：人	24,262,681	9,202,760	3,005,516	2,158,157	1,760,763	2,278,324	33,465,441
高齢人口シェア（H27）：%	72.5	27.5	9.0	6.4	5.3	6.8	100.0
高齢人口増減（H17→ H27）：%	27.6	38.2	30.9	45.8	41.0	39.4	30.4
高齢化率：%	27.5	23.6	22.2	23.6	23.5	25.8	26.3
財政力指数（R1）	0.482	0.946	1.177	0.896	0.920	0.792	0.522

出所：総務省「国勢調査」などをもとに筆者作成.

表 2　47都道府県別の財政力指数（2019年）

需要に対して十分な収入		需要の９割程度の収入		需要の８割程度の収入		需要の７割程度の収入		需要の６割程度の収入		需要の５割程度の収入		需要の４割程度の収入		需要の３割程度の収入		需要の２割程度の収入	
東京都	1.177	愛知県	0.920	神奈川県	0.896	大阪府	0.792	茨城県	0.655	京都府	0.586	香川県	0.490	大分県	0.394	鳥取県	0.282
						千葉県	0.779	福岡県	0.655	滋賀県	0.573	富山県	0.483	山形県	0.374	高知県	0.272
						埼玉県	0.769	栃木県	0.651	岐阜県	0.555	新潟県	0.469	岩手県	0.370	島根県	0.262
						静岡県	0.729	群馬県	0.646	福島県	0.545	山口県	0.459	沖縄県	0.366		
								兵庫県	0.645	岡山県	0.530	北海道	0.455	青森県	0.353		
								宮城県	0.631	長野県	0.525	愛媛県	0.443	宮崎県	0.353		
								広島県	0.619	石川県	0.513	奈良県	0.430	鹿児島県	0.351		
								三重県	0.608			熊本県	0.420	佐賀県	0.350		
												山梨県	0.415	長崎県	0.343		
												福井県	0.415	和歌山県	0.333		
														徳島県	0.327		
														秋田県	0.318		

出所：総務省「都道府県別決算状況調―令和元年」をもとに筆者作成.

（3）財政的に厳しさを抱える地方

高齢化が進む、もしくは高齢者が多くいることで、医療や介護といった社会保障の負担が増していく。さらに地域経済が縮小していけば、税収は減り、高齢者を多く抱える地方はますます疲弊していくことになる。ここで、地方と都市との財政力格差を、財政力指数を使ってみておこう。

財政力指数とは、基準財政収入額を基準財政需要額で除して得た数値の過去3年間の平均値である。財政力指数が高いほど、普通交付税算定上の留保財源が大きいことになり、財源に余裕があると言える。簡単に言ってしまえば、地域の需要を満たすだけの収入が確保できているか否かを示したもので、数値が1・000以上であれば需要に十分な収入を得られている一方で、1・000を下回っていれば財政が厳しい状況にあるということになる。

では、地方と都市を比較してみると、地方は0・482、都市は0・946と、ともに1・000を下回る状況にある。ちなみに、47都道府県の平均は0・522であり、1・00を上回っているのは東京都のみである（**表2**）。すなわち、各都道府県の財政状況は東京都を除く46道府県すべてが赤字の状況にあるということで、地方になれば、さらに厳しい状況にある。財政力指数が低い地方ほど、医療や福祉など社会保障といった行政サービスの水準は低下し、暮らしにくくなっていくかもしれない。

4　新しい地方《ふるさと》づくりに向けて

（1）新型コロナを契機とした地方創生への展望

新しい地方《ふるさと》を構想するうえで、避けることのできない流れが予告なしに生じることとなった。それは、新型コロナウイルスの蔓延による仕事や生活などへの影響である。

これまでの経過や現状は多くの情報が溢れているので改めて述べることはしないが、蔓延の結果、仕事の面では在宅勤務やオンライン会議の導入が急速に進み、オフィスへの出勤や遠隔地への出張が必ずしも不可欠ではないことが明らかになった。そのため、職住近接の必要性も以前より低下し、東京都からの人口流出も生じている。大学でもオンライン講義が広がり、学生の不満は強いものの通学の必要性が大きく低下した。

新型コロナウイルスが収束すれば元に戻る部分もあるかもしれないが、在宅勤務やオンライン会議にも一定のメリットがあることも明確になったから、職場や大学の場所に居住地が制約される度合いは弱まると考えられる。そこで、これまで居住地と考えられていなかった地域が居住地としての可能性を模索できるようになるだろう。

また、こうした状況と並行して副業（複業とも呼ばれる）の広がりや終身雇用の転換なども進行しつつある。政府は平成29年3月に「働き方改革実行計画」を策定し、副業や兼業の普及促進を図っている。その後、「副業・兼業の促進に関するガイドライン」の策定やモデル就業規則の改訂も行われた。終身雇用の慣行についても崩壊せざるをえないと指摘されている(3)。主な理由は、労働生産性の低迷や生産年齢人口の減少、高齢化などであろう。そこで、これまでの「就職した企業に骨を埋める」という考え方は今後確実に薄れていくと考えられる。

これらの情勢変化を踏まえるならば、地方創生のあり方も大きな見直しが必要になる可能性がある。これまでは、例えば大学を卒業して就職する際に職場の周辺に居住地を置き、その後は転勤や家庭の事情（結婚・出産・子育てなど）等によって通勤圏の範囲で自らの求める条件に最も合った場所に移住する、というものであった。東京一極集中を止められなかったのも、大学への進学や就職の選択肢が東京に集中し、それらに付随して居住地を決める必要があるからであった。

そのため、地方創生でも若年層の地方圏から東京への人口流出を抑制することに主眼が置かれてきた。具体的には、東京23区の大学で定員管理の厳格化や学部等の増設規制が行われたり、中央省庁や政府関係機関、企業の本社機能を地方圏へ誘導したりするなど、地方圏への居住を促すために東京に集中していた大学や職場を地方に移転・拡充させる政策が進められてきたのである。

しかし、上記の変化から地方圏の新たな可能性を見出すことができる。今後は大学や職場が東京にあったとしても、地方圏に居住しながらオンライン講義を受講したり、在宅勤務を軸として勤めたりすることが可能になるだろう。また、副業も東京周辺だけで行うのではなく東京と地方圏、あるいは異なる地方圏で行うことでその幅を大きく広げることができるようになる。さらには、転職によって居住地と勤務先を次々に変えていくようなことも増えてくるだろう。つまり、居住地が大学や職場の場所に制約されていた状況が大きく緩和され、地方圏に居住しながら東京の大学に通い、企業に勤めることが不可能ではなくなりつつある。そこで、これまでのような大学や職場を地方圏に移転・拡充させる政策が必要不可欠とは言えなくなることも予想されるのである。

もちろん、東京のような大都市には大学や職場だけでなく、賑わいや流行などにアクセスしやすいなど特有の魅力がある。これらは大都市に居住してこそ得られるものであろう。しかし、筆者も実感するところであるが、そうした魅力がいつまでも人々を捉え続けるとは限らない。また、居住や子育て環境の面で大都市には大きなデメリットもあり、地方圏の方が優れている部分もある。大都市での生活に飽きたり、疲れたり、大都市が嫌になったりすることもあるだろう。つまり、人生のステージにおいて地方圏のメリットを高く評価するような場面も出てくると考えられる。

これまでは、転職・退職しない限り移動は不可能と考えられていた。終身雇用が一般的であれば、実質的には退職の時期に限られてしまう。つまり、地方圏に居住したくても転職が難しいから仕方なく大都市に居住しつづける、という人もいたであろう。地方圏への移住に対する需要があったとしても、潜在的なものにとどまっていたことになる。しかし、終身雇用が崩れれば転職も容易になるし、在宅勤務が普及してくれれば転職の必要性すらなくなる。そこで、人生のさまざまなステージで大都市にはないメリットを求めて地方圏への移住需要が顕在化し、実際に移住する人々が徐々に出てくると予想される。

（2）定住人口至上主義からの脱却――考えられる2つの方向性――

以上の点から、これからの地方創生にも新たな施策が見えてくる。そのカギとなるのは、いかに定住人口至上主義から脱却できるかではないだろうか。

先ほども述べたように、地方創生は地方圏から東京など大都市への人口流出が問題とされ、いかに東京一極集中を是正するかに主眼が置かれてきた。東京一極集中を象徴する現象が定住人口の集中であるから、地方創生には定住人口至上主義の考え方があったと言える。地方圏への進学や就職を促す施策が進められたのも地方圏が定住人口を獲得するためであり、大学や企業の誘致などによって大都市との格差を縮めることが追求されてきた。これは、大都市が優位に立つ要素を地方圏にも可能な限り取り入れること、もっと言えば地方圏が大都市に近づこうとすることを意味している。

しかし、新型コロナウイルスの蔓延によって新しい学び方や働き方が広がり、さらに副業や終身雇用の見直しが進むようになれば、定住人口至上主義にとらわれることなく、地方創生のあり方も次の2つの意味で新たな方向性を打ち出していくべきではないだろうか。

第1に、むしろ大都市との違いを突き詰めることである。大都市か地方圏かの二者択一が必須でなくなれば、たとえ学び、働き、居住する場所が大都市であったとしても、それによって地方圏で学び、働き、居住することができなくなるのではなく、いずれも可能になる。つまり、大都市と地方圏の両方に学び、働き、居住することが可能になる。そうなれば、地方圏がこれまでのように大都市と同じことを追求していたのでは、かえって選択の対象から外れてしまうであろう。むしろ、大都市とは違う特徴を持っていた方が、選ばれやすくなると考えられる。つまり、大都市では得られない要素にアクセスできることが、逆に地方圏の魅力として浮かび上がってくるのである。

これは地方圏にも大都市にも拠点を置く、あるいは地方圏か大都市のいずれかに拠点を置きつつ必要に応じて柔軟に移動することを意味するから、地方圏における定住人口の増加にはあまり寄与しないかもしれない。しかしながら、間違いなく地方創生の趣旨に沿うものである。定住人口至上主義にとらわれると、こうした施策は見えてこないだろう。

そこで、定住人口至上主義からの脱却が必要である。

さらに言えば、地方圏は北海道から本州、九州、沖縄まで多く存在し、気候や文化などにも大きな違いがある。地方圏が選ばれる存在となるためには、大都市との比較だけでなく他の地方圏との違いにも目を向け、それぞれの地域の特徴を磨いていく必要があるだろう。本書は「地域資源」に着目しているが、まさに地域の特徴を人々に訴える要素が地域資源になるのではないだろうか。

第2に、移動のきっかけが限られていた状況で地方創生のターゲットも絞られていたのだが、これからはきっかけが多様化するためターゲットも幅広くなると考えられる。これまでの人口移動の多くが進学や就職、結婚や出産・子育ての段階で生じていたのが、より幅広いきっかけで移動することになる。極端に言えば、移動したいと思った時に移動することもできるのである。そこで、地方創生を進める自治体は例えば40代、50代の年齢層にも移動を促すなどの対応が必要になってくるであろう。

さらに言えば、施策が功を奏して移住に結びついたとしても、長期間の定住が見込めるとは限らない。流入も自由であれば流出も自由なのである。定住人口至上主義にとらわれると、移住による流入だけが最終的な成果となる（純流入に着目すれば、流出はマイナスの成果となる）。しかし、その後に再び他の地域に移住するための流出も頻繁に起こるようになれば、成果の内容も見直さざるをえない。筆者は、むしろ流入だけでなく流出も含めて多様な人々が地域で交流する機会と捉えることで、地域の新陳代謝と革新が加速することに着目すべきと考える。そして、定住人口の増減ではなく流入と流出を合わせた移住の回数を新たな成果として加えることが必要だと考える。

以上、新型コロナウイルスの蔓延などを踏まえて、これからの地方創生に必要な視点を定住人口から別の要素に転換すべきことを述べてきた。情勢の変化も施策の変化も一朝一夕に生じるものではないかもしれないが、人口減少は確実に進んでいく。新たな動向を見据えた先手の対応が必要である。

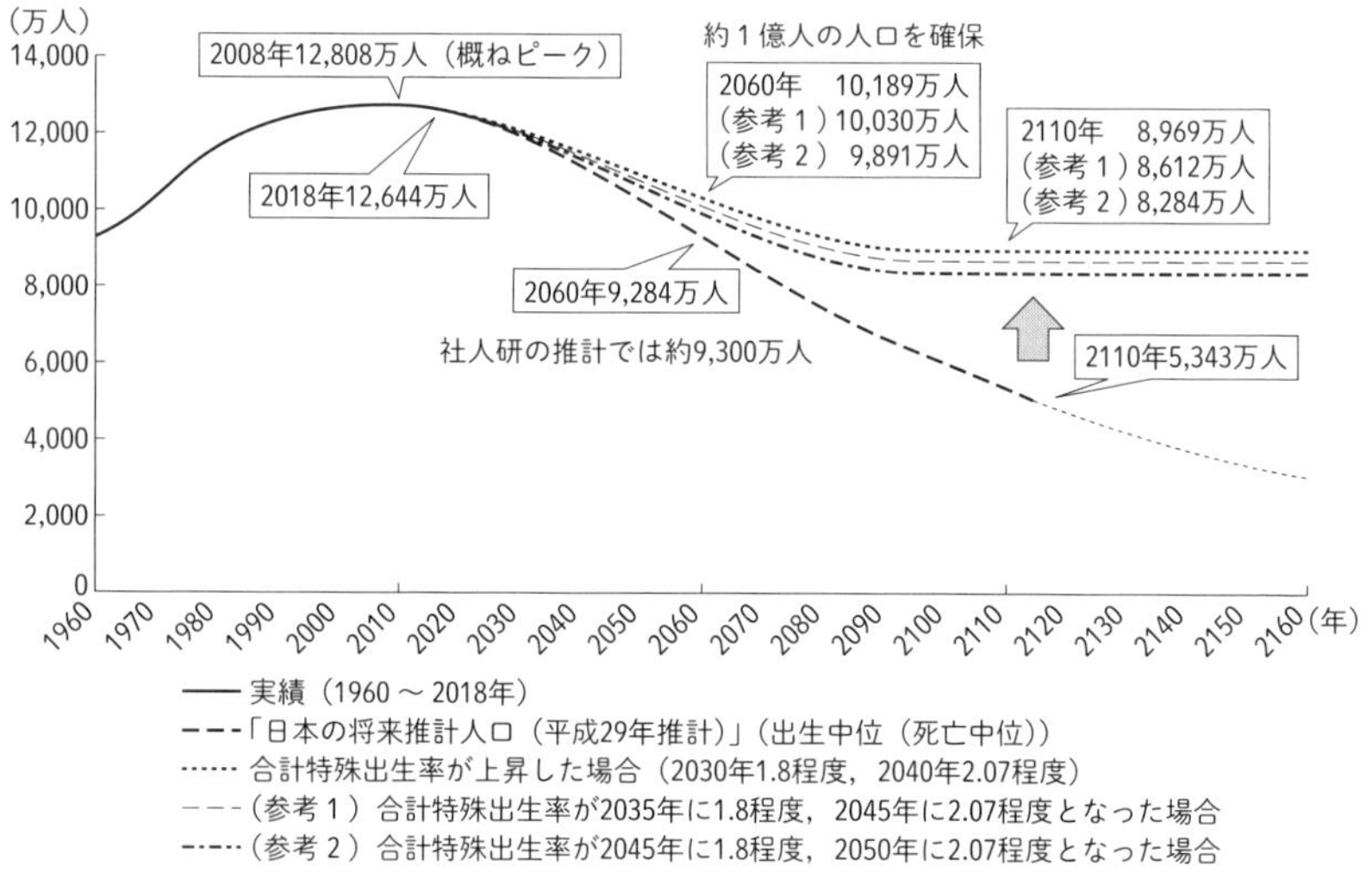

図１　日本の人口の推移と長期的な見通し

出所：まち・ひと・しごと創生長期ビジョン（令和元年改訂版）及び第２期「まち・ひと・しごと創生総合戦略」.

（３）地方創生を進めるうえで２つの戦略の重要性について

次に、地方創生を進めるうえで２つの戦略が重要であることを述べることにしたい。

増田寛也『地方消滅』（中公新書）によれば、地方圏が持続可能性を有する社会を実現するためには従来の地方分権論を超えた国家戦略が必要と述べる。そして、国家戦略には積極的政策と調整的政策が必要と主張している。

ここで、積極的政策とは、現在の人口の減少の動きを食い止め、「人口の維持・反転」を目指すとともに、地方が持続可能性を有する人口・国土構造を構築することである。一方、調整的政策とは、人口減少にともなう経済・雇用規模の縮小や社会保障負担の増大などのマイナスの影響を最小限に食い止めることである。

これは、以下の**図１**を用いると理解しやすいであろう。今後、人口減少がそのまま進めば２０６０年の人口は９２８４万人になってしまう。これを合計特殊出生率の引上げ等で１億１８９万人にしようというのが積極的政策である。つまり、人口減少が進みすぎないよう、子育て支援や所得水準の向上などを行うことが積極的政策に含まれる。これに対して、調整的政策とは２００８年の人口ピーク１億２８０８万人との対比で進められるものである。つまり、積極的政策が成果をあげて2060年の人口が1億189万人になったとしても、2008年と比較すれば2619万人の減少となる。2008年には、1億2808万人の人々が暮らしていくための公共サービスがハード・ソフト両面で提供されていたことになる。2060年にはそれより2619万人少ない人々に対して公共サービスを提供することになるため、2008年よりも規模を縮小しなければ過剰となってしまう[4]。とりわけ、学校や病院、道路・橋りょうなどのハード面では、統合や廃止など人為的な縮小が求められる。そこで、こうした過剰を削減することが調整的政策の役割となるのである。

なお、増田は国家戦略として積極的政策と調整的政策の必要性を述べているが、地方自治体の政策も同様であることは言うまでもない。なぜならば、子育て支援や所得水準の向上などの積極的政策が国家戦略に基づくものであったとしても、これらはすでに自治体によって特徴的な施策が展開されているからである。さらには、調整的政策でもハード面では学校や病院だけでなく地方道や上下水道などで自治体が整備・管理をしてきたからである。したがって、地方自治体が進める地方創生においても積極的政策と調整的政策の両面で展開する必要がある。

(4) 2つの戦略の「アンバランス」を発想の転換で克服する

しかしながら、積極的政策と調整的政策の2つを進めることは決して容易なことではない。現状は、積極的政策に偏重しており、バランスが欠けているように見える。なぜならば、積極的政策と調整的政策は逆の方向性を持っているからである。

ここで、積極的政策と調整的政策の特徴を簡単に比較したのが**表3**である。積極的政策は、これまで人口増加が続いていた時代に対応したものである。人口増加により居住や移動、産業などさまざまな分野における環境整備が、ハード・ソフトの両面で展開されてきた。人口増加はさまざまなニーズを拡大させるが、経済成長にともなう税収の増加によって、財源の確保も容易であったと言える。また、積極的政策は国民に対して直接的に便益をもたらすから支持も得

表3　積極的政策と調整的政策の特徴比較

	積極的政策	調整的政策
KGI（Key Goal Indicator, 重要目標達成指標）, KPI（Key Performance Indicator, 重要業績評価指標）との関係	現状よりも高い水準を目指すことから, KGI, KPI に馴染みやすい.	現状よりも低い水準を目指すことから, KGI, KPI に馴染みにくい.
これまでの政策との関係	これまでの政策と同じ方向性	これまでの政策と反対の方向性
有権者の支持	直接的に便益をもたらすことから, 支持を得やすい.	直接的に不便益をもたらすことから, 支持を得にくい.
財源の確保	便益との関係が明確で, 負担への抵抗も少なく, 人口増加の時期には財源の確保が容易.	人口減少の時期には負の便益と関係するため, 負担への抵抗も大きく, 人口減少の時期には財源の確保が困難.

出所：筆者作成.

やすく、文字通り積極的に政策が進めることができたのである。

しかし、こうした条件が調整的政策ではほぼ逆になる。つまり、人口減少により既存の環境が過剰となり、削減する必要に迫られる。経済の停滞と税収の減少からその必要性はさらに高まる。しかし、ニーズも減少するとはいえゼロになるわけではないから、削減は痛みをともなうものとなる。このように、調整的政策は国民に不利益をもたらすものとなり支持を得にくいので、逆に消極的となってしまうのである。

このように、積極的政策と調整的政策は相反する方向性を持っていて、両立させることは容易ではない。しかし、現在の地方創生では過度に人口が減少しないよう積極的政策だけでなく、ピークよりも減少する状況に対応できるよう調整的政策も同時に求められる。つまり、人口減少の中でも積極的政策を進めるための財源が必要となるが、その財源を十分に確保するには調整的政策にも踏み込んでいかなければならない。財源の確保が不十分であれば積極的政策も中途半端なものとなり、人口減少がさらに進んでしまうのである。地方創生は両者が適度なバランスを保ちつつ両立したものでなければならず、これを長期にわたって行わなければならないため、容易ではないと言える。

また、財源の面だけでなく、積極的政策が支持を得やすいため前面に打ち出されるのに対して、支持を得にくい調整的政策が背後に隠れてしまうことになる。この点からも、積極的政策と調整的政策を適度なバランスで両立して進めていくことはきわめて難しいと言える。

事実、地方自治体が策定する総合戦略には、やはり子育て支援や移住促進といった積極的政策が目立つ一方で、公共施設の統廃合など調整的政策はほとんど述べられていない。つまり、アンバランスなのである。

もちろん人口減少や財政のひっ迫は多くの人々が理解しているから、総論として調整的政策が必要であることは広く理解され計画にも示されてはいる。しかし、各論の部分、つまり「どの（誰に対する）公共サービスを削減するのか」という具体的な点に関しては、ほとんど触れられることはない。確かに小中学校の統廃合などが各地で進められているが、合意形成に多くの時間を要するだけでなく、地元の反発から合意に至らなかったり先送りされたり、さらには中途半端な内容に終わってしまうことも多い。小中学校の統廃合は、早くから少子化が進んでいた地方圏で他の施設に先行して議論されてきたことや、地域の拠点として重要な施設であることも、合意形成が困難な理由であるだろう。しかし、今後は他の施設にも公共施設総合管理計画などを通じて同様の議論が行われる中で、総論はともかく具体的な部分を含めて調整的政策がどこまで進められるか、必ずしも楽観視することはできない。

では、打開策はあるのだろうか。筆者は発想の転換が重要ではないかと考える。つまり、調整的政策が決して後ろ向きのものではなく、むしろ積極的政策と一体的に進める前向きなものである、という考えを持つことであろう。

先に述べたように積極的政策と調整的政策には相反する要素が多い。そのため、水と油のような関係で捉えられてしまい、調整的政策が回避されてきたと考える。しかし、調整的政策は積極的政策を進めるための条件でもあるのではないか。

積極的政策を進めるには財源が必要である。もちろん地方創生が国家戦略として進められるのならば国からの財政移転もないわけではないが、それですべて賄うことを望むことはできないし、財政移転だけで他地域との差別化を図ることも難しい。そこで、独自の財源を生み出すためには、調整的政策をも「積極的に」進めていかなければならないことになる。調整的政策が十分に進まなければ積極的政策も不十分なものにとどまってしまい、長期的には人口減少を抑えることが困難となり、さらなる調整的政策を迫られる、という悪循環に陥ることは本末転倒であろう。

そこで、積極的政策を大胆に進めるために調整的政策をしっかりと行う、という視点を明確に持つことで両者の最適なバランスを構築することが今後の地方創生には必要となるのではないだろうか。

5 コロナ時代、人口減少時代は「地方《ふるさと》〝が〟おもしろい」

人口の減少に加えて、新型コロナウイルス感染症の拡大という新たな制約があるなかで、地方は多くの問題を抱えている。例えば、少子化・高齢化、子育て支援や福祉・保険衛生。防犯・環境問題の側面からみれば防災や環境対策、地域経済から眺めれば地域活性化や文化振興、ハード・インフラでは区画整理や道路交通対策、冠水対策といった具合であろう。また、学力の向上や放課後対策、学校給食など、教育に関わる問題も抱えている。厳しい財政状況の中で、地方は、住みにくい場所になってしまうのだろうか。地域の主体である私たちは、これらにどう対処していけばよいのだろうか。

厳しいとはいえ、地方は多くの可能性を持っている。例えば、国土と人口のアンバランスさとは、目線を変えれば、地方の方が、住民ひとりが使用・活用できる土地が多いということであり、地方ほど、贅沢な土地利用が可能な場所はないということになる。また、人の流れを変えるまでのインパクトは限定的とはいえ、過密による新型コロナウイルスの感染リスクは低い。こんな時代だからこそ活かすことができる地方の優位性を見つけ出し、活かしていく力量を私たちは持たなければならない。

そこで、地方ならではの魅力をいくつか示しておくことにしよう。

（1）高い定住性

東京は、あらゆる面で、人を惹きつけるチカラを持っている。一方で、人を留め置く力を持たない。出入りが自由で、ある意味で寛容性が高いし、ある意味では冷徹とも言える。

2020年の人口動態で、社会増減の状況を、47都道府県で見てみると、東京は、他の都道府県と比較して、圧倒的な多入多出（流入も多ければ、流出も多い）地域であることが分かる。その他、多入多出の地域は、北海道、神奈川県、千葉県、愛知県、大阪府、京都府、福岡県、沖縄県の8道府県と、日本の経済圏における中核を担う道府県である。

また、九州新幹線の開通、西日本豪雨や東日本大震災が影響してか、熊本県と宮城県は少入多出で、東京へのアクセスの良さが高まり、東京から一歩外れることであらゆるコストが極端に下がる埼玉県は多入少出となっている（図2）。

これら以外の多くの県は、少入少出（流入も少なければ、流出も少ない）地域である。多くの地方から、東京や近隣の中核地域に次から次へと人が奪われているように感じるものの、実は、地方とは、人の移動が硬直化し、閉塞性が高いという捉え方もできれば、定住性が高いという捉え方もできる。

この定住性の高さは、地域づくりを考える上では優位な面があると言えよう。東京などの出入りが激しい場所は、短期的な目線で、地域づくりを考えなければならない。常に革新的な変化を生み出していかなければ、人はいなくなる。

一方、地方は、中長期的な視点で地域づくりを考えていくことができる。定住性が高いことで、地域づくりのプレーヤーが、途中で投げ出して、姿を消してしまうというリスクが低くなる。経験や知見というストックが地域には蓄積されていくことで、地域にも、そこで暮らす人たちにも、厚みが生まれる可能性が高くなるのではないだろうか。

他方で、定住性の高さとは、地方の魅力そのもので、住んでいる人たちにとっては「当たり前」過ぎて、気づけていない「住めば都」という魅力が数多く隠れているということではないだろうか。

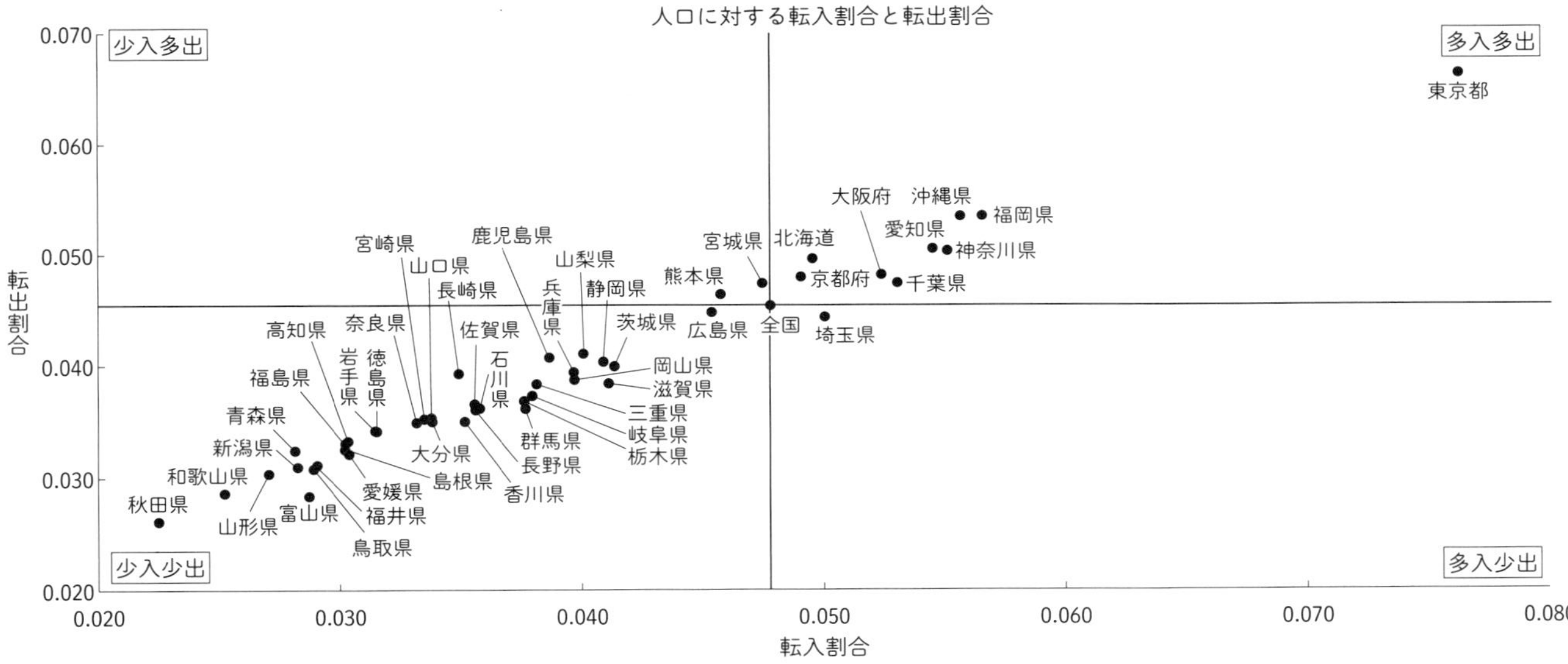

図2　人口に対する転入割合と転出割合

出所：厚生労働省「人口動態調査」をもとに筆者作成.

（2）多様な時間の使い方が可能

リモートワークが浸透することで、今後、都市住民の時間の使い方が変わるかもしれない。ただ、これまでの仕事に関する時間の使い方をみると、地方の優位性とも言えることが見えてくる。そのひとつが、平均通勤時間の長さで、通勤時間がとりわけ長いのが、神奈川県、千葉県、東京都、埼玉県、奈良県となっている。東京都近郊の県からか、都内でも都心から離れた市町から東京23区へ、または関西では、大阪府への通勤によって、これらの都府県に暮らす人たちの通勤時間が長くなっている。また、通勤時間が60分以上の割合が高くなっている都府県も順位に若干違いはあるものの、顔ぶれは変わらない（表4）。

最も長い神奈川県は52分で、年間休日数が120日とすれば、年間に通勤時間だけで約212時間（245日×52分）＝5・7日ほどを使っていることになる。一方で、最も短い宮崎県は19分と年間で約76時間となっていて、神奈川県と宮崎県では、約136時間、2・8倍の差がある。地方は、職住近接性が極めて高いのである。

電車通勤などの場合、通勤時間に読書や休息ができるし、一方で、車通勤の場合は、その時間は運転以外のことはさほどできないとはいえ、都会と地方とでは、決定的に1日で通勤以外に使える時間が多いということになる。これは、地方にとっては強みになるのではないかと思う。

（3）小さいほど、やりやすい＝コンセンサスが得られやすい

地方ほどコミュニティの繋がりが強く、安心で安全な地域が形成されてきた。時に、この繋がりの強さや、匿名性の低さが、生きづらさ、暮らしづらさにつながることもある。これに耐えられない場合は、その場所から、人は去っていく。しかし、地方の多くが「少入少出」にあるということは、出るに出られないという事情を抱えている人もいるであろうが、その場所におけるコミュニティとしての繋がりを善としている人が多いということではないだろうか。

地方とは、コモンズ(5)的な統治によって守られてきたところが多い。閉鎖的であるため、その地域を構成する人たちの

表 4　47都道府県の平均通勤時間と通勤時間60分以上の世帯の割合

（分，％）

	平均通勤時間		60分以上の世帯の割合			平均通勤時間		60分以上の世帯の割合	
		R		R			R		R
全　国	29.6	-	17.7	-	三 重 県	25.6	15	11.6	14
北 海 道	22.0	34	5.4	33	滋 賀 県	28.2	11	16.9	9
青 森 県	21.3	40	5.4	33	京 都 府	32.3	8	19.5	8
岩 手 県	21.5	39	6.0	28	大 阪 府	41.1	6	22.8	6
宮 城 県	27.8	12	10.1	17	兵 庫 県	37.8	7	22.1	7
秋 田 県	20.5	42	4.6	38	奈 良 県	44.6	5	31.7	4
山 形 県	20.2	45	3.8	44	和歌山県	24.0	22	11.6	14
福 島 県	22.2	33	6.3	26	鳥 取 県	20.4	44	3.7	46
茨 城 県	27.5	13	15.8	10	島 根 県	20.1	46	3.8	44
栃 木 県	25.6	15	10.3	16	岡 山 県	25.5	17	7.4	22
群 馬 県	24.5	20	8.5	20	広 島 県	27.3	14	9.9	18
埼 玉 県	46.9	4	35.7	3	山 口 県	22.0	34	5.8	30
千 葉 県	48.8	2	36.6	2	徳 島 県	23.7	24	6.2	27
東 京 都	48.1	3	28.9	5	香 川 県	22.9	27	5.3	35
神奈川県	52.0	1	38.9	1	愛 媛 県	20.5	42	4.0	43
新 潟 県	21.6	37	4.3	42	高 知 県	21.8	36	4.5	39
富 山 県	23.0	26	4.5	39	福 岡 県	29.2	10	12.7	12
石 川 県	22.3	30	4.7	37	佐 賀 県	23.1	25	9.1	19
福 井 県	21.6	37	3.7	46	長 崎 県	24.0	22	7.1	23
山 梨 県	22.9	27	7.0	24	熊 本 県	22.8	29	6.5	25
長 野 県	22.3	30	5.9	29	大 分 県	22.3	30	5.5	32
岐 阜 県	25.0	18	12.2	13	宮 崎 県	19.0	47	4.5	39
静 岡 県	24.6	19	8.1	21	鹿児島県	20.8	41	5.2	36
愛 知 県	31.2	9	13.8	11	沖 縄 県	24.4	21	5.7	31

出所：総務省「社会生活基本調査」をもとに筆者作成.

価値観は同質化する。似たような考え方の人たちが集まり地域を形成することになる。中身がどうあれ、地域の規範を守れない人は、異分子として排除されることになる。すなわち、空気を読めない一種のよそ者がいなくなり、残った人たちの間で合意形成を成立させやすい共同体社会をつくり上げていった。この共同体社会における規範は、似ているところはあるだろうけれども、まったく同質ではなく、地方一律ではないであろう。これこそが、その地方の「らしさ」と言えるのではないか。

他方、緊急度も重要度も高い問題を抱える地方は、変化が求められている。また、これまでの前提や当たり前を壊し、新たな取組みを実施しなければならないこともある。新型コロナウイルス感染症の拡大を防ぐための取組みもそうで、国の施策とは異なるユニークな取組みは、地方ほど、よくみることができる。例えば、国から新型コロナウイルスに感染した重症者以外は自宅療養を要請されていたとき、福井県では、自宅療養者ゼロを打ち出し、地域の体育館を開放することをいち早く決めた。「野戦病院」と表現されたことは、いささか気にはいらないが、福井県という規模が小さな地方の県で、合意形成が成立しやすい共同体社会が根づいていることが、これを実現させたのではないか。

変化が求められている時こそ、コンパクトで合意形成がしやすい、地方がおもしろいのではないかと感じる。

おわりに

新型コロナウイルスの感染拡大という問題を抱え、この問題が収束したとしても、地方の人口減少問題は、今後も続くことになる。そうした中で、地方が抱える問題とは何か、これからの地方のみならず、日本に訪れるであろう変化とは何かを整理し、ここから見えてくる地方の魅力や対処すべき視点を整理したのが本章で、これから本書を読み進めていくうえでの目線合わせの意味を込めている。

地方にとって人口減少は問題であるという基本的なスタンスは変わらない。ただ、V字回復は望めず、考え方を見直す必要があるというスタンスでもある。後ろ向きな態度のように見える「引き算」の視点とも、私たちは積極的に向き合っていかなければならない。ただ、地方とは、期待が持てない弱い場所ではなく、「地方らしさ」という魅力や可能性を持った場所である。これから、地方はどうあるべきか。私たちには、何ができるのか。

それでは、次章から「新しい地方《ふるさと》を創る」ために、筆者らと共に、悩み、考え、新たな発見の旅に繰り出そう。

注

（1）「VUCA（ブーカ）」とは、「Volatility：変動性」「Uncertainty：不確実性」「Complexity：複雑性」「Ambiguity：曖昧性」という4つの単語の頭文字からなる造語で、ビジネス環境や市場、組織、個人などあらゆるものを取り巻く環境が変化し、将来の予測が困難になっている状況を意味する。

（2）「地域循環共生圏の形成と分散型エネルギーシステムの構築に向けた経済産業省と環境省の連携チームの発足について」（https://www.env.go.jp/press/106575.html, 2021年10月17日閲覧）

（3）経団連の中西宏明会長（当時）は2019年5月に「終身雇用を前提にすることが限界になっている」と述べた。2019年5月8日付朝日新聞（大阪）。こうした趣旨の発言を同氏は繰り返している。

（4）2008年当時の公共サービスの規模が適正であったかどうかは議論を要するところである。しかし、いずれにしても当時はすでに赤字国債への依存度が高かったから、2008年から人口減少が進めば財源確保がさらに難しくなることで公共サービスの規模縮小が迫られるだろう。

（5）「入会」「共有」という制度にみられるような、誰の所有物でもない、共有資源という形で管理される統治の形態を指す。

01 福井はなぜ幸福なのか？

――獲得・親和・学習・防衛、そして自助・互助――

はじめに

戦後の地方問題は、常に地方の活性化や再生が課題であった。しかし、その内容は時期によって異なっている。1950年代後半の高度成長期には、地方から都市への人口移動が加速し、条件不利性が強かった地方を中心に過疎問題が発生した。ただ、その後の更なる都市の拡大と地方（特に農山漁村）人口の減少という格差拡大は、過疎地域の人口シェアを低下させることで関心の度合いを削ぎ落し、過疎問題はマイナーで特殊な問題として扱われることになる。忘れ去られた問題になったといっても良い。

この状況は、2000年代に入り一変する。日本の総人口が減少に転じ、再び地方が注目された。集落機能が著しく後退した集落は「限界集落」と呼ばれ、この延長線上には、地方の農山漁村だけではなく、地方都市に至るまで「消滅可能性都市」として、地域社会やコミュニティの消滅という身近な問題となった。すなわち、2000年代以前の地方問題は、特定エリアにおける特殊な問題であったのに対して、2000年代以後では、国民的問題となったのである。

他方、かつての地域づくりといえば、高度成長期の全国総合開発計画による拠点開発や、バブル経済期のリゾート開発という外来型開発というハード整備が主軸であった。本来は美しい地方の景観の中に、贅沢すぎる不釣り合いな道路や建物が露出していった。こうした問題を認識して、新たな地域づくりに向けた模索や実践を先行して行ってきたのも中央ではなく、地方であったことを見逃すことができない。地方とは、遅れた停滞するエリアではなく、人口減少や地方問題と先発的に向き合い、問題解決に取り組むエリアとも言えるのである。

ただ、これまでの地域づくりに関する議論は、地方における先発的な取組みとしての「やり方」に注目するものがもっぱらである。例えば、地域づくりの主体は「中央政府から地方政府へ」や「政府から新しい公共（NPOなど）へ」、方法は「ハードからソフトへ」といった具合である。政策論の伝統的な型といえば「主体」「理念」「戦術」であるため致し方ない。また、地方でみられる「やり方」の事例は、大分県大山町（現・日田市）の「一村一品運動」や徳島県上勝町の「葉っぱビジネス」、長野県小布施町の「栗と北斎と花のまち」。「ないものはない。ある物を磨く」をキャッチコピーにした島根県海士町など、挙げれば枚挙に暇がない。これら事例から学ぶべきことが多くあるものの、反面、地理条件や地形条件や気候条件など、本源的な条件の違いを持ち出し、特殊な事例として扱われることも少なからず見られることは否定できない。これまでの中軸であった「やり方」から、どんな地方であったとしても共通した視点を持つことが必要であり、すなわち、今一度、地域づくりの「あり方」とは何かに立ち返る必要があるのではないだろうか。

今や、地域づくりの主体は、そこに住み、暮らす「市民＝ヒト」であるという認識が広まっている。そこで、本章では、地域に住み、暮らす「ヒト」に焦点をあてる。何に人は動機づけられ地域づくりを行うのか。「幸福度ランキング日本一の福井」を題材にして眺めることで、地域づくり（新しい地方《ふるさと》）を構想するうえでの本源的な視点を提示してみたい。

1　幸福度と福井

パスカルの言葉を借りれば「すべての人は、幸福になることをさがし求めている。それには例外がない。どんな異なった方法を用いようと、みなこの目的に向かっている。——これこそすべての人間のすべての行動の動機である。首を弔ろうとする人たちまで含めて」とある。

であるならば、私たちの日常生活も仕事も、また土地や建物の開発や地域政策を含む地域づくりも、幸福になることが、行動の動機になる。新しい地域づくりの主体が「ヒト」であるならば、私たちが、何に動機づけられるのかに着目することから始めなければならない。これを理解することで地域づくりの「あり方」とは何かが浮き彫りになるのではないか。

(1) 人を動機づける4つの衝動

人口減少や高齢化、過疎化や中心市街地の空洞化、高齢者の孤立、耕作放棄や獣害対策など、地方問題に対して、自分事として向き合っている「ヒト」に、地域づくりの現場では必ず出会う。これらの「ヒト」たちは、行政職員であったり、地域住民であったり、若者であったり、高齢者であったり、地元出身者であったり、よそ者(I・Jターン者や地域外居住者)であったりと、多種多様である。

他方、彼ら彼女らが地域づくりに取り組む理由も多種多様で「生まれ育った地域(の伝統や文化)を守りたい」「地域問題の解決に貢献したい」「地域を活性化させたい」「社会活動に参画したい」「応援したい」などといった具合である。これらの「ヒト」たちは、報酬や評価、罰則や懲罰といった、外部からの働きかけによる動機付け(外発的動機)ではなく、物事に対する強い興味や探求心など、人の内面的な要因によって生まれる動機(内発的動機)によって動いている。

動機づけに関する古典といえばマズローが思い浮かぶが、人間行動学の分野から生まれた考え方として「新しい動機づけ理論」というものがある。これは、ハーバード経営大学院の10代目学長を務めるニティン・ノーリアが発表した理論で、人間を突き動かしているのはたった4つの欲求(人間の4つの衝動)であり、生物学の観点から「なぜ人は行動するのか」、そして「人を突き動かすものの正体は何か」を示している。

ここで言われている4つとは、

①**獲得衝動**……モノや経験を獲得することで他人よりも高いステータスを得たい
②**親和衝動**……互いに相手を気遣いながら長期的に親密な関係を築きたい
③**学習衝動**……新しいことを学び、世界や自分自身についての理解を深めたい
④**防衛衝動**……自分自身や家族、信念や財産に危害を加えるものから守りたい

である。

人間はこの4つの衝動には逆らえず、これらを満たさずにはいられない。なぜなら、この4つの衝動は、人間が生き残りのために進化をする過程で、遺伝子に刻み込まれた本能的な欲求だからである。さらに興味深いのは、人間はこれら4つの衝動を、人生全体を通して満たそうとし、この4つのうちたったひとつでも満たされないと充実感を得ることが決してないということである。

「幸福になることがすべての人の行動動機」であり、「人は人生全体を通して、獲得衝動、親和衝動、学習衝動、防衛衝動の4つの衝動を満たそうとする」のであれば、「ヒト」が主体となった新たな地域づくりの「あり方」として、この4つの視点（衝動）が参考にできるのではないだろうか。ここに、幸福度日本一の福井から地域づくりのあり方とは何かを探ることの意義が生まれてくる。

（2）なぜ、福井県は幸福度ランキングが日本一なのか

幸福度調査で日本一を連続して獲得している福井県。幸福度の面では「教育と仕事が充実していること」や、女性活躍の面では「女性の就労と、出産・子育てが両立されていること」、コロナウイルス感染対策の面では「マスク会食の推進、支援を推奨すること」と、これらの「福井モデル」に関心と注目が集まる。とはいっても、北陸（富山、石川、福井）でも人口が最も少なく（約78万人）、マイナーであり、決して派手な県とはいえない。

そもそも、幸福度調査が行われるようになったのは、1976年、スリランカの最大都市コロンボで開催された「第5回非同盟諸国会議」に出席した当時のブータン国王ジグミ・シンゲ・ワンチュクが、世界で初めて「GNH（Gross National Happiness／国民総幸福度）」という考え方を発表したことが背景にある。「GNPも重要であるが、自然環境や文化伝統などを破壊し、家族、友人、地域の連携を犠牲にするような経済成長は、到底国家の目標ではありえない」とワンチュクは主張している。

しかし、当時は、日本のみならず、世界の先進国も後進国も、経済優先や成長優先という国家目標が主流で、ヒマラヤ山脈の山麓に位置する人口70万人ほどの小国における地域政策の基本理念に対して、さほど関心を寄せられることがなかった。

ただ、経済優先や成長優先の政策は、その後の日本では金融破綻とバブル崩壊を招き、世界的には、2008年のリーマンショックを引き起こした。加えて、環境破壊や地球温暖化という世界共通の問題をもたらすことになった。

ワンチュクの発言後、幸福度への注目は、しばらく息を潜めていた。しかし、日本では、バブル崩壊、リーマンショック、阪神淡路大震災、東日本大震災の発生、そしてCOVID－19、他にも環境問題やSDGsへの関心や注目によって、人々の暮らしや経済活動、自然との向き合い方などに対する価値観の変化が起こっている。

これまで日本では、幸福度に関する調査や分析が、政府や学術研究機関、民間団体によっていくつも行われてきた。最初に都道府県別の幸福度を示したものは「豊かさ指標（新国民生活指標）」（旧経済企画庁1992～1999年）であろう。8分野（住む、働く、癒す、遊ぶ、費やす、育てる、学ぶ、交わる）、計159項目の指標を抽出し、それらの数値を都道府県別に集計することで「幸福度ランキング」を示すというものである。その後は、幸福度指数研究会（2011）『日本でいちばん幸せな県民』や日本総合研究所「日本でいちばんいい県 都道府県別幸福度ランキング」（2012年版）、「全47都道府県幸福度ランキング」（2014、2016、2018、2020年版）が出ている。幸福度指数研究会（2011）は、ブータンのGNHの思想を参考に、各種社会経済統計の中から住民幸福度を示すと考えられる指標を4部門（生活・家族、労働・企業、安全・安心、医療・健康）40種抽出し、都道府県別に順位づけしている。また、日本総合研究所が行った調査も同様で、最新の2020年版では、基本指標（5指標）と5分野（健康、文化、仕事、生活、教育）、計75指標で比較して、ランキングを示した。これらは、各種社会経済指標を使用し、その地に住み、暮らす人たちの幸福実感ではなく、幸福度を高めるために必要な条件がどの程度整っているのかをランキング形式で示したものである。すなわち、客観的幸福度調査と言える。

他にも、内閣府（旧経済企画庁）は、1978年以降、3年ごとに「国民生活選考度調査」を、経済産業省は2005年に「生活者の意識に関する調査」を、さらには、2010年に文部科学省は「地域の生活環境と幸福感についてのアンケート調査」を行っている。また、ブランド総合研究所は、2020年に『都道府県SDGs調査 2021』の中で、「都道府県の幸福度ランキング2021年」を行った（2019・2020年も実施）。これは、各都道府県の住民に対して「あなたは幸せですか？」という設問に、「とても幸せ」、「少し幸せ」、「どちらでもない」、「あまり幸せではない」、「全く幸せではない」の中から該当するものを選択させている。その結果を、それぞれ100点、75点、50点、25点、0点の比重で加重平均したものを「幸福度」としている。これらは、個人の幸福実感について、個人に直接アプローチした調査方法であるため、主観的幸福度調査と言える。

客観的幸福度調査の多くで、上位に名を連ねるのが北陸の3県（富山、石川、福井）で、この3県の中でも、最も人口が少ない福井がとりわけ注目を集めている。例えば、「豊かさ指標（新国民生活指標）」では1994年から98年の5年連続、『日本でいちばん幸せな県民』、さらには「日本でいちばんいい県 都道府県別幸福度ランキング」や「全47都道府県幸福度ランキング」では2012年から5回連続で、福井が日本一に輝いている。

福井が日本一の理由を「全47都道府県幸福度ランキング」を実施している日本総合研究所は、「福井県は、教育分野、仕事分野において全国平均を大きく上回り堂々1位を獲得している。――生活分野も4位、健康分野も14位と上位にあり、総合順位を支えている。一方で、文化分野は38位と全国の平均よりも低」く、ゆえに福井県は、5つの指標（健康、文化、仕事、生活、教育）が、おしなべて上位のバランス型ではなく、教育分野と仕事分野が特出する「特化型」であるという。

福井が教育分野と仕事分野の「特化型」になっている背景を探ったのが藤吉雅春（２０１５）である。藤吉は、福井県鯖江市の眼鏡枠産業における生成と発展や、眼鏡枠産業特有の域内分業体制によって小規模事業者が多く、福井の社長輩出率日本一を牽引していること。他にも、若手アントレプレナーが多く誕生していること。また、地域政策として直接民主主義との批判を受けながらも、住民主体の地域づくりに挑戦した鯖江市の取組みを、念入りな現地調査を行い、仕事分野における特徴を明らかにした。

加えて、教育分野では、福井大学教職大学院における教育改革、教師改革に藤吉は着目している。日本の教職大学院は、教師の専門性を高めることを目的に２００８年に導入された機関であるが、福井大学では、このモデルになる取組みを２０００年から先駆けて行っていた。「教師の質を変えて、授業を変え、学校を変える」というものである。この大学院に通う教師は年間30人程度。福井県内すべての教師の質を変えるには何年もかかる。そこで、大学院というプラットフォームで院生（教師）に教えるのではなく、彼ら彼女らが勤務する学校に大学院の教員が出向くという「学校拠点方式」を採った。この方式であれば、指導を受ける院生の姿を目にした同じ職場の教師が感化され、学校改革に拍車が掛かるというものである。他にも、教授法の質を高めるのではなく、丸テーブルを活用した院生同士の対話による「考える質」を高めるプログラムなど、ユニークな取組みが実践された。こうした取組みが、生徒（児童）の教育にも反映されていったことが、福井県の小中学生の学力日本一、体力日本一に結実しているのではないかと、藤吉は分析している。

こうした、人材（人財）育成から仕事面まで一貫して充実し、安定していることが福井県の幸福度日本一に繋がっているという考えは多く見られる。

（3）幸福度実感が芽生え始めた福井県

ただ、なぜ、福井県が幸福といわれるのか。「娯楽や流行の面では、恵まれているとはいえない。学びたい分野を学べる場が少ないし、若者も流出しているではないか」という声を聞くことも少なくはない。これらの理由も、「4つの衝動」で説明ができる。獲得衝動や学習衝動や防衛衝動を満たすことができない、満たせないと感じる人が流出しているということではないか（実態は、第2章を確認してほしい）。

すなわち、主観的幸福度の高さと、客観的幸福度の高さは別物で、日本総合研究所も「福井県は——4回連続で1位に輝いている。しかし、一方で福井県民の多くがそのことを実感できていないという」（日本総合研究所 2020：14）と指摘している。また、主観的幸福度調査である内閣府の「国民生活選考度調査」では15位、経済産業省の「生活者の意識に関する調査」では40位、文部科学省の「地域の生活環境と幸福感についてのアンケート調査」では35位と、福井県の人々の幸福実感は中位もしくは低位である。こうした結果が、日本総合研究所の指摘に繋がっていると考えられる。

しかし、この傾向に少し変化が見られてきたことを示す調査結果が発表された。それが、ブランド総合研究所の『都道府県SDGs調査 2020』の中で行われた「都道府県の幸福度ランキング2020年」である。ここでは、福井県は幸福実感度が4位という結果となった[1]。他にも、福井県から受託して福井県立大学の研究チームが福井県出身者に対して行ったアンケート調査では、福井県が幸福度や暮らしやすさが高いと言われていることに54・3％が「納得できる」もしくは「それなりに納得できる」と回答しているところにも注目しておきたい。

これら結果は、1994年から約30年間。客観的幸福度調査で「福井は幸福度日本一」と言われ、聞かされ続けてきた福井の人たちが、ようやく福井の豊かさとは何かと向き合い、実感し始めた証左と言えるのではないか。COVID-19は、地方の見え方や見方を変えた。外発的に、今、住んでいる場所の本当の良さ、深層の豊かさに目を向けさせる機会となった。福井県民のみならず、地方や地元で感じる幸福度は、高まっているようにも感じてならない。

ただ、福井県で幸福度実感の芽生えが確認できるとはいえ、これを属性別（男女別など）でみるとどうか。この仔細は、

第3章で示している。

2 地方《ふるさと》を創る新たな4つの視点

では、幸福度を高めるために必要な条件が、福井県にどの程度整っているのか。また、福井県民に幸福実感がなぜ芽生え始めたのか。そもそも、福井県には4つの衝動を満たしてくれる環境が整っているのかを整理してみようと思う。

(1) 福井県の概要

福井県は、本州のほぼ中央に位置し、北陸最西端の県で、総面積は4190・52キロ㎡（全国33番目の広さ）、可住地面積は1077・30キロ㎡（同42番目）である。日本海に面し、陸地は石川県、岐阜県、滋賀県、京都府に隣接し、県都・福井市には、いずれもJRで東京からは3時間半程度、大阪からは1時間50分程度で行きつく。ちなみに、大阪―東京間の距離は500km弱、新幹線であれば最短で2時間30分程度である。大阪―福井が230km弱であるから、福井が「陸の孤島」と揶揄されることがうなずける。

「令和2年1月1日住民基本台帳人口・世帯数」をみると、福井県の人口は78万0053人（日本全体の0・6％）で、10万4505人（33・7％）の人が県都・福井市に住んでいる。また、福井県は嶺南地域と嶺北地域に分けられるが、嶺南地域の人口は13万7351人（17・6％）、嶺北地域は64万2702人（82・4％）である。2010年からの福井県における人口増減率は3・63％減（日本全体0・06％増）と全国より先行する人口減少が確認できる。

世帯数は29万6973世帯（同、0・5％）で、世帯当たり人員は2・63人（全国2・15人）と、47都道府県の中で1位である。

なお、高齢化の状況（人口に占める65歳以上の割合）は29・8％（全国27・9％）であり、全国を上回る勢いで超高齢社会を迎えている。

なお、9市8町の17市町で構成され、地形上では嶺南地域と嶺北地域と大きく二分される。敦賀市と南越前町の間にある山中峠、木ノ芽峠、栃ノ木峠を結ぶ約10㎞に亘る山稜が、嶺南地域と嶺北地域の境となっており、これら峠は、地形的にも心理的（嶺北の人は嶺南を「福井県ではない」、嶺南の人は「こっちは関西や」という話をよく聞く）にも福井県の人たちには、とても高い峠となっている。

福井県は、日本海側のほぼ中央に位置するため、冬期は季節風の影響を受ける多雪期が顕著である。特に嶺北地域は典型的な北陸型の気候の特徴を示すのに対して、嶺南地域はやや山陰型の気候と言える。

全国と比較して、年平均気温が低く、年間日照時間も短くなっている。一方、年間降水量や年間降水日数が多いのが特徴である。自然の脅威と福井県（特に嶺北地域）の人々は対峙しなければならない。近年では、2018年には北陸豪雪（福井豪雪）、2021年には大雪に見舞われ、数日にわたり、交通面では、北陸道や国道8号線が不通になるなど、日常生活に大きな支障がでたことは記憶に新しい。

産業面では、眼鏡枠産業（鯖江）をイメージする人が多い。2018年の県内総生産ベースでみると、眼鏡枠産業が含まれる「その他の製造業」が生み出した付加価値は福井県全体の3・4％である。

県内総生産を産業別にみると、一次産業が0・9％、二次産業が34・4％、三次産業が64・5％である。中でも、製造業（24・1％）や建設業（10・3％）が高くなっている。製造業をさらに細分化してみてみると、「電子部品・デバイス製造業」が4・0％と高く、以下、「繊維製品製造業」の3・7％、「その他の製造業」の3・4％、「化学製造業」の2・8％等と続く。これらの数字を根拠に、福井県は「製造業特化県」や「土木大国・福井」ともいわれる。

また、製造業特化の傾向は、手仕事の分野でもみられ、国の伝統的工芸品産業の指定を受ける分野は7件（越前漆器、越前和紙、若狭めのう細工、若狭塗、越前打刃物、越前焼、越前箪笥）、県の郷土工芸品は29件におよぶ。福井県の人口規模で7件の伝統的工芸品産業の指定を受けることは全国的にも稀で、福井県は「手仕事県」とも言えよう。

（2）「陸の孤島」でも「住めば都」

「陸の孤島」と言われ、都道府県魅力度ランキング2021では39位（前年は44位）[2]と、閉鎖的で、知名度が低く、特徴がない地味な県のように思われがちかもしれない。しかし、世帯当たり人員は全国で最も多いし、産業面では繊維産業や眼鏡枠産業と製造業特化（ものづくり県）という特徴が見られる。他にも海や川（九頭竜川など）や湖（北潟湖や三方五湖など）や山と自然環境の多様性に富んでいる。福井県の幸福度ランキング日本一の要因は、仕事分野と教育分野の特化型と言われるが、他のエリアが、仕事分野や教育分野を高めれば、客観的にも主観的にも幸福度が高まるかと言えば、そうとも言い難い。ゆえに福井県は特殊な事例として扱われてしまう可能性が高い。

福井県は、他の地方の県と同様に、人口減少や高齢化問題を抱えている。ただ、全国平均と比較すれば、福井県は人口の社会増減の側面では「少入少出型」（人口に対する転出者数の割合も転入者数の割合も少ない）であり、定住性が高く、一方で、保守性や閉鎖性も高いことが、ここからうかがえる。これは、寛容性が低いと言い換えることもできる。他方、安心度、利便性、快適度、富裕度の4分野20の指標を総合してランキング化した東洋経済の「住みよさランキング2021」では、千代田区、中央区、港区を除く812市区の中で、福井市が7位、敦賀市が9位、あわら市が27位、越前市が40位、鯖江市が48位と、上位50市に福井県の5市が名を連ねていることからは、暮らしが安定しており「住めば都」という側面を垣間見ることができる。

（3）女性が輝く福井県

2021年、コロナウイルス感染対策の面では「マスク会食の推進、支援を推奨する」など、福井県が率先して行う取組みが「福井モデル」として関心と注目を集めた。人の暮らしや、何よりも命を守ることに対して、真正面から向き合う福井県の姿が浮かび上がる。

また、「女性の就労率や共働き率が高い」こと、「継続的に就労する女性の割合も高く――未婚率が低く、合計特殊出生率（一生の間に女性が産む子供の数）が高い」「女性の就労と、結婚、出産・育児が両立されているという特徴」（杉村・石原・塚本 2019：67-68）も「福井モデル」と呼ばれ、女性活躍の側面でも福井県はかってから注目を集めている。

福井県における女性活躍の基盤を築いたのが、福井市出身で婦人運動家であり、衆議院議員も務めた「奥むめお」（1895-1997）であろう。鍛冶屋の長女として誕生し、年少時から低賃金で重労働という女性の労働環境問題に強い関心を持っていた。「平塚らいてう」（1886-1971）や「市川房枝」（1893-1981）らと、日本初の婦人団体「新婦人協会」を創設し、女性の選挙権獲得だけではなく、働く女性のための託児所事業などを展開している。

女性活躍の基盤が整ったのには、婦人運動家が存在したからということもさることながら、福井県（特に嶺北）の地理的要因や気候的要因と、そこから生まれた産業構造、さらには日々の暮らしぶりが影響している。

近年では、年に1度あるかないかの豪雪に悩まされるくらいではあるが、福井は雪国である。かっての基幹産業は稲作で、農閑期（冬場）の副業として、大雪でも屋内でできる仕事として、現在の基幹産業のひとつである眼鏡枠産業が発生している。明治期に足羽郡麻生津村生野（現・福井市生野）で、増永五左衛門が大阪から眼鏡職人を招聘し、30程の小作人の子弟に技術を習得させたのが始まりである。その後は、農閑期における人手の過剰を解消する労働集約型の眼鏡枠産業は、うってつけの仕事で、福井市や鯖江市に広がっていった。また、細かな手仕事分野であり、女性の労働力が活かされたと考えられる。ちなみに、帝国データバンクによれば、福井県は38年連続して社長輩出率がトップであり、この要因は眼鏡枠産業や繊維産業を中心に、比較的小規模な独立資本の企業が多いため[3]とみられている。

もうひとつの基幹産業である繊維産業では「1960年代を通じて、女性の新規中卒労働者の約50％を」（中澤 2015：54）労働力として吸収していた。その後は、女性の高校進学率の向上もあり、勝山精華高等学校（定時制）の女子生徒が繊維産業で働きながら学ぶという体制が取られた。これでも、労働力需要が旺盛で高賃金の大都市圏への労働力の流出は避けられず、繊維産業における労働力不足を加速させることになる。そこで、九州や北海道、東北に新規中卒者を求める「集団就職」によって女性労働者の確保に、勝山は取組んでいた。さらに言えば、「集団就職者」の定着策として住宅政策や結婚あっせん所の設立を計画すらしていたという。当時の女性たちは、厳しい労働条件であったことが予想できるものの、福井県における女性の社会進出は、この当時から進んでいたと言えるし、現代における女性の就業率の高さに少なからず影響を与えていると言える。

(4) 安定が実感できる暮らしぶり

さて、ここで福井県での暮らしに目を転じてみたい。女性の就業率が高いことが影響してか、最新の家計調査年報[4]（一世帯当たりの品目別支出額―二人以上世帯―2018年〜2020年平均）では、「調理食品」の購入額が全国第4位と、調理済み総菜への支出が多くなっている。これをさらに細かくみると、「コロッケ」「カツレツ」「天ぷら・フライ」に加えて、「他の調理食品のその他」が全国1位となっている。時系列でみても、この傾向に変わりがない。仕事帰りにスーパーの総菜コーナーに立ち寄り、急いで岐路に着く福井の女性の姿が目に浮かぶ。

勤労世帯（一世帯あたり）の月額平均実収入をみると、かつて2010年に福井県は全国1位となった。その後を最新（2019年）の結果でみると、48万1783円と全国3位である。順位が下がったとはいえ、いまだ上位にある。ちなみに、県庁所在地ベースではあるが、「家計調査（2020年10〜12月）」では福井市の2人以上世帯の貯蓄は1586万円で27位（全国1848万円）、負債は375万円で43位（同555万円）である。貯蓄に対する負債の割合は23・6％で41位（同33・4％）であり、お金との向き合い方には、堅実さがうかがえる。

こうした世帯当たりの収入が高く、負債の割合が低いことは、家計経済にゆとりがあるとも言える。女性の就業率の高さは、共稼ぎ率の高さに繋がる。福井県は「三世代同居率も高く、ダブルインカムにとどまらず、働き手が3人以上のマルチインカム世帯も見られる。共働き率の高さは、世帯当たりの収入や貯蓄額の多さに結実しているのみならず、何らかの理由で夫婦の一方が失業を余儀なくされた場合にも、世帯レベルで収入がゼロになるリスクを低減させるという意味で、経済的な安定性を向上させる機能を持つ」（杉村・石原・塚本 2019：73-72）。また、「ダブルインカム、マルチインカムの働き方は、収入面での安定性や満足度を高める働きを通じて、精神的な健康につながっていると考えられる」（杉村・石原・塚本 2019：78）。

　次に、暮らしにおける住まい（住居）についてみてみたい。2019年の福井県における消費者物価指数の総合は、全国を100・0とした際の水準では99・3（17位）である。これを10大品目別にみると濃淡があり、100・0を上回るものは「教育（106・9）」「食料（103・8）」「家具・家事用品（102・3）」「諸雑費（101・3）」「被服及び履物（101・0）」「保健医療（100・4）」の6品目、100・0を下回るものは「交通・通信（99・0）」「光熱・水道（94・5）」「教養娯楽（94・0）」「住居（85・4）」の4品目である。とりわけ日常的に支出を伴う品目の物価が高いことが分かる。最も特徴的なことは「住居」の物価が目立って低いこと。他方、福井県における人の過密度（人口シェア／可住地面積シェア）は29位と低位にある。つまり、大きな家を、比較的に安価に取得しやすい環境が福井県には整っている。[5]「社会生活統計指標──都道府県の指標──2020」によれば、福井県の持ち家比率は全国4位（74・9％）であるし、持ち家の延床面積は富山県（171・8㎡）に次いで、全国2位（164・7㎡）である。

　「寂しいときは家族と一緒にいられるし、一人になりたい時は自分の部屋にこもることもできる」と、福井県ではよく聞くことがある。パーソナルスペース（他者が自分に近づくことを許せる限界の範囲）は、人それぞれ異なるであろうし、その時の心理状態によっても範囲の広さが変わる。心理状態に合わせて、適切な距離が家族とであっても保てるという住居の空間的なゆとりが三世代同居を可能にもしている。

　戸建住居比率（戸建て住宅に住んでいる人の割合）も福井県は4位（76・7％）と高い。戸建居住者は自治会に入会し、地域での行事への参加が必然的に多くなる。人づきあいが苦手な人にとっては住みづらい環境と言えないことはないものの、こうしたエリアでは、互助の基盤が整いやすく、都心や市街地でみられる他人への無関心や繋がりの希薄化、孤独問題は比較的に起こりにくいと考えられる。

（5）安全・安心が福井の魅力

三世代同居率が高いことや、地域コミュニティでのつながりが強いことは、女性就業者だけではなく、共稼ぎ世帯が、仕事に集中できる環境でもある。例えば、子育て世代は、仕事の現場においても期待されている人が多い。仕事におけるパフォーマンスは、仕事に対する意欲やスキルによって左右される。ただ、自身の健康状態や、家庭で抱える問題によって、パフォーマンスが著しく低下することも少なくはない。働く女性に至っては、子育てや介護に関わる問題を抱えている場合の仕事への影響は計り知れない（詳細は第3章を参照されたい）。福井県の三世代同居やコミュニティの繋がりの強さは、祖父母が子育てをサポートし、近隣の住民も目を配ってくれているという安心感に繋がる。これは、仕事、家事、育児など、一日に果たさなければならない複数のキャリア（役割）に、その都度、一点集中できる条件のひとつになっていると言えよう。また、シングルマザーやシングルファザーにとっても安心して子育てができる環境が福井県には整っている。厚生労働省の「保育所等関連状況取りまとめ（平成31年4月1日）」では、保育所待機児童数はゼロとまではいかないが10であり、1922人分の空もある。

暮らしにおける安全や安心は、人口10万人当たりの犯罪認知件数[6]をみても明らかで、414・2件と全国8番目の少なさとなっている。ちなみに、全国の平均は719・7件、最も多いのが大阪府の1209・3件、最も少ないのが秋田県の246・4件である。地域に住み、暮らす人たちが互いに関心を持つことは、地域内に過度な監視社会をつくりあげてしまうという批判が出ることは否めない。ただ、コミュニティとしての繋がりを強めることで、支え合いの社会や見守りの社会が生まれ維持されることも確かであり、犯罪抑止の力が高まる効果があることは見逃すことができない。

また、2021年6月15日現在の人口10万人当たりコロナウイルス感染者数でも、福井県は140・16人と全国で5番目の少なさとなっている。「福井モデル」と呼ばれる独自の感染対策政策が奏功したこともさることながら、非過密であることや、繋がりが強い（匿名性が大都市と比較して低い＝誰が感染したかなど特定が容易）という福井県の特性が強みになったと捉えることができるし、こうした環境があることは、他の地方でもさほど変わらないようにも感じる。

これまでは、「教育分野」と「仕事分野」の指標の水準がとりわけ高いことを理由に「福井県は幸福度が高い県である」とされてきた。また、この2分野にアプローチ先を絞り、なぜ、それらの指標が高いのかを探るという傾向が強かった。福井県をベンチマークにし、自身が暮らし、生活を営む場における住民福祉の向上とは何か。何よりも、自分自身の幸福とは何かを考えるきっかけとヒントを与えたことは否定できない。ただ、「新しい地方《ふるさと》を創る」には、「やり方」ではなく「あり方」が何かに立ち返る必要があるのではないか。この「あり方」こそが、「4つの衝動」を満たすという視点であり、他の地域を参考にして、ヨコ並びの地方をつくるのではなく、「4つの衝動」を満たすために、それぞれの地域が、それぞれの「やり方」を模索し、個性ある地方《ふるさと》を創っていくことが望まれる。

この「4つの衝動」を満たす環境が、福井県には整っていた、または整っているように感じる。「奥むめお」らによる婦人運動は、女性のステータス向上という意味では「獲得衝動」を満たすものであり、社会に出ることで新たな発見が得られることは「学習衝動」を満たすものである。何よりも、選挙権を持つことや、働くという選択肢が持てることは、自身を守るという「防衛衝動」を満たすことを可能にした。

暮らしぶりを改めて眺めてみても、世帯当たりの収入の多さ、大きな持ち家の取得のしやすさ、女性のみならず仕事の得やすさなどは「獲得衝動」を満たしてくれている。こうした「獲得衝動」を満たすことができるのは、三世代同居やコミュニティの強いつながりがあるという「親和衝動」を満たす基盤が整っているからと言える。この「親和衝動」が満たされることで、育児や子育て、強いては、福井県の児童の学力や体力の向上という「獲得衝動」や「学習衝動」を満たすのに良い影響を与えているのではないか。さらには、デジタル化や高度高速交通網の発達によって、かつてと比較すれば都会への憧れや希望が薄れている。都会は、必要な時に行けば良いエリアであり、地方の人たちが、必要な時に消費すれば良いエリアになりつつある。自然が多い福井県や地方は、豊かな自然を身近に感じ、体感しながら学び、必要な時には最新の情報も得ることができる優位で豊かな地である。

何よりも、コミュニティの強いつながりの中で形成される、一種の監視社会は「見守り社会」であり、人々の「防衛衝動」を満たしてくれている。

3 福井県の歴史から紐解く地域づくりのあるべき姿

では、なぜ福井県は「獲得」「親和」「学習」「防衛」の衝動を満たす環境になっているのだろうか。私たちは、どうしても歴史と縁を切ることができないため、これを紐解くために、歴史的な背景から探ってみたい。

地域の自然環境と産業と暮らしぶりは、密接な関係性を持って、形成されていく。「土木大国・福井」の原点は、暴れ川・九頭竜川とこれに伴う坂井平野に溜まった水を流出させるための治水工事のために必要な業種として誕生したと聞く。自然と対峙した人々の苦労と知恵から生まれたと言ってもよい。

他方、福井県の基幹産業である繊維産業や眼鏡枠産業の発生も、自然環境や人々の暮らしぶりとの関係性で説明ができる。

地域の特徴を把握する方法は、現状整理によるアプローチと、その地域の歴史を辿り、ルーツから特徴を把握しようとするアプローチがある。福井県立大学の南保勝特任教授は、「地域の歴史・文化・地域特性・過去の主要産業などを遡ることで、そこに地域の持続可能性のヒントが隠されている」（南保 2019：iv）としたうえで、継体天皇の時代まで遡り、その後の歴史的エポックをいくつか取り上げながら、福井県の特徴を示している。そこで、ここでは、南保（2019）の力を借りようと思う。

（1）福井県の原点「越国」と「越前国と若狭国」

福井県の歴史を語る際、「継体天皇」の時代や、「越国」の歴史から辿るべきといわれることが多い。継体天皇とは、ヤマト国の第26代天皇であり、その継体天皇が育った地が越国だと言われている。越国とは、現在の福井県敦賀市から新潟県にまで達し、山形県庄内地方の一部にもかかるほどの広大なエリアであった。また、6世紀頃は、イズモ（出雲、因幡、伯耆）やタニハ（丹波、丹後、但馬）と並ぶ、日本海側の重要なエリアのひとつであった。

越国が、なぜ、天皇を生み出すだけの力をもつに至ったのか。その理由（背景）を南保は、以下の4点ではないかという。

第1は、九頭竜水系をベースとした肥沃な土壌を有することで、農業技術や灌漑技術の発展を促したこと。

第2は、角鹿（現在の敦賀市あたり）を主な集積地とした越前、特に若狭一帯に広がって塩の生産が行われていたこと。

第3は、鉄と馬の生産を行い、特に馬の生産に長けた河内国（現在の大阪府）の豪族との繋がりを持っていたこと。

そして、第4は、新羅神社や信露貴彦神社といった大陸との関わりのある神社が現存する通り、大陸との交流が盛んであったこと。

他にも、継体天皇は、本拠地越前だけではなく、近江や尾張、美濃、河内、摂津とそれぞれに妃を持ち、各地の豪族との血縁を結ぶことで力を蓄えていったことが、越前の地から天皇を輩出した要因とも言われている。

これらのいくつかの要因によって勢力を高めた越国ではあるが、7世紀後半に「越前国」「越中国」「越後国」に分割され、武生（現在の越前市）に越前国の国府が置かれたと聞く。

また、現在の福井県を構成するもうひとつのエリアである嶺南（特に若狭）地域には、「若狭国」が設置されていた。若狭国は、ヤマト王権の日本海側入口として、大陸とつながる重要な要衝であり、朝廷へと大陸文化を伝え、豊かな海産物を納める「御食国《みけつくに》」という特別なエリアであった。

この時代の福井県（越前国と若狭国）は、日本という国家の大事を支え、行き先を左右するほど重要で特別な地域であったと言っても言い過ぎではないのではないか。

（2）福井藩と小浜藩の成立

時代は流れ、1600年の関ケ原の戦いに勝利した徳川家康は、1603年に征夷大将軍となり江戸幕府を開いた。家康は、1600年に、越前一国を結城秀康（家康の次男）に、若狭一国を京極高次（関ケ原の戦い直前まで大津城で奮戦／大津城城主）に与え、福井藩と小浜藩の成立に至る。ちなみに、家康のお膝元である静岡市（駿府／駿河）には、「安倍川もち」という名物がある。福井市では「あべ川餅」なるものをよく目にする。徳川家との繋がりが、福井県にはいまだに残っているように感じてならない。

さて、福井藩主となった結城秀康は、柴田勝家（織田家筆頭家老）が築いた「北ノ庄城」（現・福井県庁）の大改築を行い居城するとともに、結城姓を松平に復し越前松平家を興している。ただ、秀康は1607年に死去し、その後継として、嫡男・松平忠直が福井藩二代目藩主に就くことになる。しかし忠直は、豊臣家を滅亡させた大坂の陣（冬の陣1614年、夏の陣1615年）で戦功を立てながらも、当時の将軍秀忠に認められなかったことなどから次第に幕府に反抗的な態度をとるようになる。その始末は、乱行を理由に廃されて豊後国大分に配流された。

この翌年（1624年）4月に松平忠昌（忠直の弟）が福井藩の主な家臣と藩領を継承し、さらには、「逃げる」の意味を含む「北」の文字が使われていることを嫌い、居城周辺の街「北ノ荘」を「福居」（のちに福井）に改められた。

一方、1634年に老中酒井忠勝に小浜藩が与えられた。その後は、明治維新まで、酒井家の時代が続く。忠勝は、現代まで続く若狭塗（伝統的工芸品）を藩の殖産興業として奨励し産業振興に力を入れている。他にも、藩士教育に積極的であった忠勝の影響を受けて、酒井忠直（忠勝の後継）は、町民のための公開講座を行うなど、藩学に熱心だったという。さらには、酒井忠貫（第10代）は、京都の儒者西依墨山を招き、藩校「順造館」を開校している。この当時建てられた順造館の正門「順造門」は、若狭高等学校の正門として、大切に残されている。

福井という地名の誕生や、福井県における学問や教育に対する姿勢のルーツを、この時代に確認できる。

（3）福井と北前船

北前船とは、蝦夷地と大阪を西廻り回路で結び、船主自らが立ち寄る港々で商品を買い付けながら、それら商品を港で販売し利益を上げる江戸時代から明治時代にかけて日本海海運として活躍した、主に買積みの北国廻船の名称である。現在の福井県にあたるエリアには、寄港地として三国、敦賀、小浜が名を連ねていた。特に越前敦賀と若狭小浜の湊町は、北国の領主たちが手に入れた年貢米を中央市場である上方に輸送し、それで得た金銀で鉄砲や高級織物などの手工業品を買い求め、この中継地として、全国的に脚光を浴びていたという。また、江戸時代後期には、寄港地という拠点や市場という役割だけではなく、三国では岸名家、敦賀では高嶋家や大和田家、小浜では古河屋、越前河野浦では右近家という、国内流通や物流を担う船主であり、豪商―海の総合商社―を誕生させている。なお、右近家では、その後も10代目右近権左衛門は海上保険会社を創立した実業家でもあったし、12代目にあたる安太郎は日本火災海上保険株式会社の社長を長らく務めた。

こうしてみると、福井県は、広域ネットワークの拠点として、経済や文化や人的交流などの面に加えて、現代的にいえば、アントレプレナーを輩出した極めて重要なエリアであったことが分かる。

（4）江戸時代、そして幕末の偉人たち

江戸時代、そして幕末を支え、近代日本の礎を築くことに貢献した人物を福井の地から多く輩出していることも見逃すことができない。

『ターヘル・アナトミア』を『解体新書』として翻訳した杉田玄白は、小浜藩医であるし、玄白と共に翻訳に携わった中川淳庵も小浜藩に勤める蘭方医であった。

他方、幕末には、小浜藩主酒井忠義は京都所司代に、前福井藩主松平慶永（春嶽）は政事総裁職に就くなど、幕政に深く関与している。他にも元小浜藩士で儒学者であった梅田雲浜や、福井藩士で『啓発録』を残した橋本佐内。福井藩

の財政再建に手腕を振るった三岡八郎（由利公正）もいる。松平慶永（春嶽）の政治顧問であった横井小楠は、坂本龍馬が起草したとされる新国家体制の基本方針「船中八策」の原案をつくったと言われている。

他にも、福井にゆかりある江戸時代から幕末にかけて活躍した人物をあげようとすれば枚挙に暇がない。福井人が幕末の政局に大きな影響を与えたこと。なによりも、国づくりや地域づくり、また、医学をはじめ学問において、未来を見据え、新しいことを構想し挑戦する土壌と気概が福井県にあったことを、ここからは確認できる。

（5）福井県の分断

1868年、明治新政府軍と旧幕府との間で江戸城の新政府への引き渡しおよびそれに至る一連の交渉が行われた。このプロセスが「江戸開城（江戸城無血開城）」である。

この3年後、1871年には、新政府によって「廃藩置県」が断行され、江戸時代を通じて地方に築き上げられた地方分権の時代が終わり、東京中心の強固な中央集権体制の確立に至る。

現在の福井県にあたるエリアでは、同年11月、若狭3郡（遠敷、大飯、三方）と越前3郡（今立、南条、敦賀）をもって「敦賀県」、他の越前5郡（足羽、吉田、丹生、坂井、大野）をもって「福井県」が置かれた。敦賀県は敦賀に、福井県は福井に県庁が置かれるも、福井県にあっては、旧福井藩色を嫌った新政府は、わずか1か月あまりで福井県から「足羽県」へと県名を変更させた。さらに新政府軍は、旧佐幕派（江戸幕府の補佐派）の城下町には県庁を置きたくないという恣意もはたらき、足羽県は1年あまりで敦賀県に統合されるかたちで消滅している。当然、敦賀県の県庁は、敦賀に置かれることになった。

木の芽嶺（木ノ芽山地）を境とした地理的な隔たりは、県庁が敦賀に置かれたことで、木の芽嶺以北（旧足羽県側）の人々にとっては何かと不便であったのに対し、以南の人々にとっては敦賀県のほぼ巾央に位置する敦賀が県庁所在地として適切であると主張するなど、県庁所在地を巡る心理的な争いが起こることになる。こうした対立が、現代にまで続く「嶺南」「嶺北」という地域区分のルーツであると聞く。

さて、その後はというと、福井だけではなく、各地における県庁所在地を巡る不満をはじめ、新政府の様々な施策への人々の不満が広がり、この状況に危機感を募らせた新政府は、県庁経費の節減と旧幕藩勢力のさらなる一掃を目的に再び県の統廃合（3府72県から3府35県へ）を行った。その一環として敦賀県の嶺北7郡を石川県に、嶺南4群を滋賀県に分属させ、心理的な分断に留まることなく、県という機能の面でも嶺南と嶺北を分断させてしまったのである。

（6）福井県の成立

県の再統合は、中央集権体制の新政府にとっては思わぬ脅威を招くことになる。県あたりの人口は膨らみ、強い経済力をもつ地方が誕生してしまったのである。例えば、越前7郡（嶺北）を統合した石川県は、現在の富山県をも統合し、人口規模で182万人（全国の5・5％）、旧石高では220万石（全国1位）に達していた。

こうした中で、1881年2月7日、若狭3郡と越前敦賀郡が滋賀県から、越前7郡が石川県から分離し、これらが再統合されることで、現在の福井県の成立に至る。

この再置県が行われる際の目安になったのが人口規模であり、現在の47都道府県を基準に考えるならば、新政府としては当時の日本の人口（約3300万人）から試算した結果、1県あたり70万人程度が妥当と考えたのではないかという説がある。ちなみに、再置県後の1県当たりの人口をみると、石川県70万人、富山県68万人、福井県57万人、滋賀県62万人であり、「人口規模70万人妥当説」は納得できるのではないだろうか。

ただ、再統合されたとはいえ、嶺南と嶺北の心理的な分断は続く。特に、嶺南4群は10年に亘り伝統、文化、人的・物的な交流などの面で、滋賀県との協調路線を歩んできた。それだけに、福井県への分属は青天の霹靂ともいうべきものので、以後10年、滋賀県への復県を求める運動が続くことになった。

（7）自然と歴史が育んだ福井のアイデンティティ

福井県の人々は、その時代時代の栄華や、都度、地域の分断と向き合ってきた。雪国という冬場の厳しさに耐え、反面、山・川・湖・海や肥沃な土壌という地勢（自然資源）を知恵によって活用し、豊かな暮らしや経済を自らの手で作り上げてもきた。福井県は「文経武緯」（学芸と武術（現代的にいわば仕事）の両方を重んじて、政治の土台にする）が根づく地であり、これが、福井人のアイデンティティの源のひとつではないだろうか。

他方、南保（2019）は、一世帯当たりの実収入や貯蓄額の多さと、消費性向の低さ、その反面で、婚礼費用という特別の催事へは惜しむことなく出費するという実態から福井県の人々の県民性を「日々の暮らしは慎ましく、一点豪華主義」である。加えて、こうしたライフスタイルは、福井県（特に嶺北）に浄土真宗を広めた8代宗主・蓮如上人が影響しているのではないかという。その時代の人々は、浄土真宗の教えを請うために持ち回りで〝講〟を催し、これに備えて常日頃から貯えを惜しまず、〝講〟を盛大に執り行ったようである。福井県の人々の県民性は、こうした「いにしえ」の習いを受け継いだかもしれないと南保はいう。

では、再び、少しだけ福井県に起こった歴史的エポックを取り出してみたい。それは、越前の一向一揆である。ここに、これからの地域づくりを考えるヒントが隠されているのではないかと思う。

本題ではないため、一向一揆の中身の詳細は控えるが、越前における一向一揆は、1574年に起こった「富田長繁 対 石山本願寺（浄土真宗）と結託して一向一揆となった土一揆」との戦いと、1575年8月から9月にかけて行なわれた「織田信長 対 一向一揆（正確には、朝倉氏）」の戦いがある。一揆衆は、前者は朝倉氏に、後者は信長に敗れている。

この結末や、そもそもの発生の背景、目的や手段はともかくとして、一揆とは、その時代の代官や守護などの圧政に対して、農民・信徒などが団結して要求・反対のために立ち上がることをいう。また、当初の目的が達成された後も、新たな問題や目的に備え、日常的に相互扶助を行っていく。こうしてみると、一揆とは「市民運動」と言えよう。

福井県の人たちには、自らの手で地域を創るため、住民が協力し、困難に立ち向かっていくという気質がこの時代にはあった。言い換えれば、自分自身を守るための「自助」、皆で互いに助け合うという「互助」、助け合いの仕組みとしての「共助」があった。少しデータは古くなるが、2016年の「社会生活基本調査」をみると、ボランティア活動の行動者率は全国9位と上位であり、連綿と「互助」の気質が、福井県は現代にまで続いているのではないか。これもまた、福井県のアイデンティティの源のひとつであると感じずにはいられない。

おわりに

地域問題とは多種多様で、例えば、人口に関するものは、地域の人口規模によって異なっていることが多い。小規模な地域であれば「人口減少と若者の流出」であろうし、中規模な地域であれば「中心市街地の衰退」、そして大規模な地域であれば「コミュニティの繋がりの希薄化や孤独」あたりであろう。

ここに、自然環境、暮らし、産業・経済など、他の要素が加われば、地域問題とは、さらに複雑になり、その地域ごとに異なってくる。このような状況の中で、共通の指標を抜き出し、どこが高くて、どこが低いのかを競い合ったとしても、しっくりこない人が多いのではないか。地域ごとに自然環境は異なるし、産業構造も異なる。地域が持つ特性が異なるのだから、「福井県の事例を取り上げても、特殊な事例」としか感じられない人も多いと思う。

こうした状況を踏まえ、①新しい地方《ふるさと》を創るための「やり方」ではなく「あり方」とは何か。②人が人生を通じて満たしたい「4つの衝動」が、これからの地方《ふるさと》づくりのヒントになるのではないか。③幸福度ランキング日本一の福井の実態や歴史のプロセスを再整理したうえで、「4つの衝動」を軸にした地方《ふるさと》づくりから見えてくることは何か、を検討することが本章の目的であった。

本章の成果は、新しい地方《ふるさと》を創るための「あり方」として、中央に頼るのではなく、その地に暮らし生活する人たちの「自助と互助」を基盤にして、「獲得衝動」「親和衝動」「学習衝動」「防衛衝動」を満たすという視点を持つこと。この視点をベースにして、他の地域とはヨコ並びではない「やり方」は何かを、模索することが重要ではないかという視点を提示したことである。

「新しい地方《ふるさと》を創る」とは、同質的で、誰もがうらやむ地方をつくることではない。その地域に住む人たちが、幸福を実感できる地域をつくることである。他のエリアがマネしたくても、マネできない地域をつくり、結果として、抱える地域問題（人口減少や少子化、若者流出など）を解決していけるようになることが望まれる。

福井県は、幸福度ランキング日本一といわれるものの、他の地域同様に、人口減少は起こっている。そうした中で、最新の国勢調査（速報）では、福井県17市町中で鯖江市のみが人口増加となった。鯖江市は、２０１０年に「市民主役条例」を公布し、まさに「自助・互助」の強化と実践を行っている。現代の人たちは、人生や暮らしの中に「自助・互助」を求めているのかもしれない。また、「新しい地方《ふるさと》を創る」とは、「幸福を追求する運動」と言えるかもしれない。

他方、北陸新幹線の全線開通を機に、福井県の人口減少は、さらに加速する可能性がある。例えば、「京は遠ても十八里」と言われた、小浜―京都は、19分で繋がれるという。山や海で閉ざされた「陸の孤島」は、大都市と隣接した県へと変貌を遂げる。果たすべき地域機能が、大きく変容することが予想される。

最後に、幸福を実感しているからかは別として、福井県にずっと住み続けている人もいれば、福井県で生まれ、その後は県外で暮らしている人も多くいる。Uターンしてくる人も当然いる。これらの人たちが、なぜ、出ていったのか、残ったのか、戻ったのか。次章では、それぞれの人たち固有のバックグラウンドや心持ちなどの実態を人口減調査の結果から探り、地域づくりを考える人たちが共通して利用できる視点を明らかにしていく。

注

（1）最新の「都道府県の幸福度ランキング ２０２１年」では18位となった。

（2）「都道府県魅力度ランキング（地域ブランド調査 ２０２１）」（https://news.tiiki.jp/articles/4697、２０２１年10月16日閲覧）

（3）帝国データバンク福井支店「特別企画：福井県企業の社長分析（2020年）」（https://www.tdb.co.jp/report/watching/press/pdf/s200201_39.pdf 2021年10月16日閲覧）
（4）調査対象が都道府県庁所在地および政令指定都市のため、ここでは福井市の結果である。
（5）総面積から林野面積と主要湖沼面積を差し引いた、人が住み得る土地。
（6）警察庁の「平成30年警察白書」における犯罪認知件数と総務省「住民基本台帳人口要覧」20年1月1日現在の人口を使用した。

column 1

福井市中心市街地の取組み

今から125年前の1896（明治29）年7月、北陸線福井駅が現在のJR福井駅とほぼ同じ場所に開業した。開業前の福井市のまちの中心部は駅より西に1㎞ほど離れた九十九橋北詰あたりだったものの、鉄道駅の開業にともないまちの中心が大きく移動することとなり、続いて越前電鉄（現えちぜん鉄道）、福武電鉄（現福井鉄道）も福井駅近くに駅を設置することで、新たに整備された道路とともに人と店舗が集まり業務機能も集積することで新たなまちが形成された。福井はその後、戦災、震災、水害と都市にとって大きなダメージを受けながらも、そのたびに立ち上がってきたことから「不死鳥」を都市のイメージとしてまちづくりを行ってきており、そして、2024年3月、JR福井駅に併設して北陸新幹線福井駅が開業する。

◆中心市街地の役割の変化

2005年にはJR福井駅が新しく建て替わり、それに続いて官民による再開発事業として、福井駅東口に「AOSSA」が、西口には「ハピリン」が整備された。こういった行政が関わる大型のハード整備が完了した現在、民間による再開発事業が中心市街地の複数箇所で進められている。このように都市が変わろうとしている今、中心市街地に求められる役割は、高度成長時代のショッピングという非日常性の提供から、他ではできない体験や、家族、友達との時間の共有による非日常性の提供へと変わってきている。「モノ」から「コト」へと求める価値基準が変わり、従来と同じように「モノ」を売っているだけではいくら交通結節機能を強化しても足を運んでもらえない状況である。

そこで、2000年頃より道路空間や再開発事業で一時的に発生した駅近くの広場などを使って、遊べる場所の整備や市民参加型のイベントなどを開催し、週末の集客に取組んでいる。2004年には220席の音楽ホールを持つ「まちなか文化施設響

写真１－１　福井駅西口の恐竜モニュメント（手前）とハピリン（奥）

写真提供：まちづくり福井

のホール」を整備した。音楽スタジオ、カフェレストランや会議室も設けられ、中心市街地の音楽文化の拠点としてプロ・アマ問わず、演劇・音楽・ダンスなどたくさんの表現の活動の場を提供してきたものの、今回の駅前再開発事業で取り壊されることとなる。

２０２０年以降は新型コロナウイルス感染症の感染拡大防止から、福井駅前で予定していたイベントのほとんどが中止もしくは大幅に変更したうえでの開催となった。このことは働き方や生活、人々の考え方に大きな変化をもたらした。こういった変化も踏まえつつ、感染拡大の防止にも配慮した「非日常性の提供」とコワーキングスペースの提供など中心市街地ならではの「これからの対応」が求められている。ある意味、従前からの「ふるさと」と現在進行中の「ふるさとの創造」の融合を図っていくことが求められていると言える。

以降では、福井市中心市街地で新しい「ふるさとの創造」に向け重要なプレーヤーである「まちづくり福井」の主な活動内容について紹介する。

◆まちづくり福井のこれまでの取組み

まちづくり福井は、福井市の第三セクターとして、福井市51％、福井商工会議所17％、残り１００社以上の中小企業の出資で２０００年２月に設立された。まちづくり福井は、リノベーション事業「DiscoveRe-FUKUI」や、「ハピリン」の福井市にぎわい交流施設「ハピテラス」と「ハピリンホール」の指定管理者として、冬季にはスケートリンク「ハピリンク」を運営するなど様々なイベントを企画しているだけでなく、足羽川河川敷や福井市中央公園など公共空間を利用したアクティビティの提案にも取組んでおり、多彩な目的地をつくり、回遊性を高め賑わい創出に繋げている。

（1）ハピテラスとハピリンホール

2016年4月にJR福井駅西口（写真1‐1）に開業した再開発ビル「ハピリン」は商業施設だけでなく「福井市にぎわい交流施設」として屋根付き広場「ハピテラス」と多目的ホール「ハピリンホール」があわせて整備された。この2つの施設について、福井市から指定管理業務を受けている。特に「ハピテラス」では2024年春の北陸新幹線福井駅開業にむけて、沿線の都市に福井の魅力を発信していくことを目的に、地元の食文化を紹介するイベント「あげフェス」（福井の厚揚げ消費量は56年間日本一）などを開催している。

写真1‐2　中央公園を使って開催された「ワンパークフェスティバル 2019」

写真提供：まちづくり福井

（2）中央公園をつかった音楽イベントとにぎわいづくり

「ハピリン」より徒歩5分ほどのところにある「福井市中央公園」が、2018年8月に芝生を敷き詰めた広い空間を持つ公園へとリニューアルされ、2019年7月に地元の若手を中心に野外音楽フェス「ワンパークフェスティバル2019」が開催された（写真1‐2）。このフェスは、「まち全体が一つのテーマパークになる音楽フェス」をコンセプトに、2日間で県内外より約1万人が来場し約6億4000万円の経済波及効果（福井商工会議所調べ）をもたらした。

（3）足羽川右岸の河川敷イベント

2020年6月に福井県より足羽川右岸の河川敷地の占用許可を取得し、中心市街地で気軽にアウトドアを楽しめる場所として活用をはじめている。以前から地元大学のカヌー部の協力を得ながら「カヌー体験会」などを足羽川で開

写真1－3　足羽川河川敷地を使って開催された「まちキャン」

写真提供：まちづくり福井

催しており、今後は川と河川敷とまちを一体的に楽しめる場所にしていこうと、まずは2021年3月にまちなかでバーベキューやキャンプを楽しむイベント「まちキャン」を開催した（**写真1－3**）。

◆おわりに

福井県は子供の学力水準や運動能力、住みよさランキングなどでいつも全国上位に位置している。まちづくり福井としては、上記のような取組みを継続しつつ、まちの魅力をさらに磨き上げ、「住み、働き、遊べる」場所に転換する動きにより、福井県の強みを生かしながら、「新しい地方《ふるさと》」の形を目指し、中心市街地への回遊性を高める活動を積極的に展開している。

最近のコロナ禍による自粛の影響や複数の再開発事業の影響により、人の流れが厳しい状況にある。2024年春に控えている北陸新幹線敦賀延伸に向け、福井県内4駅（芦原温泉駅、福井駅、越前たけふ駅、敦賀駅）を中心に様々なまちづくりが進んでおり、特に福井市中心市街地では、行政の後押しもありながらの民間主体とした再開発事業で、マリオットインターナショナルのホテル開業を控えている。

今後も、行政と民間がそれぞれの得意分野を生かしつつ、新しいことにチャレンジすることにより中心市街地ならではの「新しい地方《ふるさと》」の創造をしながら、地域の価値向上に向けた取組みに期待したい。

【協力】まちづくり福井株式会社　代表取締役社長　岩崎正夫氏

02 データでみる「出る人、残る人、戻る人」

はじめに

福井県の人口減少は、全国を上回る水準で進行している。その要因は、①自然減の進行、②社会減の進行、に分けることができる。①自然減に関しては、合計特殊出生率は全国平均を上回っているが、先行する高齢化による死亡者数の増加を補える水準には達していないことによる。②社会減に関しては、2020年の転出率が1・58％（全国38位）、転入率が1・39％（全国35位）といずれも全国平均を下回り、定住性の高い地域となっているが、転出率が転入率を上回ることで進行する。

本章では社会減の進行に関して、誰がどのような理由で、①福井県から出ていくのか、②いったん出ていって戻ってくるのか、③出ていかずに残るのか、についてアンケート調査のデータ分析を通して検討していきたい。

1 アンケート調査の概要と回答者の基本属性

(1) アンケート調査の概要

福井県の人口減少の原因を探る目的で、2020年8月1日から21日にかけて、インターネットによるアンケート調

表２－１　性自認と年代

項目	カテゴリー	%
性自認	男性である	54.8
	女性である	44.6
	その他	0.3
	答えたくない	0.3
年代	29歳以下	14.5
	30歳代	26.1
	40歳代	22.8
	50歳代	23.4
	60歳以上	13.2

出所：筆者作成．以下，第２章の図表はすべて筆者作成．

査を実施した。回答の対象者に関しては、「福井県出身者および福井県になじみのある方で、福井県外および福井県内に居住されている18歳以上の方」とした。福井から出ていった人たちに関しては、東京都県人会、大阪府県人会の協力を得て、そのメーリングリストを用いて登録者に回答をお願いした。他にも福井県立大学のＨＰを用いて卒業生などに回答を求めた。有効回答数は５８８である。

福井県からの転出者に関して、全員がリストアップされている名簿が存在するわけではなく、サンプリングを実施することができないため上記の方法をとったが、そのため回答者の属性に偏りがあることが予想される。まず、この点を確認しておきたい。

（２）回答者の基本属性

性自認、年代に関しては**表２－１**の通りである。男性が女性よりも10％程度多く、29歳以下60歳以上が他の年代よりの10％程度少ない。現在の居住地に関しては、福井県が56・１％、福井県外が43・９％と、ほぼ同数になっている。福井県外では関東が19・７％、関西12・１％、中部９・７％の順に多く、その他の地域はあわせても２・４％にとどまる。回答者の募集に際して、東京都県人会、大阪府県人会に協力を要請したことも影響していると考えられるが、大企業の立地する地域を中心に人口の流出が起こっているものと思われる。

出身地に関しては福井県が83・５％と大半を占める。今回の調査に関して、

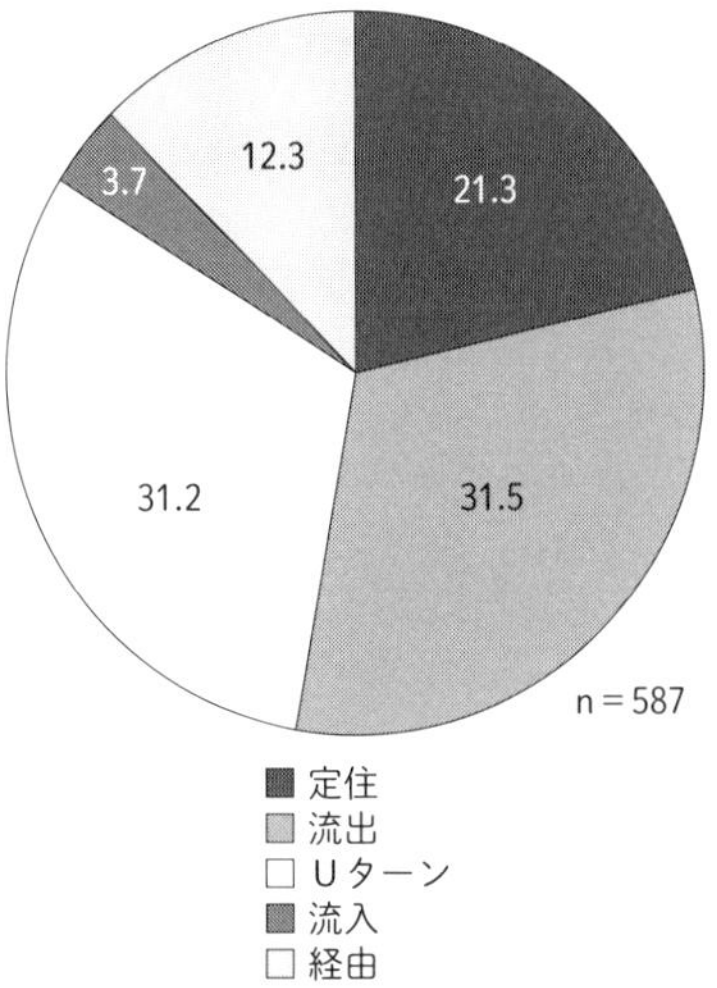

図2－1　居住経路

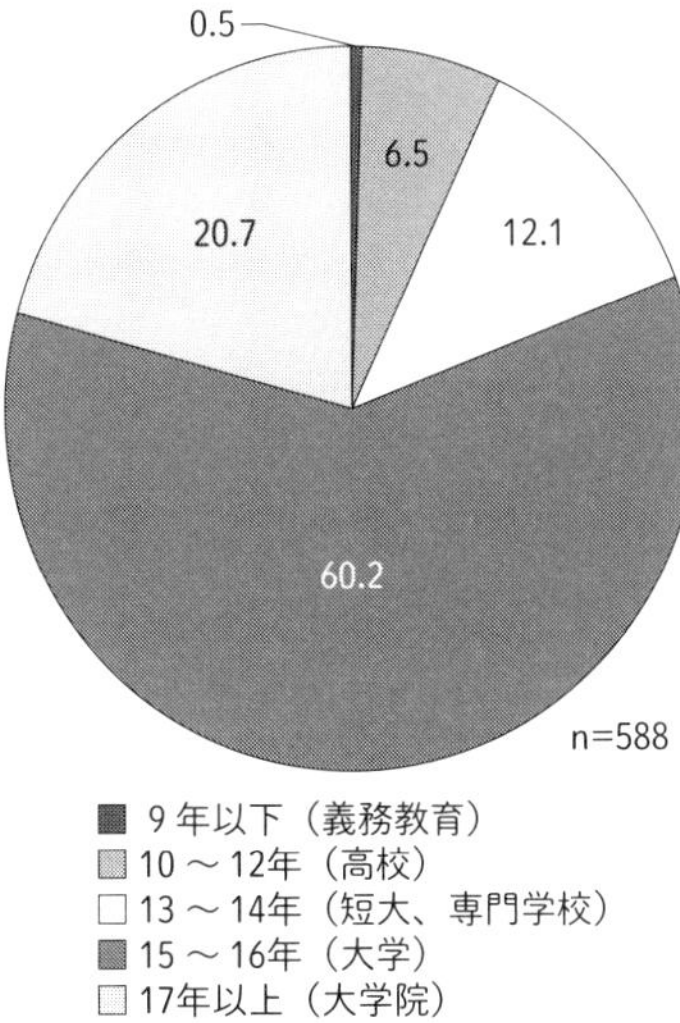

図2－2　就学年数

福井県外出身のほとんどは、県外からの福井県立大学に進学したもの、もしくは、県外から福井県立大学に就職したものであると考えられる。

福井県との関係に照準して居住経路をまとめたものが**図2－1**である。①「定住」とは、進学、就職、結婚などの契機を経ても、福井県内にとどまり続けているグループを、②「流出」とは、上記の契機を経て、福井県から転出し、戻ってきていないグループを、③「Uターン」とは、上記の契機を経て、一度福井県から転出し、再び戻ってきたグループを、④「流入」とは、福井県外出身で、福井県に転入してきたグループを、⑤「経由」とは、福井県外出身者で、進学等を契機として福井県に転入し、再び福井県から転出していったグループを、指す。「流出」と「Uターン」が3割程度、「定住」が2割程度を占める。調査の実施方法を勘案すると、「流入」は福井県立大学の教職員が、「経由」は卒業生が、その大部分を占めることが予想される。

アンケートでは就学年数について尋ねている。就学年数を「9年以下（義務教育）」、「10～12年（高校）」、「13～14年（短大、専門学校）」、「15～16年（大学）」、「17年以上（大学院）」の5カテゴリーに分けたものが**図2－2**である。文部科学省の2019

年度学校基本調査（確定値）によれば、日本の大学・短大進学率は58・1％、大学（学部）進学率は53・7％である。大学院の進学率は6％程度となっている。今回の調査の回答者の8割以上が大学卒業以上の学歴となっており、極端に高学歴層に偏っている。

居住経路と就学年数の関係を確かめると、「流入」と「経由」には就学年数が16年以下の者はおらず、「流入」では6割以上が「17年以上（大学院）」、「経由」では8割程度が「15〜16年（大学）」となっており、それぞれ福井県立大学の教職員、卒業生が大半を占める可能性が高い。

以下では、居住経路に関して、経歴・属性が偏っている可能性の高い「流入」と「経由」を除いた3グループ（「定住」、「流出」、「Uターン」）に絞って分析をおこなう。この3グループについても、就学年数が13年以上のものが8割から9割に達している。以下の分析は、高学歴層で福井県に留まり続けているもの（残る人）、出ていって戻ってきていないもの（出る人）、いったん出ていって戻ってきたもの（戻る人）の比較ということになる。

2　3グループの基本属性と移動のパターン

（1）出る人、残る人、戻る人の基本属性

「定住」（残る人）、「流出」（出る人）、「Uターン」（戻る人）の年代を比較したものが**図2-3**である。「定住」で、29歳以下と30歳代の比率が高く、60歳以上が低い。福井県立大学が1992年に開学していることが影響していると思われる。「Uターン」では、29歳以下の比率が低く、60歳以上が高くなっている。

3グループを性自認に関して比較すると、「定住」では女性の比率が高く72・4％なのに対し、「流出」と「Uターン」では男性の比率が高く、それぞれ71・7％、63・9％に達する。大学への進学に関して、親から「自宅から通えること」といった条件を付けられることが、女性の方に多いのではないかと推察される。

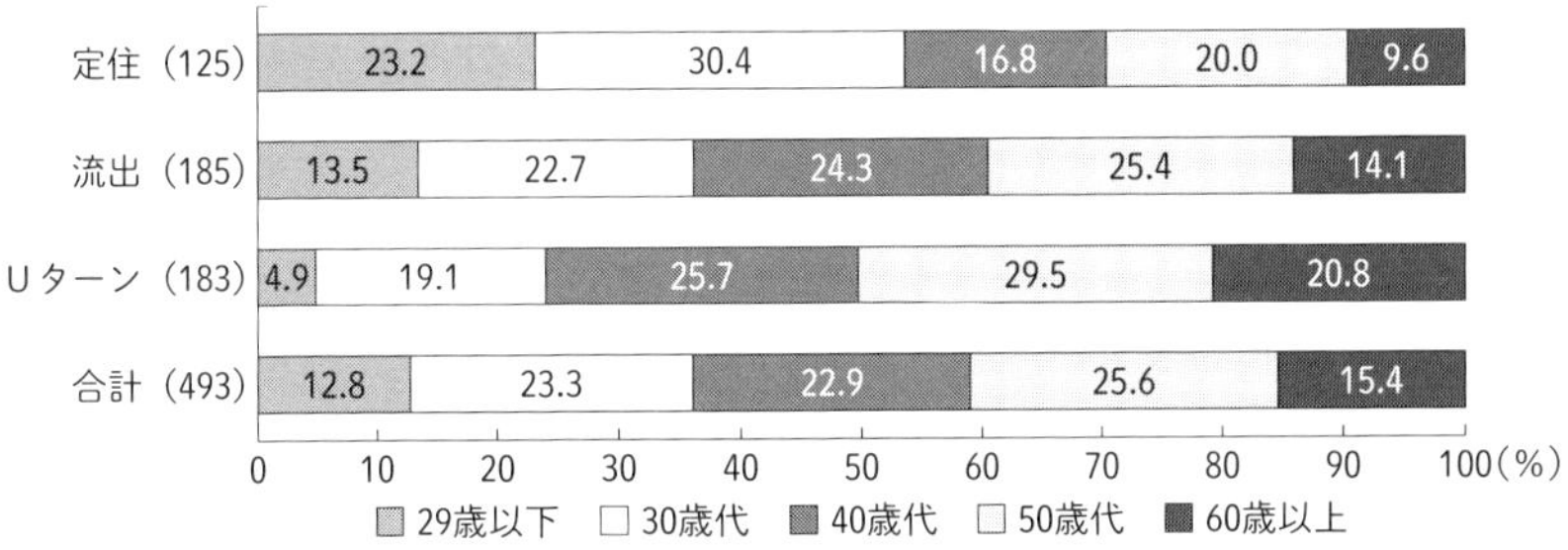

図2-3　移住経路×年代

婚姻状況に関しては、「結婚している」がどの居住経路でも7割から8割程度に達し大きな違いがみられない。一方、同居家族の有無に関しては、「なし」と答えたものの割合が「定住」で13・6%、「Uターン」で14・8%なのに対して、「流出」では42・2%と突出して高くなっており、単身赴任者が多いのではと考えられる。

（2）移動のパターン

福井県から「流出」していったものに、転出した直接の理由を尋ねている。進学が49・7%と半数近くを占め、これに転勤の16・2%、就職の15・1%、結婚の10・8%が続く。進学で転出したものについて、その理由（複数回答）をまとめたものが**図2-4**である。「学びたい学部・学科がなかった」が45・7%、「学力（偏差値）に見合った進学先がなかった」が43・5%で、これに「都会で暮らしたかった」の41・3%、「一人暮らしがしたかった」の28・3%が続く。進学に際しての受け皿の少なさが、人口流出につながっている可能性が高いと考えられる。

「Uターン」したものについて、福井県外での居住年数をまとめたものが**図2-5**である。4年のものが35人（19・2%）と最大で、これに41年以上の18人（9・9%）が続く。大学進学を期に出ていったものが卒業と同時に戻ってくるパターンと定年退職後に戻ってくるパターンが多いことが予想される。「Uターン」したものの平均年齢が47・7歳なのに対して、大学卒業と同時に（4年で）福井県に戻ったものの平均年齢は44・7歳で、標準偏差は11・2（最年少が28歳で最高齢が64歳）となっており、いずれかの年代に偏っているわけではなさそうだ。

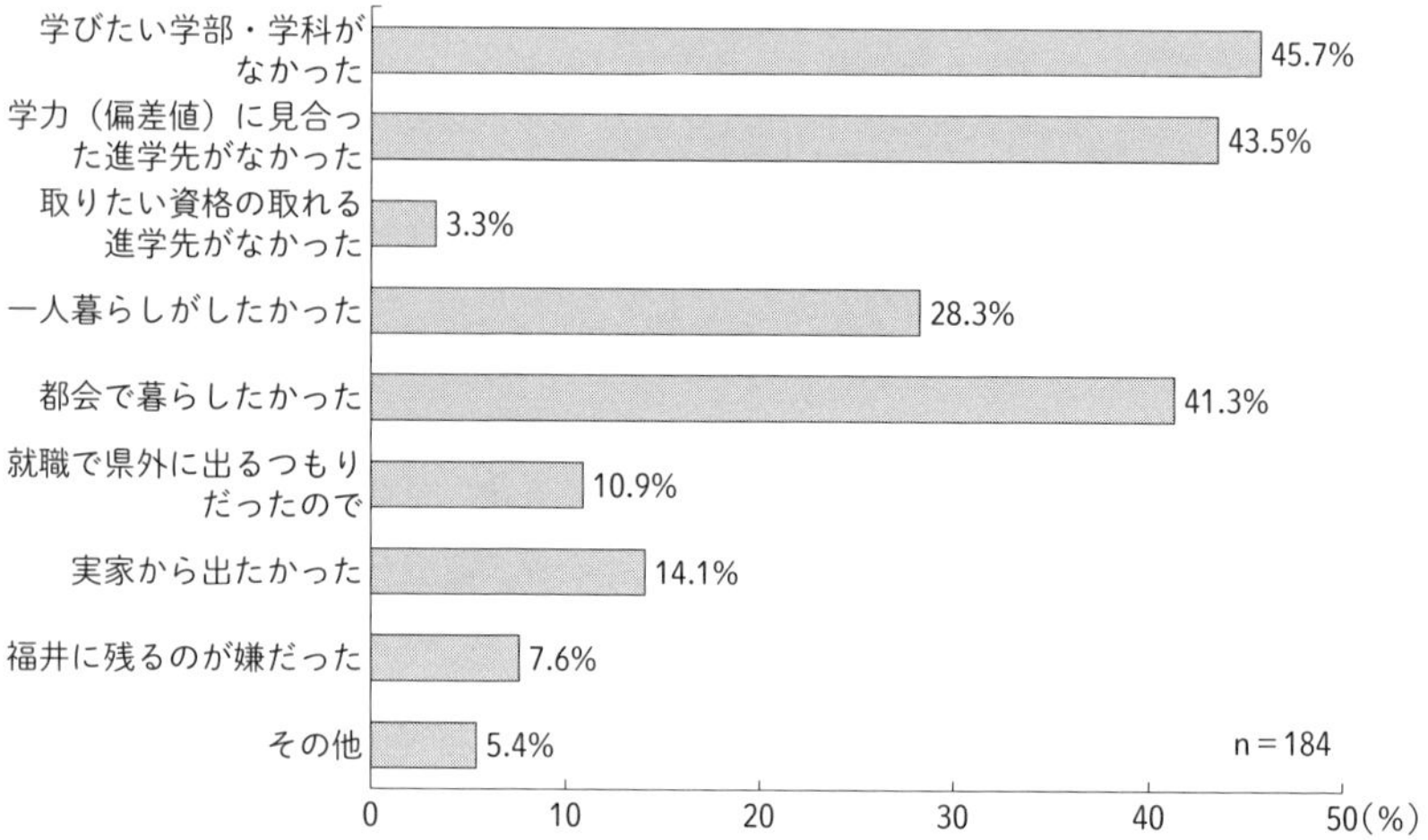

図２‐４　進学で福井県外に出た理由（複数回答式）

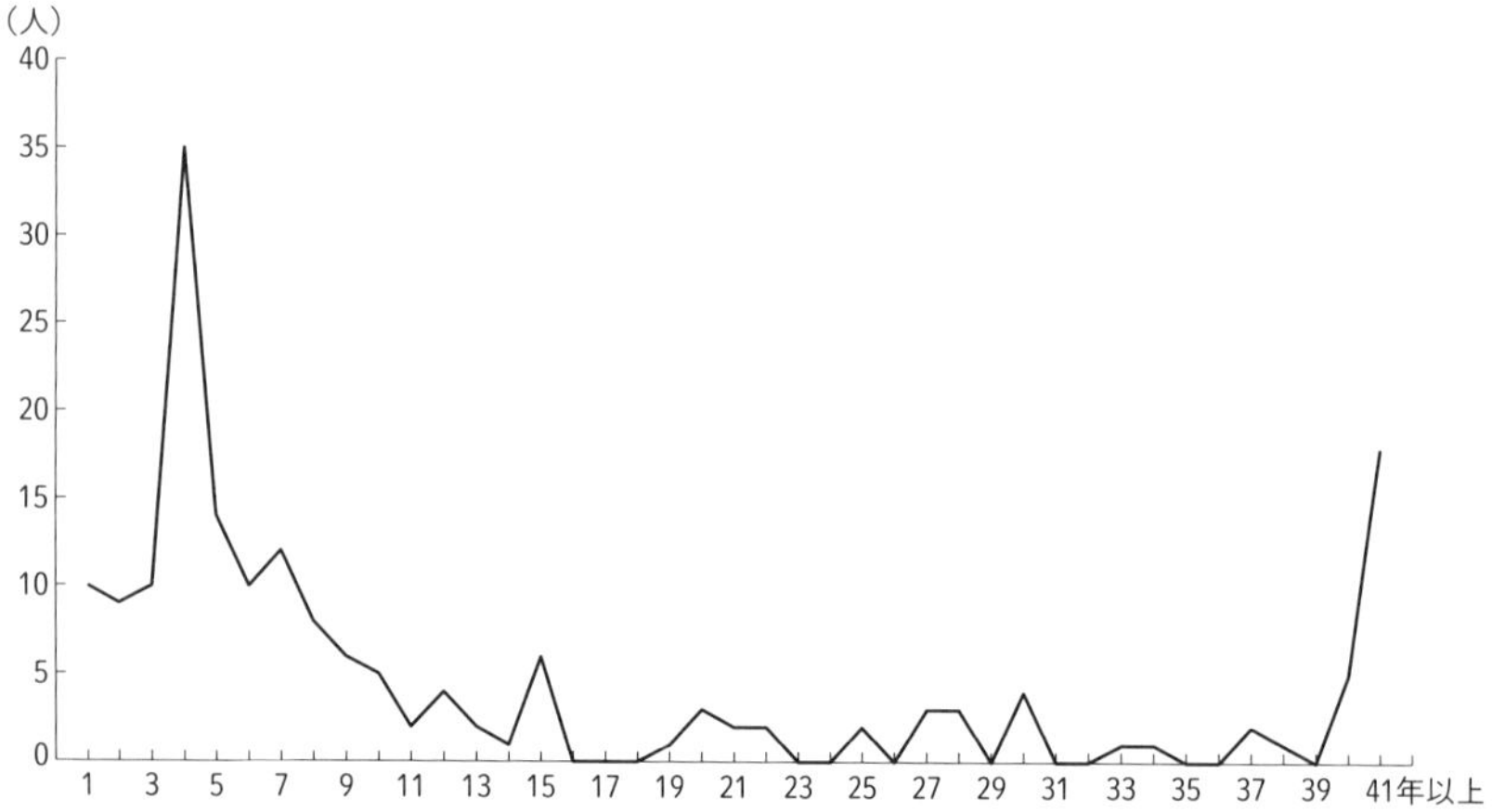

図２‐５　Ｕターンしたものの福井県外での居住年数

3 「出る人、残る人、戻る人」の福井県への評価

今回の調査では、福井県の暮らしやすさへの評価に関して、いくつかの質問をしている。「福井県への愛着」、「福井県で暮らしている（暮らしていた）市町への愛着」に関して、5段階で得た回答と居住経路の関係を確かめたものが図2-6、図2-7である。いずれに関しても、どの居住経路でも「愛着がある」と「どちらかといえば愛着がある」を合わせると9割前後に達する。これに対して、「愛着がない」と「どちらかといえば愛着がない」を合わせても5%前後でしかない。福井県への愛想が尽き果てたものが出ていってしまうという構図ではなさそうだ。

友人・知人が福井への移住を検討している場合に、移住を勧めるかどうかに関して、5段階で得た回答と居住経路の関係を確かめたものが図2-8である。居住経路にかかわらず、「勧める」、「どちらかといえば勧める」といった肯定的な回答をしたものが半数以上に達する。愛着に関する質問では、「どちらともいえない」という回答が1割前後であったのに対して、この質問では3割程度に増加する。「どちらかといえば勧めない」、「勧めない」といった否定的な回答はあわせて1割程度にとどまり、肯定的な回答が否定的な回答を大幅に上回る。ひと様にお勧めできないほど暮らしにくいので、出ていったというパターンは少なそうだ。

福井県は客観的な指標から算出される各種の幸福度ランキングで無類の強さを誇っている。生活実感に照らし合わせて、そうしたランキングの高さに納得がいくかについて、5段階で得た回答と居住経路の関係を確かめたものが図2-9である。居住経路による回答の分布のばらつきは少なく、肯定的な回答は5割前後であり、否定的な回答も3割前後に達する。これまでの質問に比べて、肯定派と否定派の差が縮まりはするが、「流出」で肯定派の比率が最も高く、住みにくさに耐えかねて出ていったという構図ではなさそうだ。

福井県の総合的な暮らしやすさに関して、5段階で得た回答と居住経路の関係を確かめたものが図2-10である。居

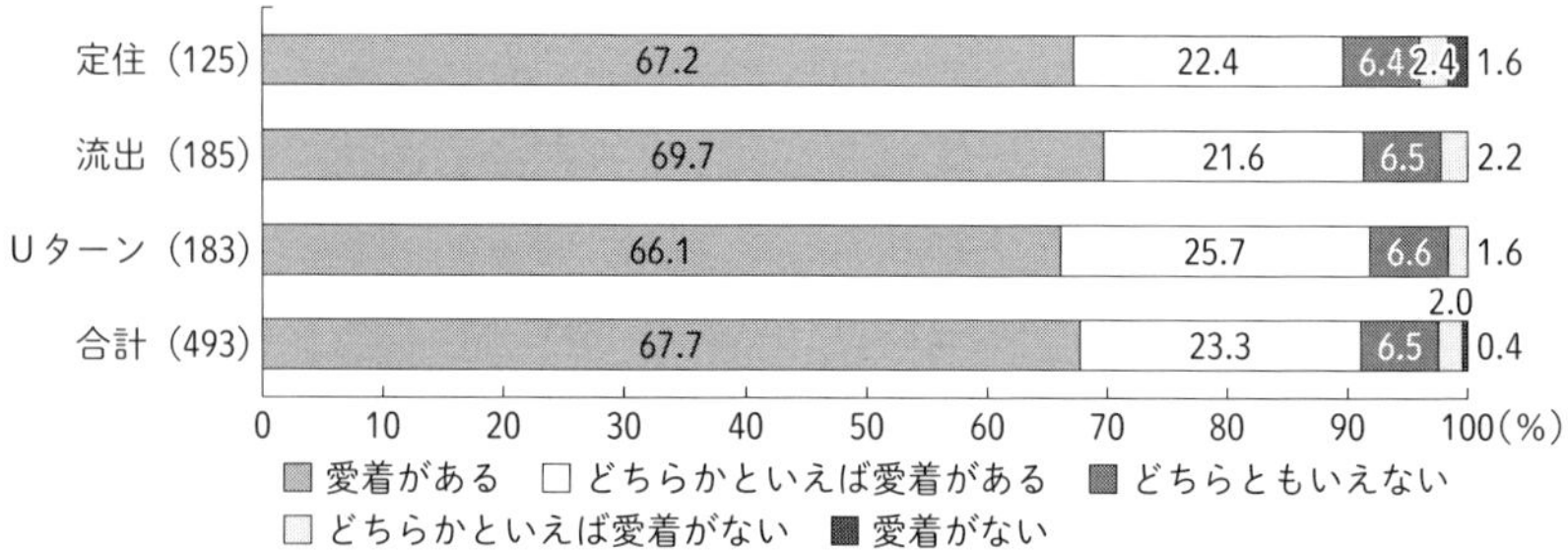

図２－６　居住経路×福井県への愛着

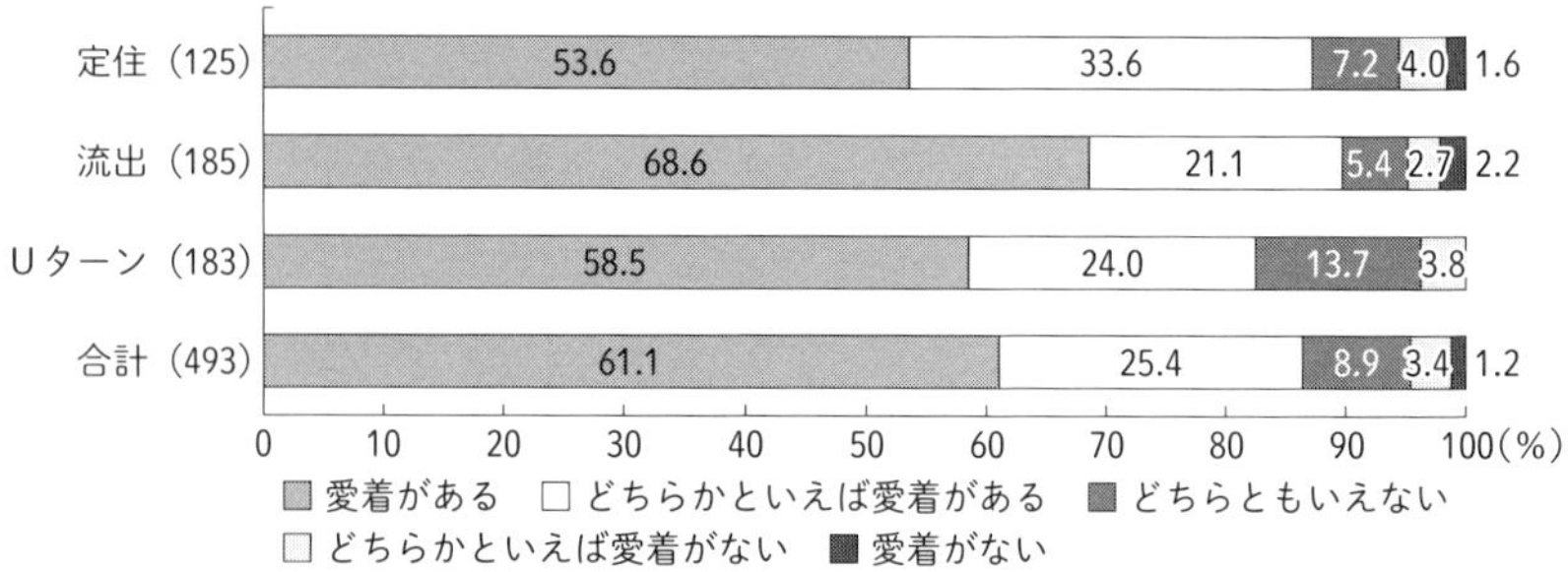

図２－７　居住経路×福井県で暮らしている（暮らしていた）市町への愛着

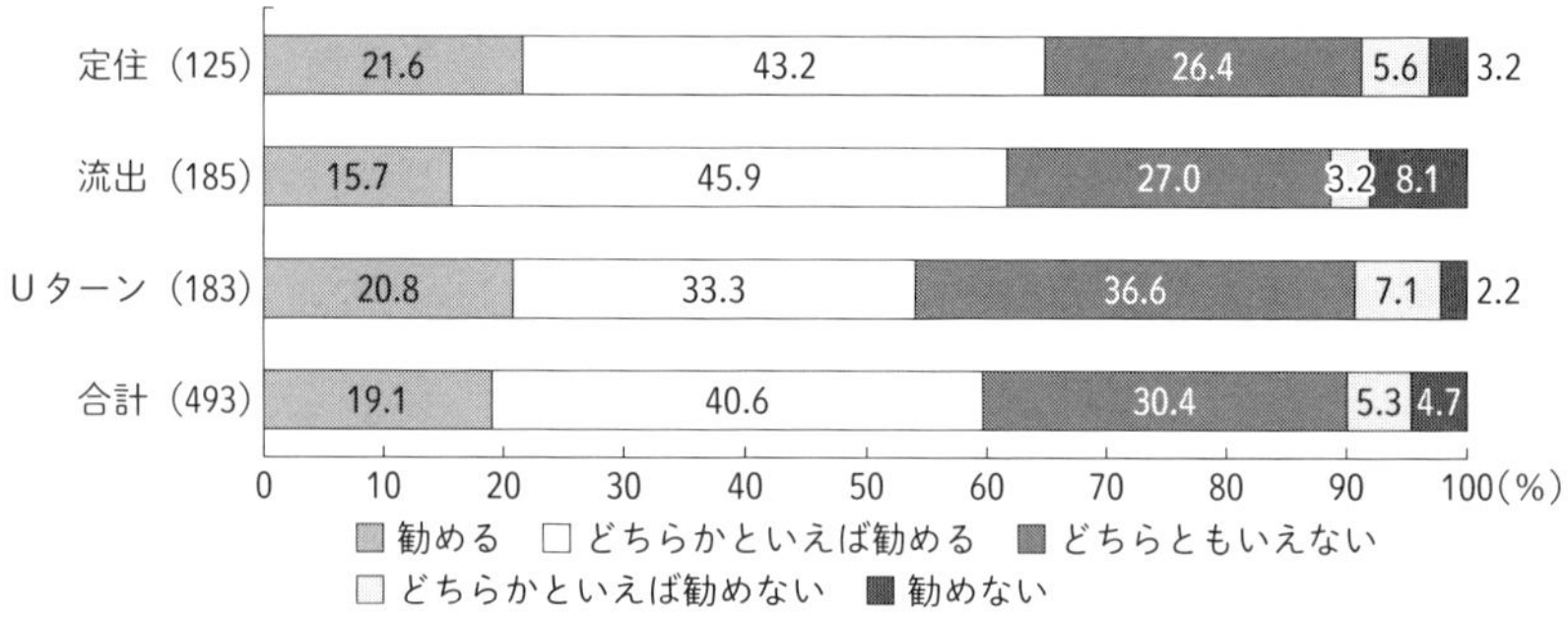

図２－８　居住経路×友人・知人が福井への移住を検討しているとき、勧めるか

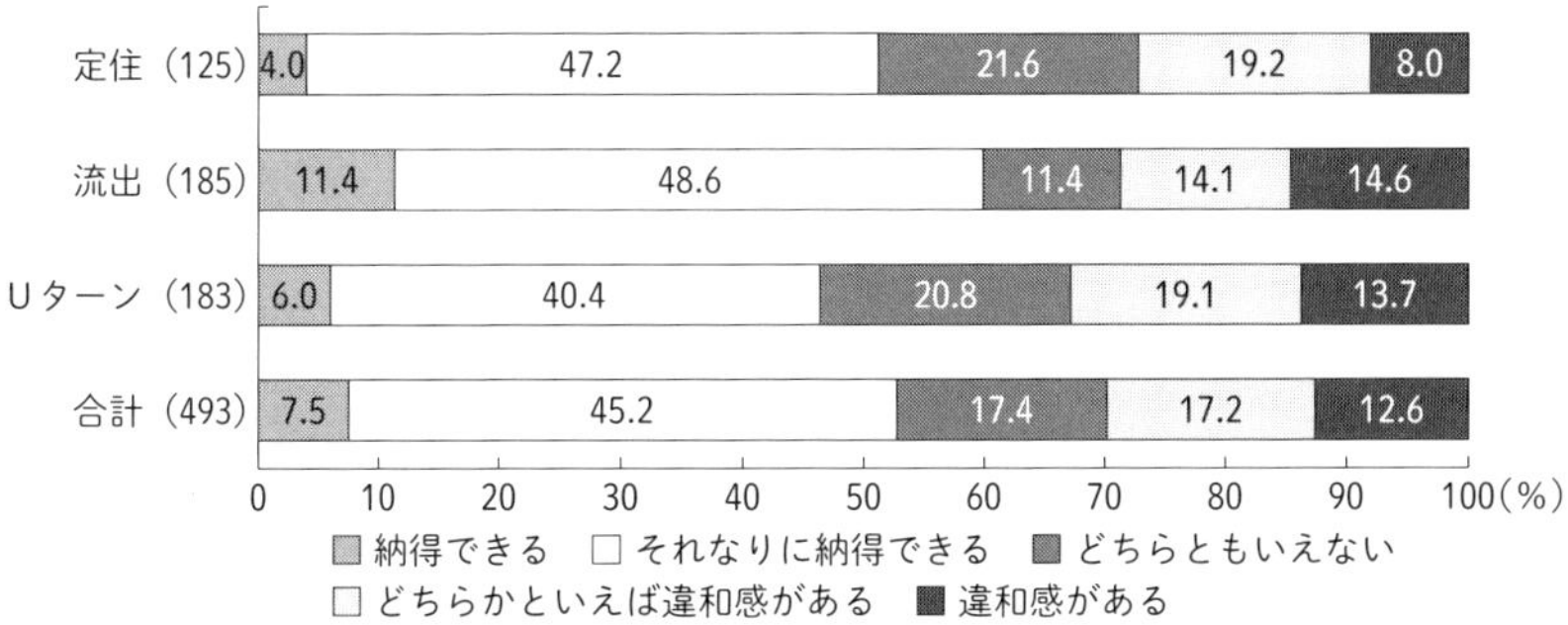

図2－9　居住経路×福井県の幸福度ランキングへの評価

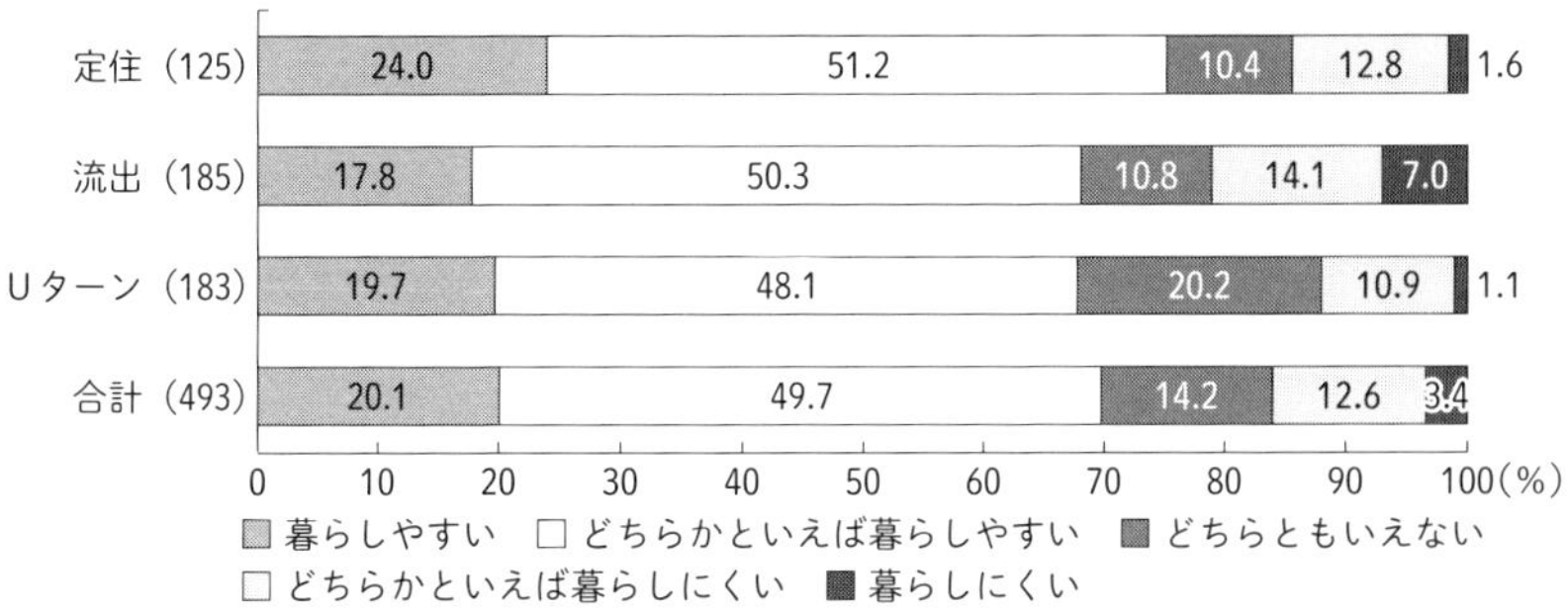

図2－10　居住経路×福井県の総合的な暮しやすさ

住経路にかかわらず、肯定的な回答が7割前後に達し、否定的な回答を大きく上回る。「暮らしにくい」という回答は「流出」で最も多いものの、7％に過ぎない。

　尋ね方で多少の違いは出るものの、どの質問項目に関しても、肯定的な回答が否定的な回答を上回り、かつ、「出る人」、「残る人」、「戻る人」でほとんど差がみられない。総合的にみて福井県が暮らしやすいと感じているものが残り、暮らしにくいと感じているものが出ていく、といった分かりやすい関係になっているわけではなさそうだ。

4 居住経路と仕事関連の評価

今回のアンケート調査では、仕事に関して15項目、楽しみに関して9項目、日常生活に関して11項目、人間関係に関して11項目の質問を実施し、福井県におけるそれらの項目の「しやすさ」について5段階で回答を得ている。質問の具体的な内容に関しては、**表2－2、表2－3、表2－4、表2－5**を参照いただきたい。

以下では、これらのデータの分析を通して、「出る人」、「残る人」、「戻る人」がどのような人たちなのかについて検討していきたい。

(1) 項目ごとの分析

収入をともなう職業に就いているものは、「定住」で92・8%、「流出」で91・9%、「Uターン」で90・2%と、どの居住経路でも回答者の9割以上に達する。

アンケートでは職業に就いているものに、職業上のキャリアアップへの関心の程度を尋ねている。「非常に関心がある」と答えたものは、「定住」で18・1%、「Uターン」で18・2%なのに、「流出」では35・5%と他の経路の2倍近くに達し、キャリア志向が強い傾向がみられる。実際の働き方に関しても、管理職の割合は、「定住」が3・4%、「Uターン」が17・0%なのに対し、「流出」では25・3%と就労者の4分の1以上に達している。

福井県が総合的にみて働きやすいかどうかの評価と居住経路の関係をまとめたものが**図2－11**である。「しやすい」と「どちらかといえばしやすい」を合わせた肯定的な評価が「定住」で6割程度、「Uターン」で5割程度になるのに対して、「流出」では3割程度にとどまり、評価が低い。

「働き口の見つけやすさ」との関係をまとめたものが**図2－12**である。肯定的な評価は、「定住」で5割程度、「U

表2－2　仕事関連項目による因子分析結果

	因子負荷量		
	因子1 キャリア形成評価	因子2 ワーク・ライフ・バランス評価	因子3 就業機会評価
仕事の幅を広げる	1.048	-0.001	-0.248
職業上のコネクションを広げる	0.846	-0.050	-0.033
職業上のスキルを磨く	0.748	0.026	0.041
高収入を得る	0.582	-0.062	0.267
起業する	0.573	0.143	-0.034
キャリアアップする	0.502	-0.046	0.318
転職する	0.480	-0.015	0.369
仕事帰りに飲みに行く	0.425	0.099	0.029
仕事と介護を両立させる	-0.008	0.891	-0.072
仕事と子育てを両立させる	-0.037	0.843	-0.028
仕事と学業を両立させる	0.142	0.483	0.200
通勤する	0.161	0.325	0.050
働き口をみつける	-0.010	-0.063	0.816
働き続ける	-0.056	0.282	0.526
累積寄与率（%）	38.852	49.845	53.824

注1：因子抽出法：最尤法
注2：回転法：プロマックス法

表2－3　人生の楽しみやすさ関連項目による因子分析結果

	因子負荷量	
	因子1 余暇評価	因子2 モード評価
趣味を深める	0.908	-0.145
余暇を楽しむ	0.834	-0.112
知見を広める	0.542	0.346
好奇心を満たす	0.496	0.404
時間を気にせず遊ぶ	0.482	0.002
余暇や娯楽の場へ移動（アクセス）する	0.463	0.100
最新の情報を得る	-0.055	0.857
流行のものを手に入れる	-0.099	0.846
累積寄与率（%）	44.916	54.893

注1：因子抽出法：最尤法
注2：回転法：プロマックス法

表２－４　日常生活関連連項目による因子分析結果

	因子負荷量	
	因子１ 生活評価	因子２ 健康長寿評価
子育てをする	0.761	0.016
介護をする	0.685	0.051
一緒に暮らすパートナーを見つける	0.526	-0.071
日常の買い物をする	0.511	0.024
持ち家を取得する	0.509	0.153
勉強する	0.496	0.039
行きたいところに移動する	0.474	-0.022
資産を形成する	0.450	0.065
長生きする	-0.074	1.022
健康を維持する	0.090	0.783
累積寄与率（%）	30.945	44.004

注１：因子抽出法：最尤法
注２：回転法：プロマックス法

表２－５　人間関係関連項目による因子分析結果

	因子負荷量	
	因子１ ネットワーク評価	因子２ 寛容性評価
地域とのつながりをつくる	0.904	0.014
近隣で助け合う	0.897	-0.048
近所付き合いをする	0.875	0.008
親せき付き合いをする	0.825	-0.066
友人をつくる	0.478	0.252
自分の考えを貫く	-0.036	0.866
多様性を尊重しあう	0.001	0.822
人目を気にせず生きる	-0.118	0.772
新しいことを始める	0.075	0.721
人脈を広げる	0.147	0.545
累積寄与率（%）	44.283	62.943

注１：因子抽出法：最尤法
注２：回転法：プロマックス法

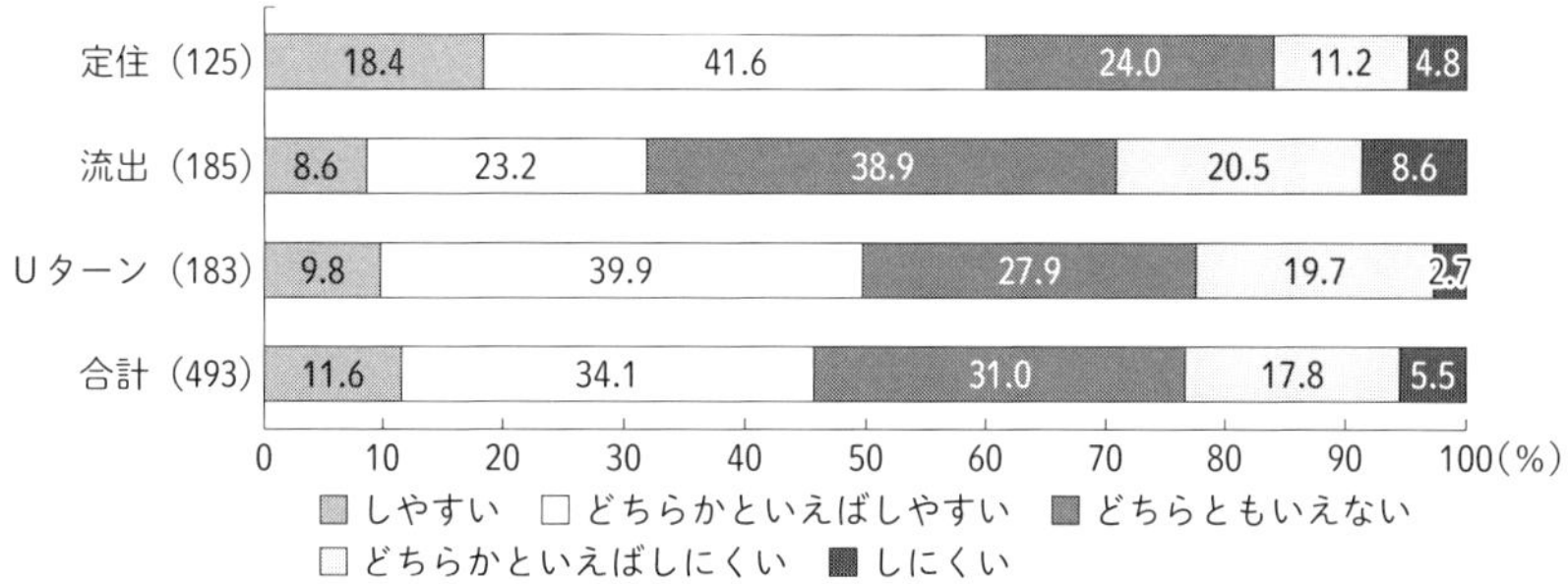

図2-11　居住経路×福井県の総合的な働きやすさへの評価

ターン」で3割程度なのに対して、「流出」では15%程度にとどまる。「どちらかといえばしにくい」と「しにくい」を合わせた否定的な評価は、「定住」と「Uターン」では3割以下なのに対して、「流出」では5割以上に達する。居住経路によって、評価が極端に分かれるが、働く場所は沢山あるが、働き方の選択肢は限られるという福井県の地域特性が反映された結果だと考えられる。

「キャリアアップのしやすさ」との関係をまとめたものが**図2-13**である。肯定的な評価は、「定住」で2割程度、「流出」と「Uターン」では1割以下と少ない。すべての居住経路で否定的な評価が肯定的な評価を上回り、「定住」で4割程度、「Uターン」で5割程度、「流出」では突出して高く6割以上に達する。

すべての移住経路で否定的な評価が肯定的な評価を上回り、「流出」でそうした傾向が顕著にあらわれるというパターンは、「高収入の得やすさ」、「職業上のスキルの磨きやすさ」、「仕事の幅の広げやすさ」、「職業上のコネクションの広げやすさ」、「転職のしやすさ」、「起業のしやすさ」の6項目でも共通している。

「仕事と子育ての両立のしやすさ」との関係をまとめたものが**図2-14**である。すべての移住経路で肯定的な評価が6割を超え、否定的な評価を大幅に上回り、評価が一致している。すべての移住経路で評価が一致するというパターンは残りの5項目に共通しいる。「働き続けやすさやすさ」と「仕事と介護の両立のしやすさ」では、それぞれ肯定的な評価が5割以上、3割以上に達し、否定的な評価を大きく上回る。「通勤のしやすさ」では、肯定的な評価が4~5割程度で、否定的な評価の2~3割を若干上回る。「学業との両立のしやすさ」では、肯定的

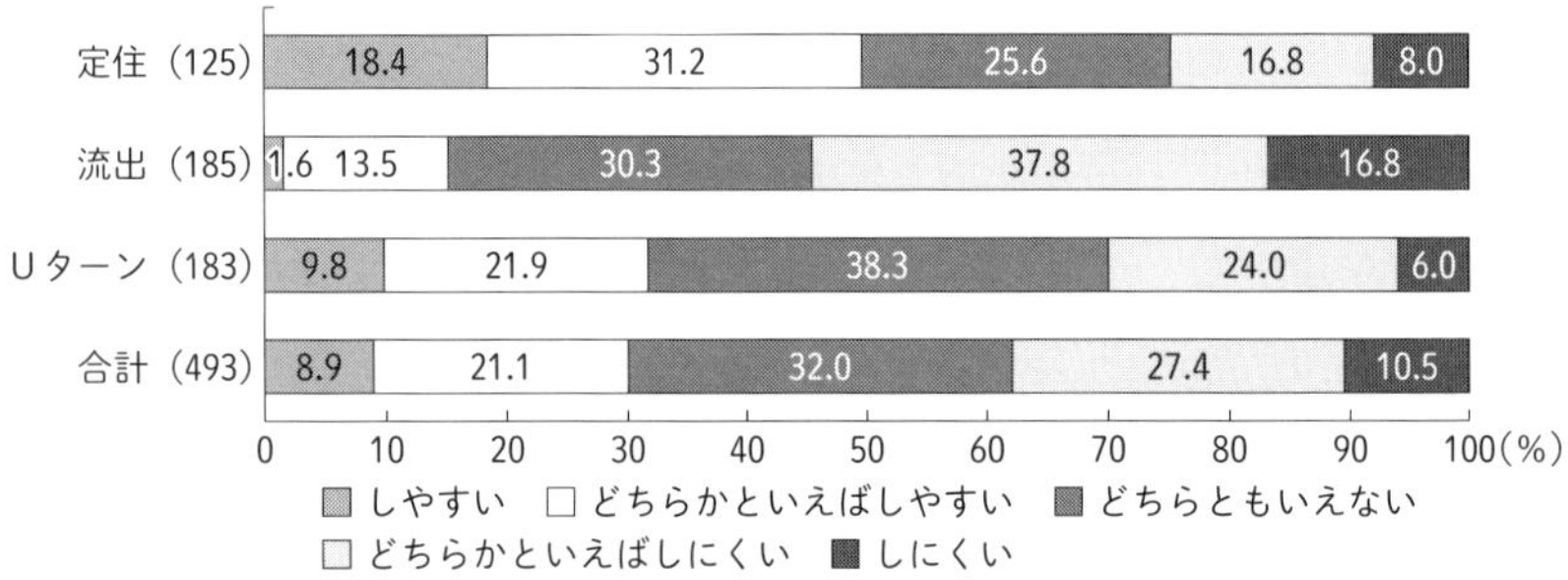

図２－12　居住経路×働き口の見つけやすさへの評価

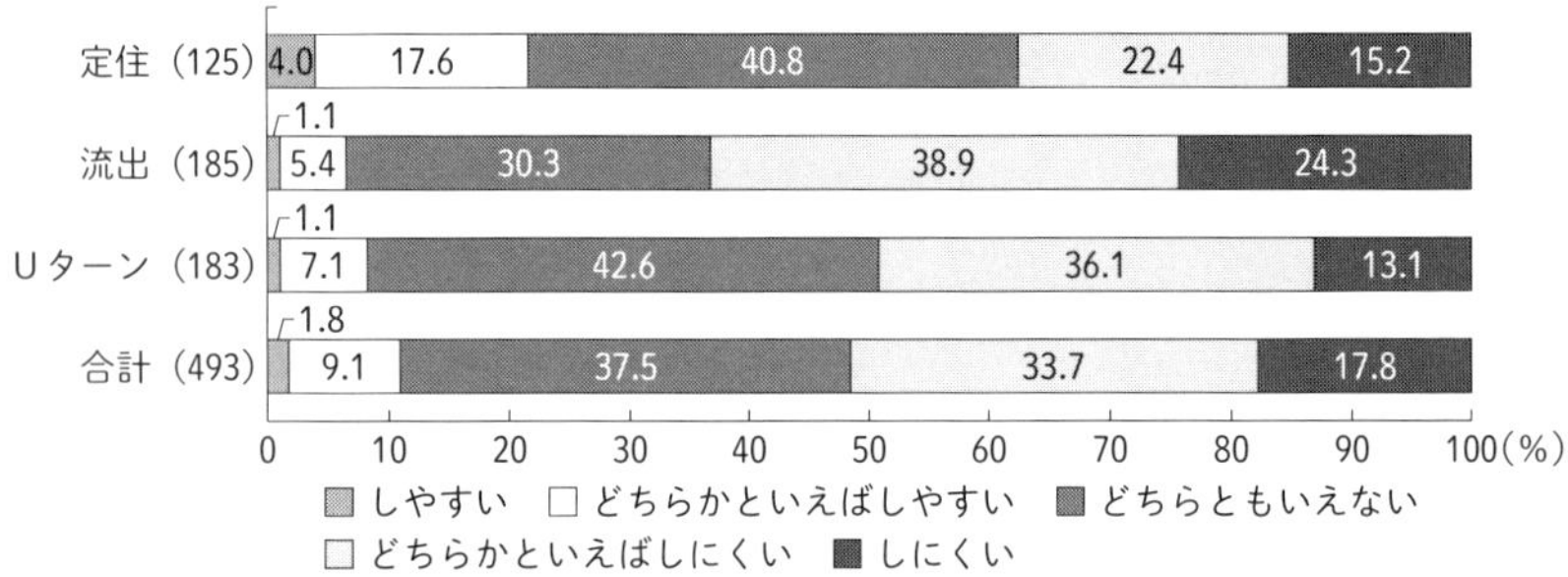

図２－13　居住経路×キャリアアップのしやすさへの評価

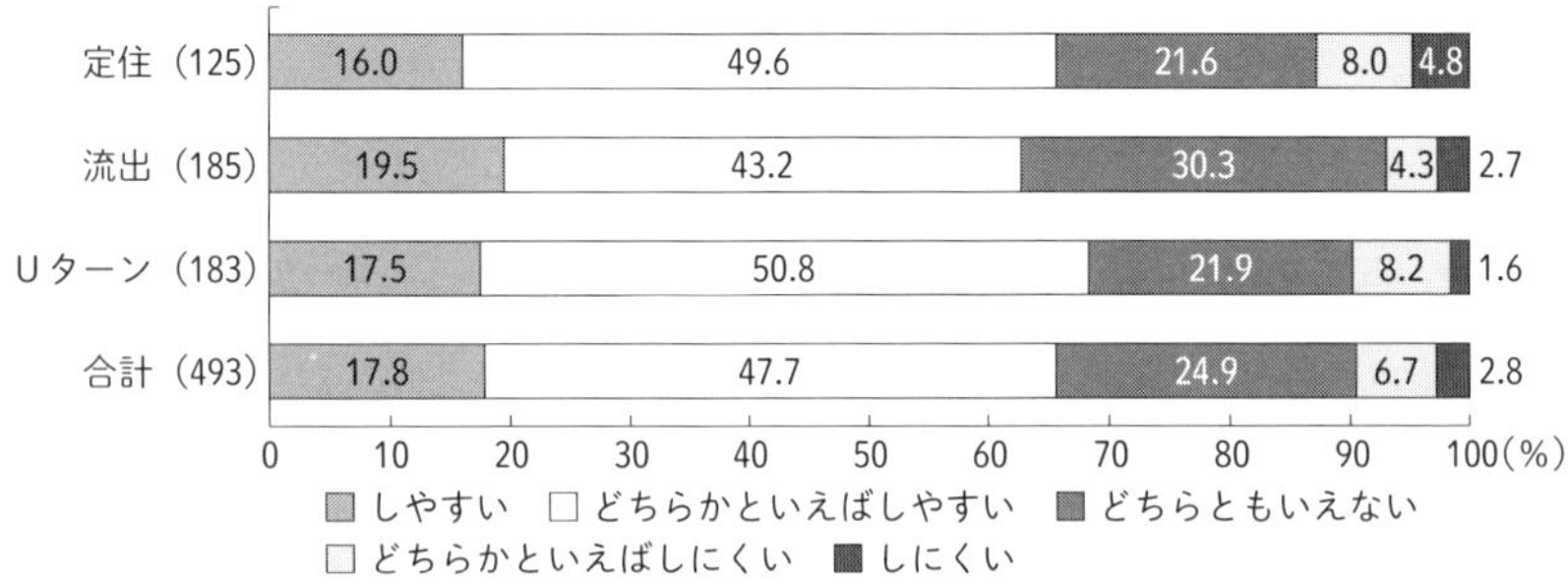

図２－14　居住経路×仕事と子育ての両立のしやすさへの評価

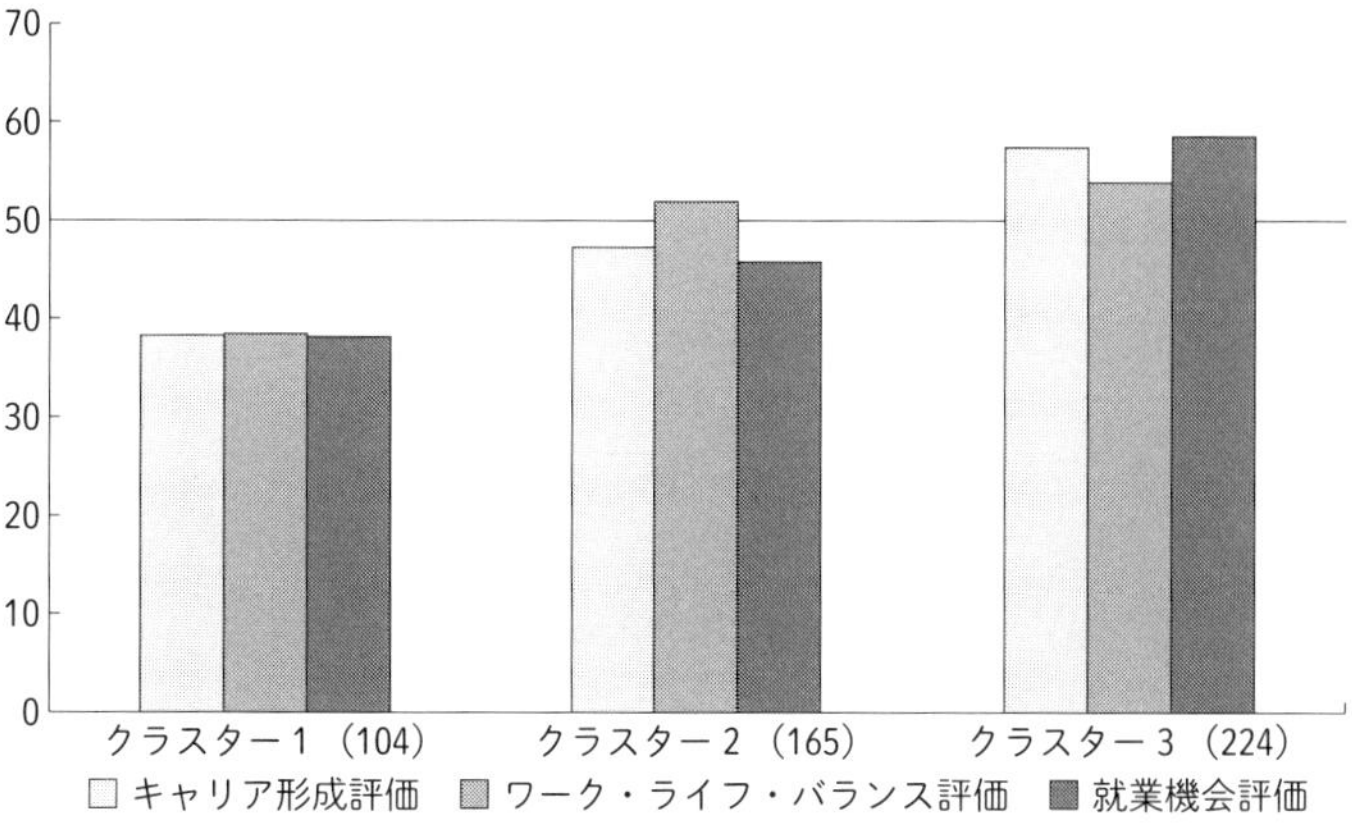

図2-15　仕事関連のクラスターの偏差値

な評価が2割を超え、否定的な評価の2～3割程度と拮抗している。「仕事帰りの飲みに行きやすさ」では、肯定的な評価は2割以下にとどまり、5割を超える否定的な評価が大きく上回る。

(2) 総合的な分析

仕事関連の15項目をより少数の要素（因子）に縮約する目的で、「総合的な評価」を除く14項目に関して因子分析をおこなった結果が**表2-2**（71ページ）である。3つの因子が抽出され、因子負荷量の大きさから、因子1は「キャリア形成評価」、因子2は「ワーク・ライフ・バランス評価」、因子3は「就業機会評価」をあらわすものであると解釈できる。

上記の3因子の因子得点を用いてクラスター分析をおこない、回答者を3つのクラスター（グループ）に分け、クラスターごとの因子得点の平均値について偏差値を算出したものが**図2-15**である。評価が高いほど因子得点も高くなる。クラスター1は3因子のすべてで評価の低いグループ、クラスター2は、「キャリア形成」と「就業機会」に関する評価は低いが、「ワーク・ライフ・バランス」に関する評価だけが高いグループ、クラスター3はすべての評価が高いグループということになる。

居住経路と仕事関連のクラスターの関係をまとめたものが**図2-16**

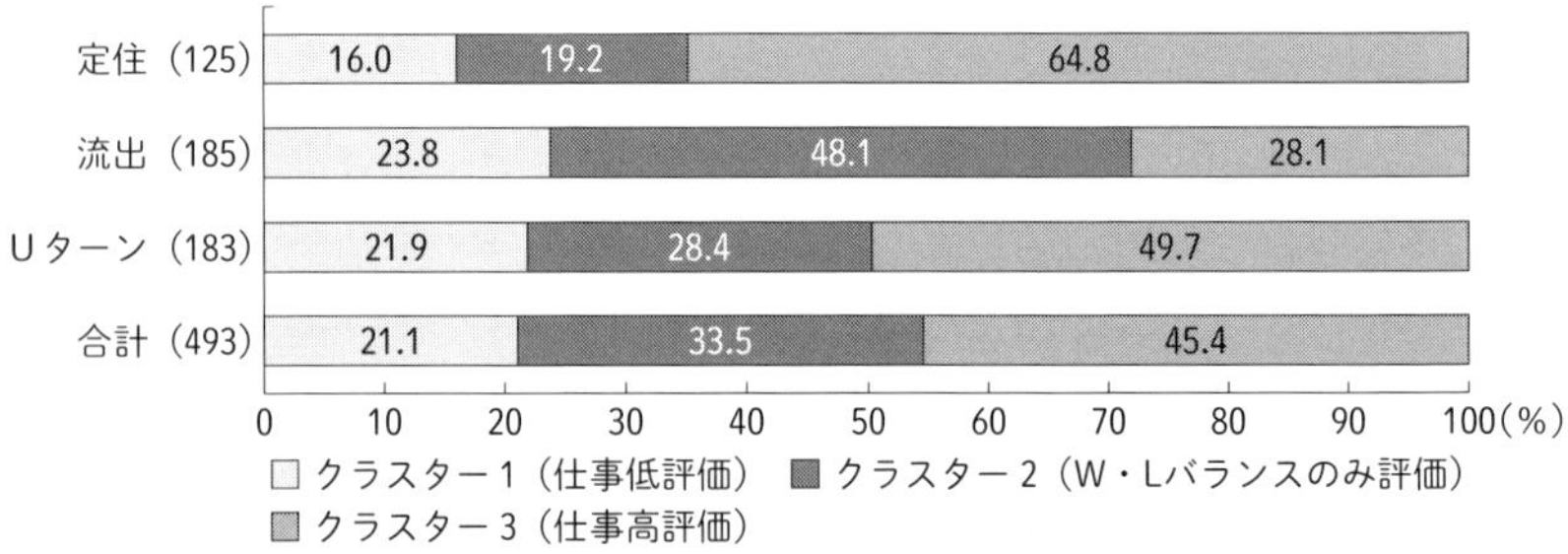

図2-16　居住経路×仕事関連のクラスター

である。「定住」では、すべての因子の評価の高いものが6割以上を占める。これに対して、「流出」では「ワーク・ライフ・バランス」に関しては評価するものの「キャリア形成」や「就業機会」に関しては低評価なものが5割程度に達する。どの居住経路にもすべての因子の評価が低いものが2割程度は含まれる。

仕事に関して、全般的に福井県の評価が高いものが「残る人」になり、子育てや介護のとの両立のしやすさ以外を評価しなかったものが「出る人」になる、といった構図が浮かび上がってくる。

5　居住経路と人生の楽しみやすさの評価

(1) 項目ごとの分析

福井県が総合的にみて人生を楽しみやすいかどうかの評価と居住経路の関係をまとめたものが**図2-17**である。「どちらかといえばしにくい」と「しにくい」を合わせた否定的な評価はどの居住経路でも、2割程度で、「しやすいと」と「どちらかといえばしやすい」を合わせた肯定的な評価が上回る。肯定的な評価は、「流出」で51・9％と最も多く、「Uターン」で37・2％と最も少ない。

「余暇の楽しみやすさ」とのとの関係をまとめたものが**図2-18**である。「定住」と「Uターン」で、肯定的な評価と否定的な評価がいずれも3割程度で拮抗している。「流出」では、肯定的な評価が否定的な評価を大きく（3割程度）上回る。「趣味の深めやすさ」も似たパターンをとる。「定住」と「Uターン」で、肯定的な評

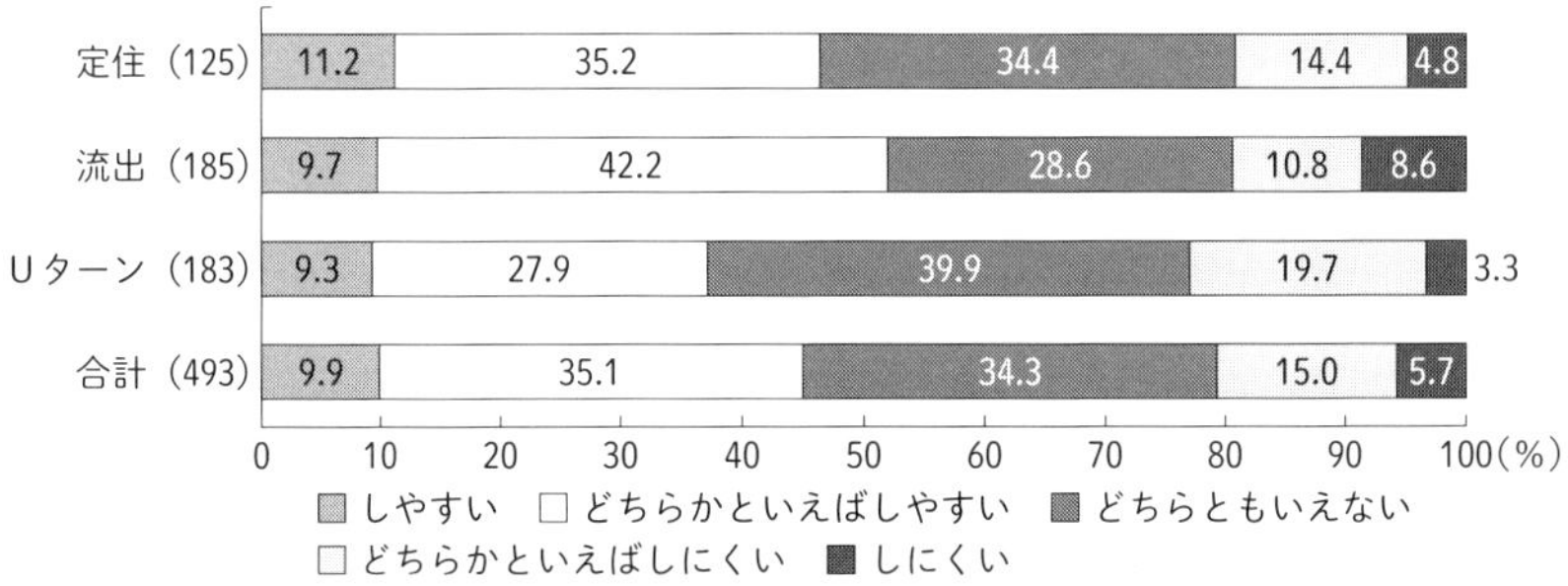

図2-17　居住経路×総合的な人生の楽しみやすさへの評価

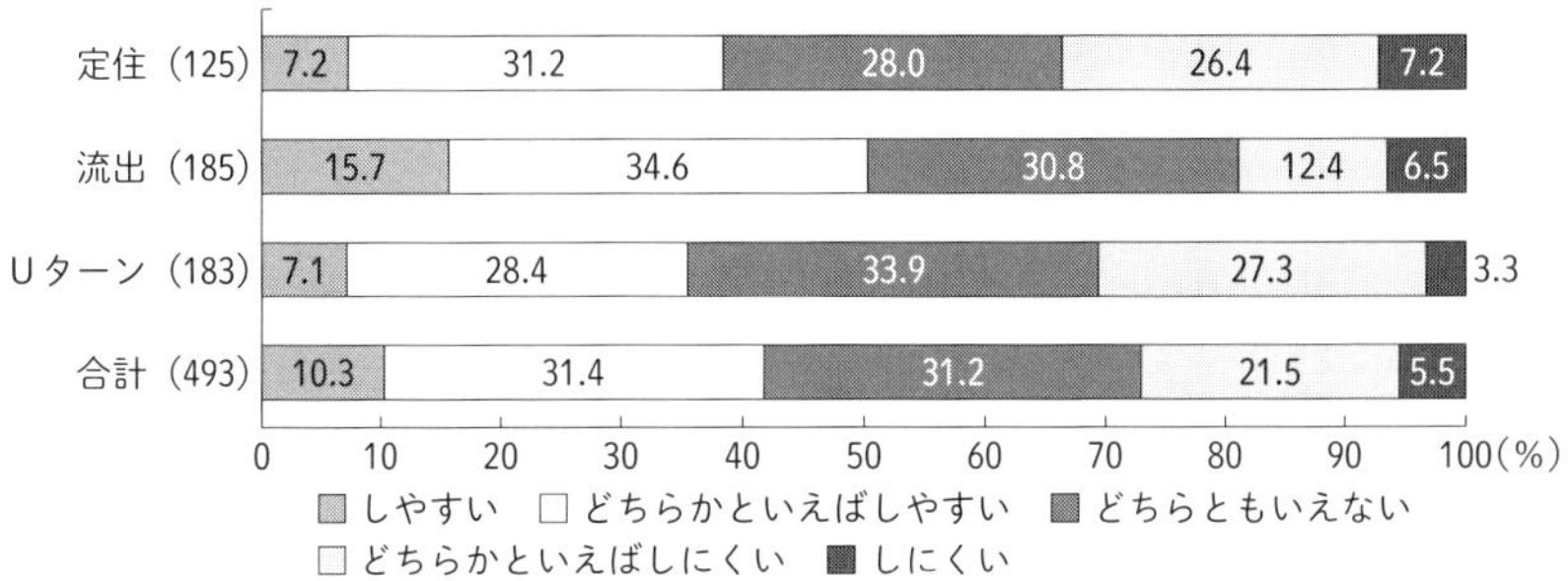

図2-18　居住経路×余暇の楽しみやすさへの評価

価が4割程度、否定的な評価が3割程度で、肯定的な評価が若干上回る。「流出」では肯定的な評価が否定的な評価を大きく（3割程度）上回る。

「知見の広めやすさ」とのとの関係をまとめたものが**図2-19**である。肯定的な評価は、「定住」、「流出」、「Uターン」の順で多く、否定的な評価は逆に、「Uターン」、「流出」、「定住」の順に多い。「好奇心の満たしやすさ」も同様のパターンをとる。

「最新の情報の得やすさ」との関係をまとめたものが**図2-20**である。どの居住経路でも肯定的な評価は1割程度にとどまり、否定的な評価が大幅に上回る。否定的な評価は、「定住」と「Uターン」が5割程度、「流出」では6割を超えその差が一番大きい。「流行のものの手に入れやすさ」も同様のパターンをとり、否定的な評価がさらに多く6割から7割に達する。

「時間を気にせずに遊ぶこと」との関係

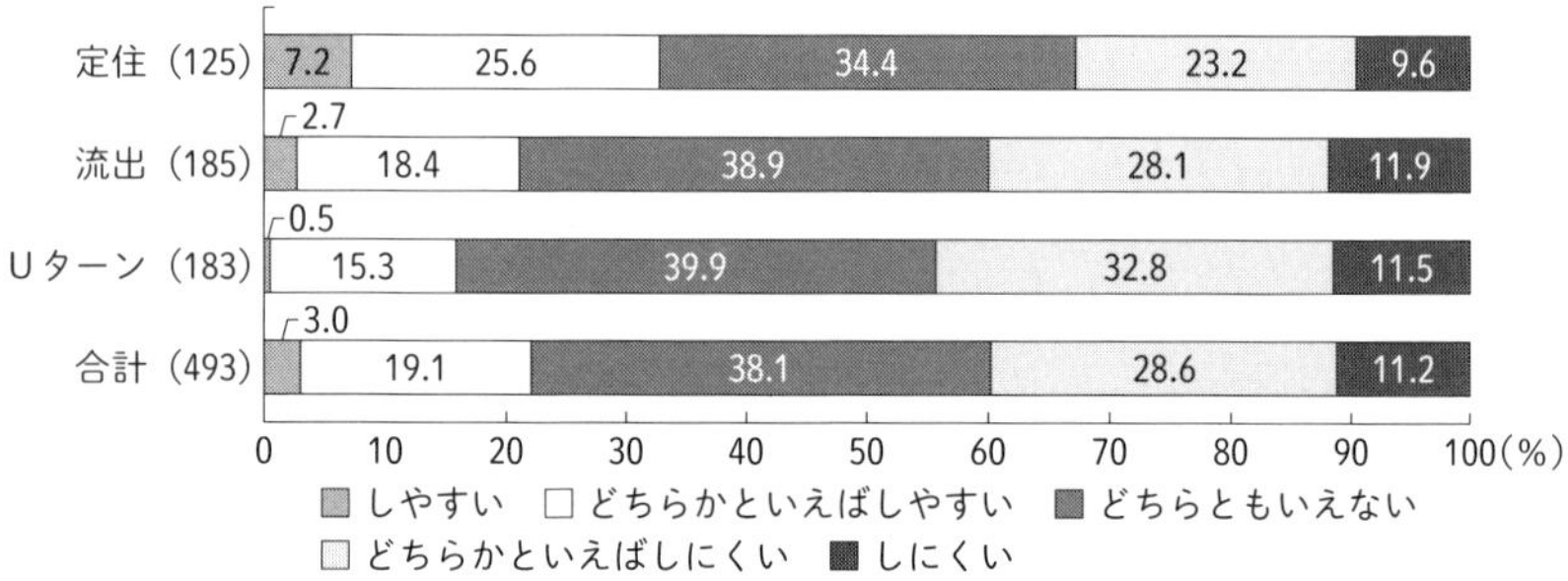

図 2 - 19　居住経路×知見の広めやすさへの評価

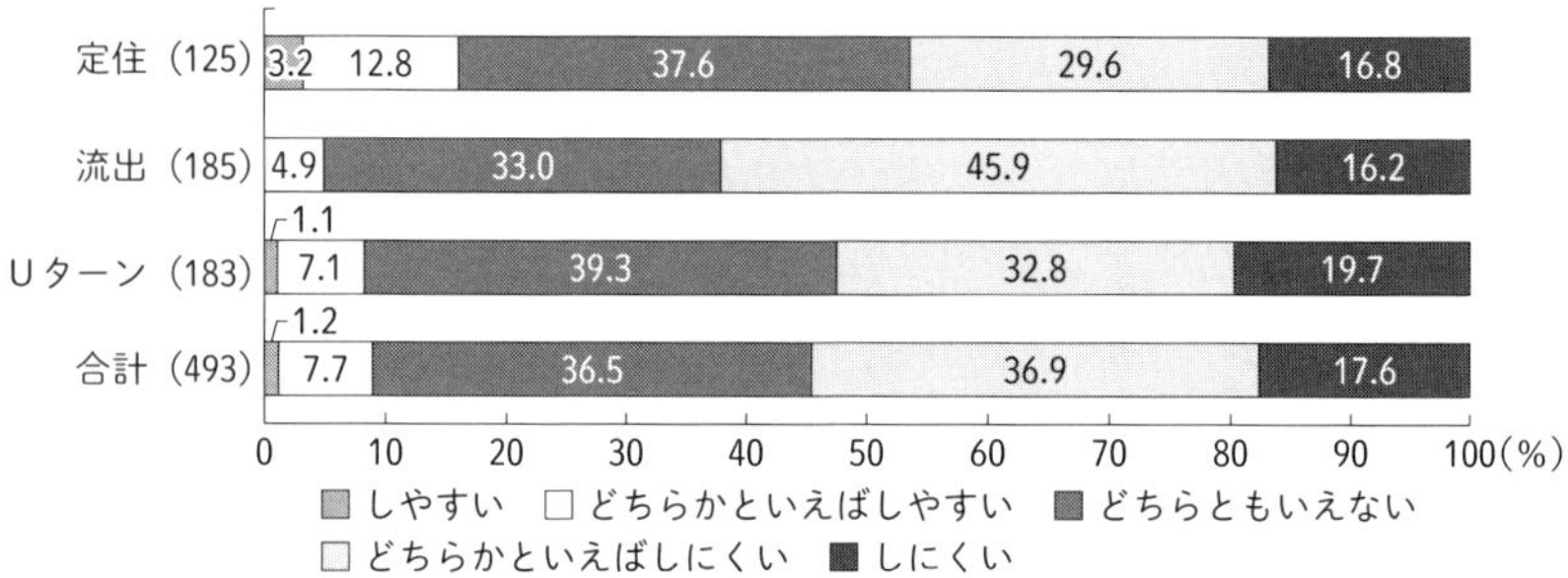

図 2 - 20　居住経路×最新の情報の得やすさへの評価

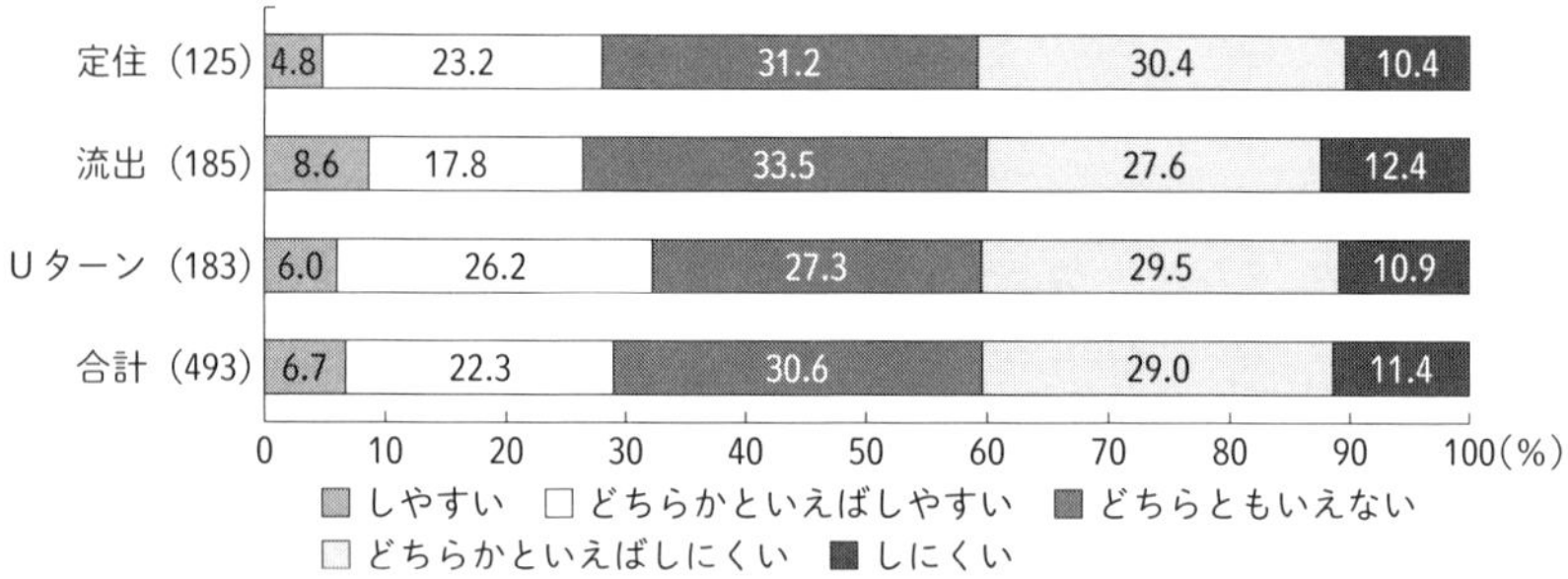

図 2 - 21　居住経路×時間を気にせずに遊ぶことへの評価

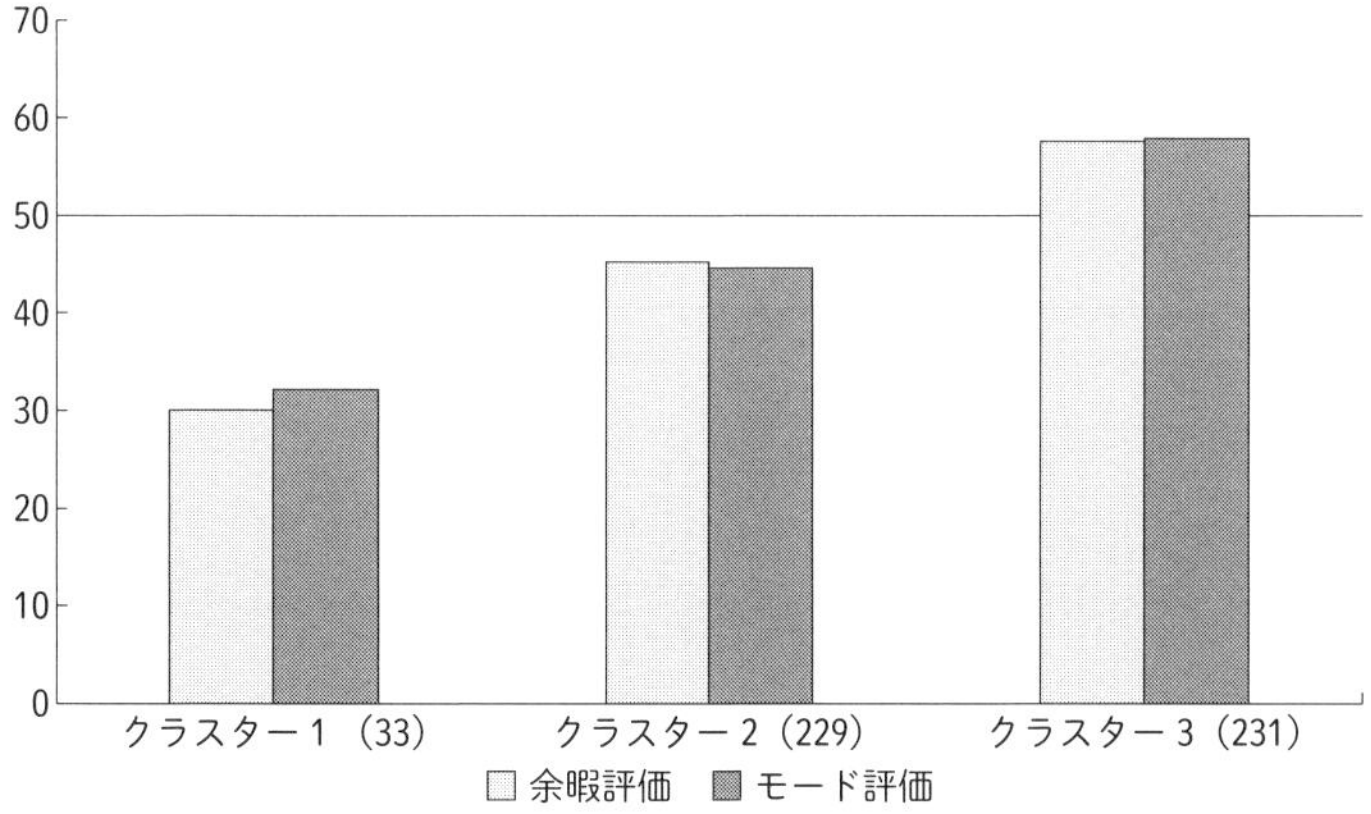

図2-22　人生の楽しみやすさ関連のクラスターの偏差値

をまとめたものが図2-21である。居住経路で差はみられず、いずれも肯定的な評価が3割程度、否定的な評価が4割程度である。「余暇や娯楽の場への移動（アクセス）のしやすさ」も同様のパターンをとり、肯定的な評価が2割程度、否定的な評価が6割に達する。

（2）総合的な分析

人生の楽しみやすさに関連する9項目をより少数の要素（因子）に縮約する目的で、「総合的な評価」を除く8項目に関して因子分析をおこなった結果が表2-3（71ページ）である。2つの因子が抽出され、因子負荷量の大きさから、因子1は「余暇評価」、因子2は「モード評価」をあらわすものであると解釈できる。

上記の2因子の因子得点を用いてクラスター分析をおこない、回答者を3つのクラスター（グループ）に分け、クラスターごとの因子得点の平均値について偏差値を算出したものが図2-22である。クラスター1は2因子のいずれもの評価の低いグループ、クラスター2は評価がやや低いグループ、クラスター3は評価が高いグループということになる。

居住経路と人生の楽しみやすさ関連のクラスターの関係をまとめたものが図2-23である。居住経路による違いはみられず、「低評価」のものが5％程度で、「やや低評価」と「高評価」が拮抗しているといった分布になっている。

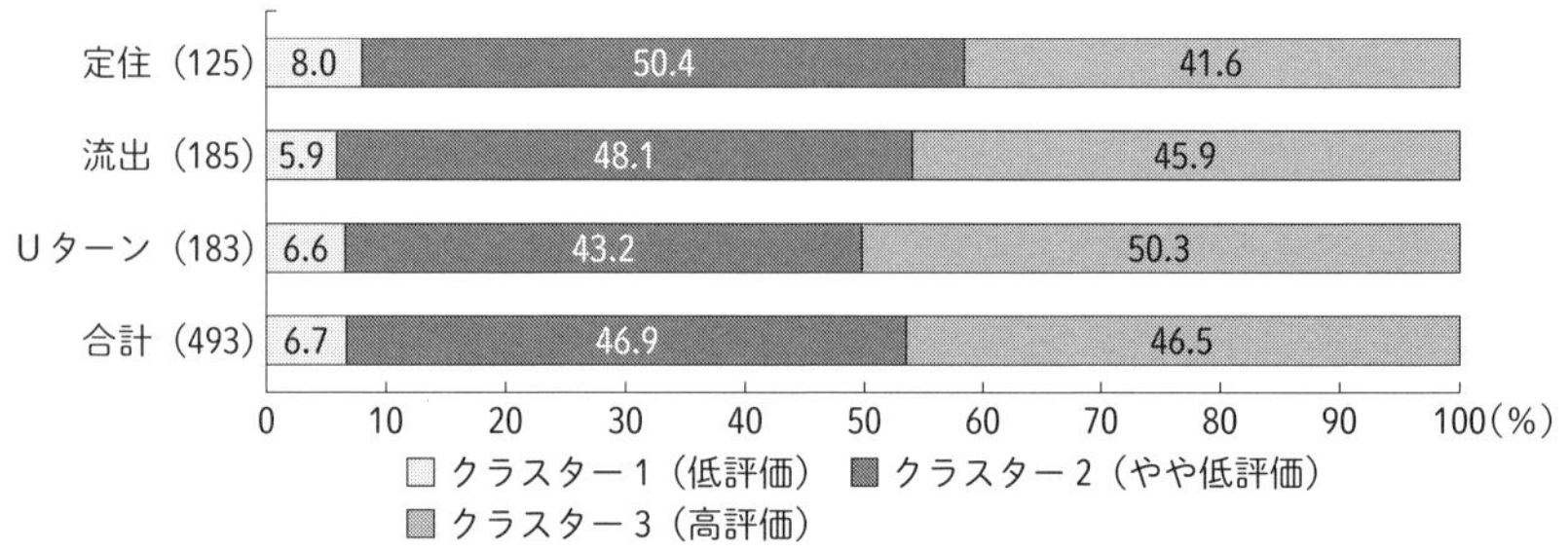

図2－23　居住経路×人生の楽しみやすさ関連のクラスター

6　居住経路と日常生活関連の評価

（1）項目ごとの分析

福井県の総合的な人生の選択肢の豊富さについての評価と居住経路の関係をまとめたものが**図2－24**である。居住経路による差はなく、肯定的な評価が2割程度、否定的な評価が5割程度で、否定的な評価が上回る。

「健康の維持しやすさ」との関係をまとめたものが**図2－25**である。すべての移住経路で、肯定的な評価が7割を超え、否定的な評価は2～3％程度で、肯定的な評価が圧倒的に上回る。「長生きのしやすさ」も、ほぼ同様の評価になっている。福井県は平均寿命、健康寿命ともに全国トップクラスであり、そのことが評価に反映された形となっている。「子育てのしやすさ」も、すべての移住経路で、肯定的な評価が7割を超え、否定的な評価は数パーセントと、同様のパターンをとる。「勉強しやすさ」でも、すべての移住経路で、肯定的な評価が4割を超え、否定的な評価は2割程度と、肯定的な評価が上回るがその差は小さい。「資産形成のしやすさ」では、すべての居住経路で、肯定的な評価が3割程度、否定的な評価が2割程度と、さらに差が縮まる。

「持ち家の取得しやすさ」との関係をまとめたものが**図2－26**である。すべての移住経路で、肯定的な評価が8割を超え、否定的な評価は数パーセントで、肯定的な評価が圧倒的に上回る。「しやすい」という回答は、「定住」と「Uターン」では

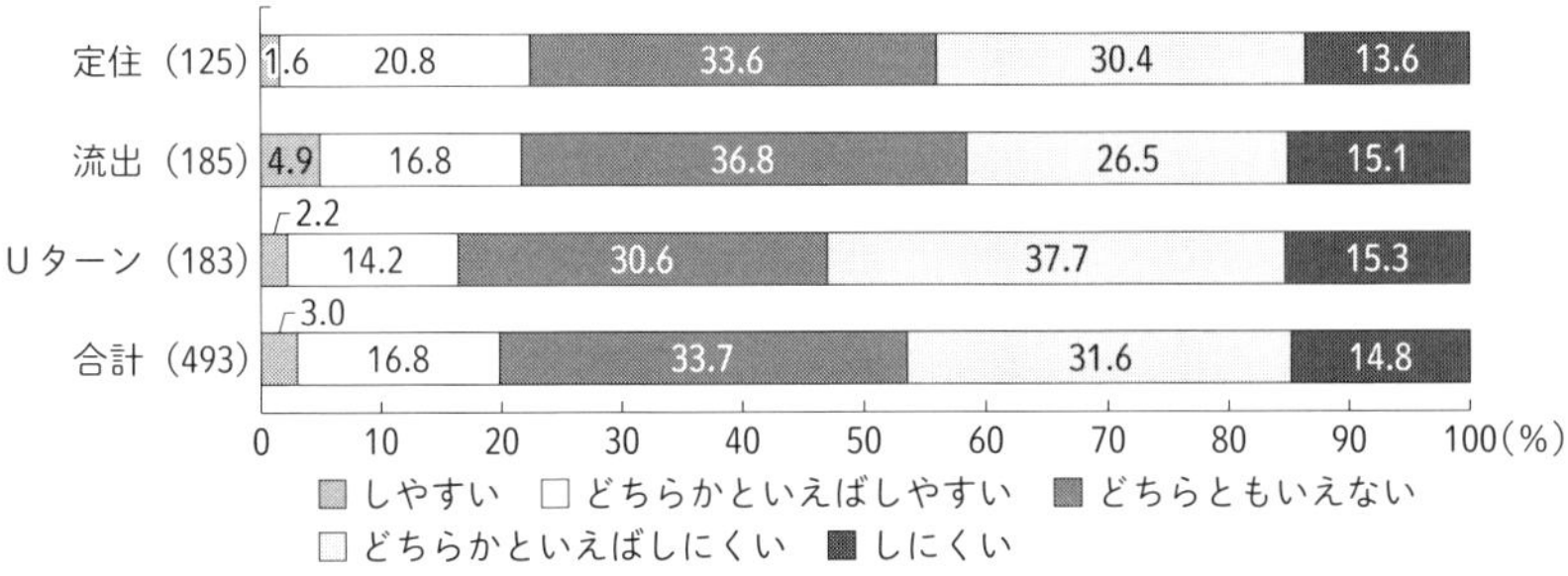

図2-24　居住経路×総合的な人生の選択肢の豊富さへの評価

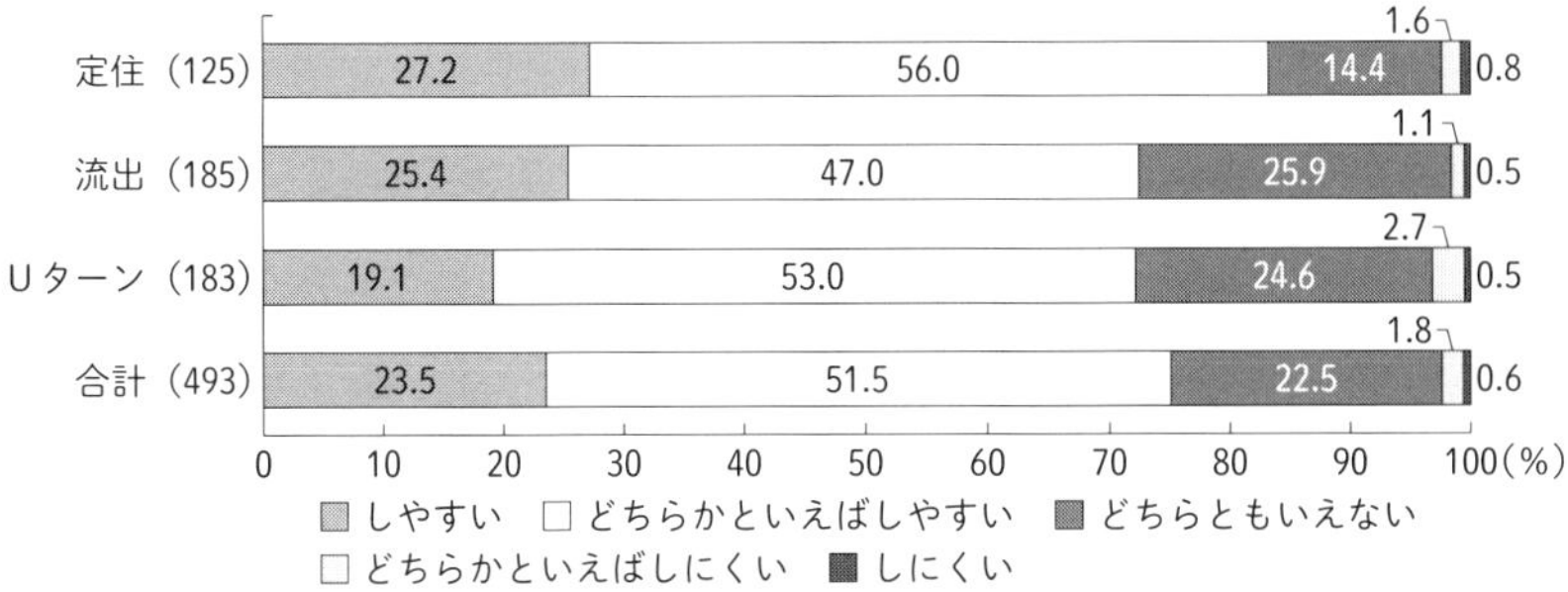

図2-25　居住経路×健康の維持しやすさへの評価

3割程度なのに対し、「流出」では5割を超え、「流出」の評価が突出して高い。「流出」したものの多くは都市部に居住しており、そのことが影響していると推察される。「介護のしやすさ」も同様に「流出」で評価が高い。どの居住経路も、肯定的な評価が5割程度、否定的な評価は1割程度となっているが、「しやすい」に限れば、「定住」と「Uターン」で1割程度なのが、「流出」では倍の2割程度となっている。

「定住」で評価が高いのが「日常の買い物のしやすさ」、「行きたいところへの移動のしやすさ」、「一緒に暮らすパートナーの見つけやすさ」の3項目である。「日常の買い物のしやすさ」と居住経路の関係をまとめたものが**図2-27**である。どの居住経路でも、肯定的な評価が否定的な評価を大きく上回るが、「しやすい」という評価は「定住」で36・8%と、「Uターン」の1・5倍以上、「流出」の2倍以上に達する。

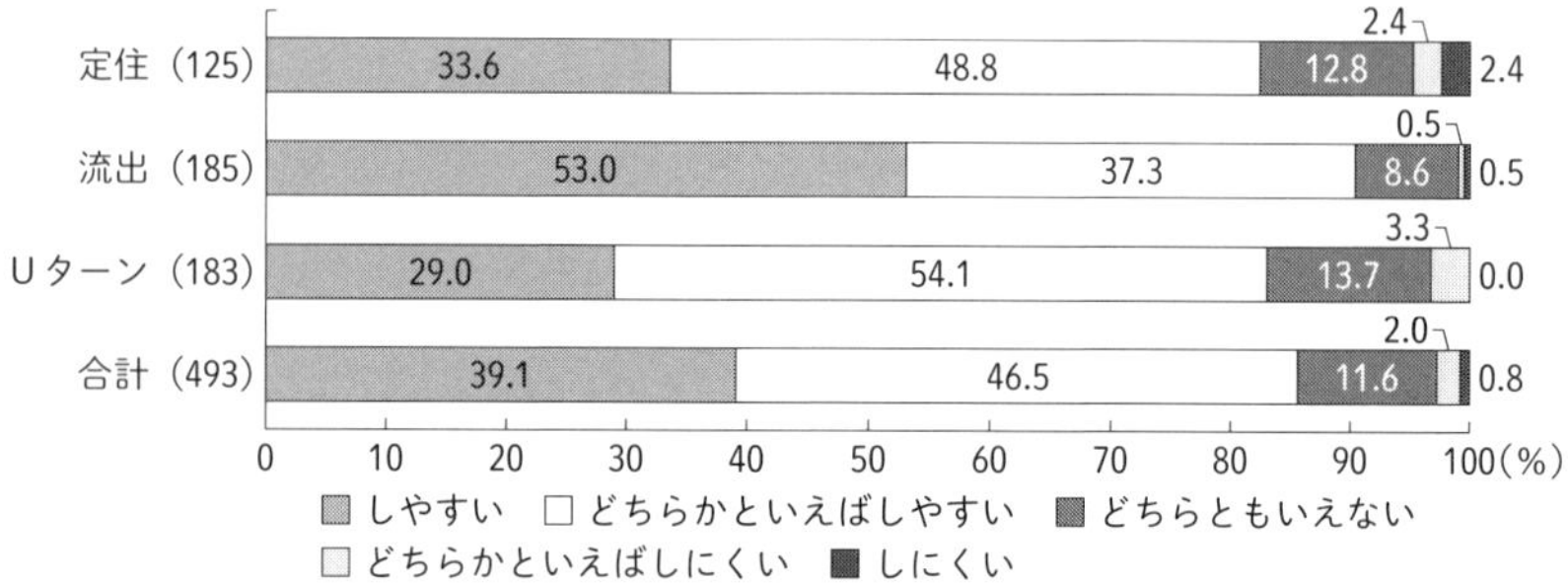

図2-26　居住経路×持ち家の取得しやすさへの評価

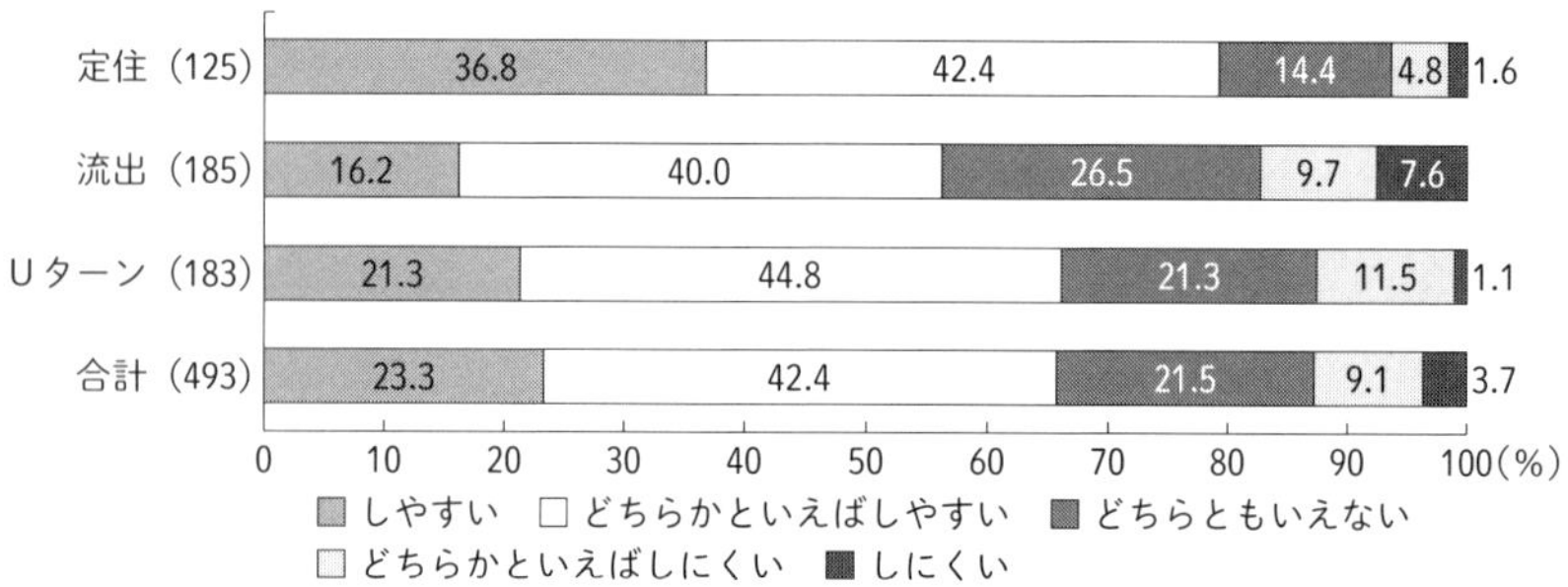

図2-27　居住経路×日常の買い物のしやすさへの評価

「行きたいところへの移動のしやすさ」では、「定住」では肯定的な評価が否定的な評価を上回るが、「流出」と「Uターン」では逆に否定的な評価が上回る。福井で暮らし続けているものが車での移動を前提として回答しているのに対して、「流出」や「Uターン」では公共交通の不便さをイメージした回答になっているのかもしれない。「一緒に暮らすパートナーの見つけやすさ」でも、「どちらもいえない」の割合が高くなるもの、同様のパターンがみられる。

（2）総合的な分析

日常生活に関連する11項目をより少数の要素（因子）に縮約する目的で、「総合的な評価」を除く10項目に関して因子分析をおこなった結果が**表2-4**（72ページ）である。2つの因子が抽出され、因子負荷量の大きさから、因子1は「生活評価」、因子2は

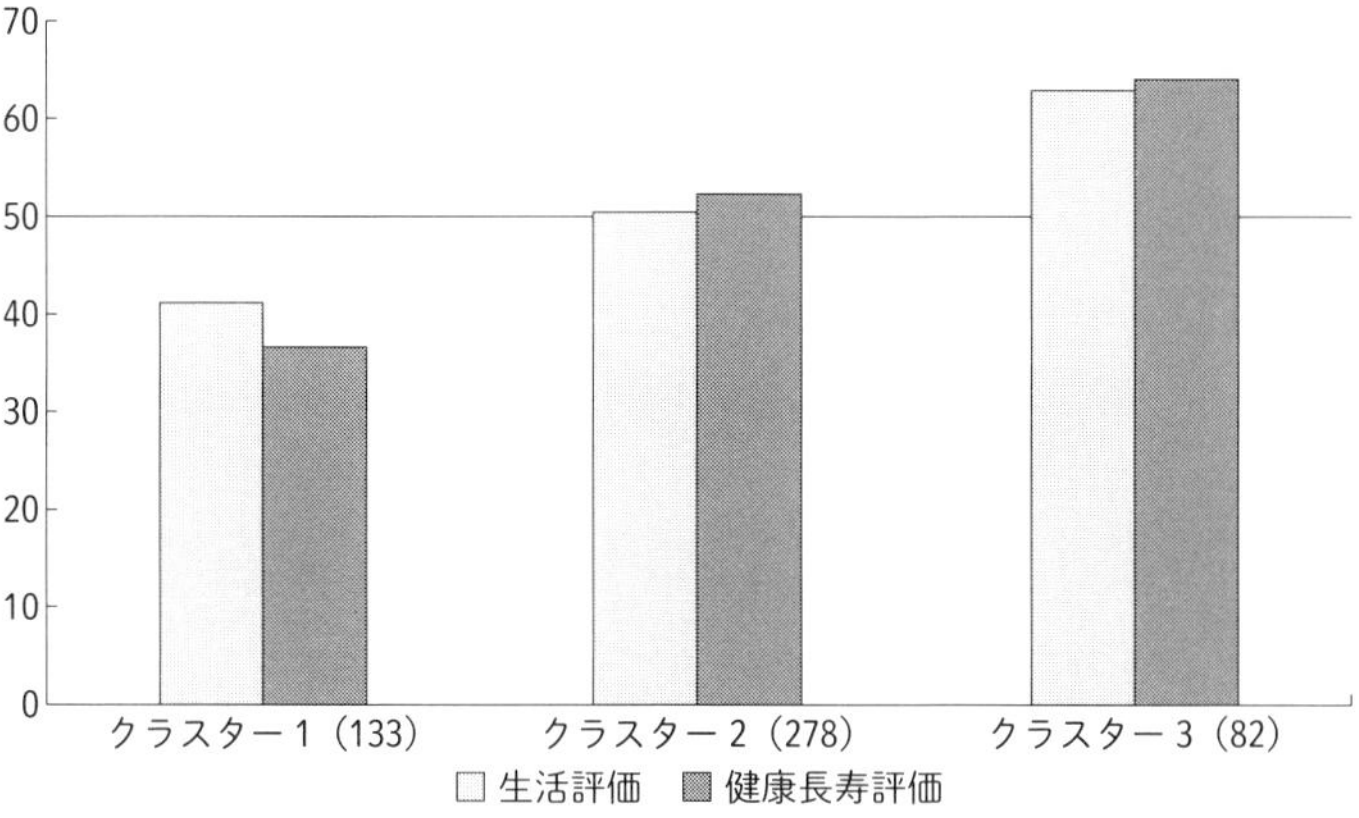

図2－28　日常生活関連のクラスターの偏差値

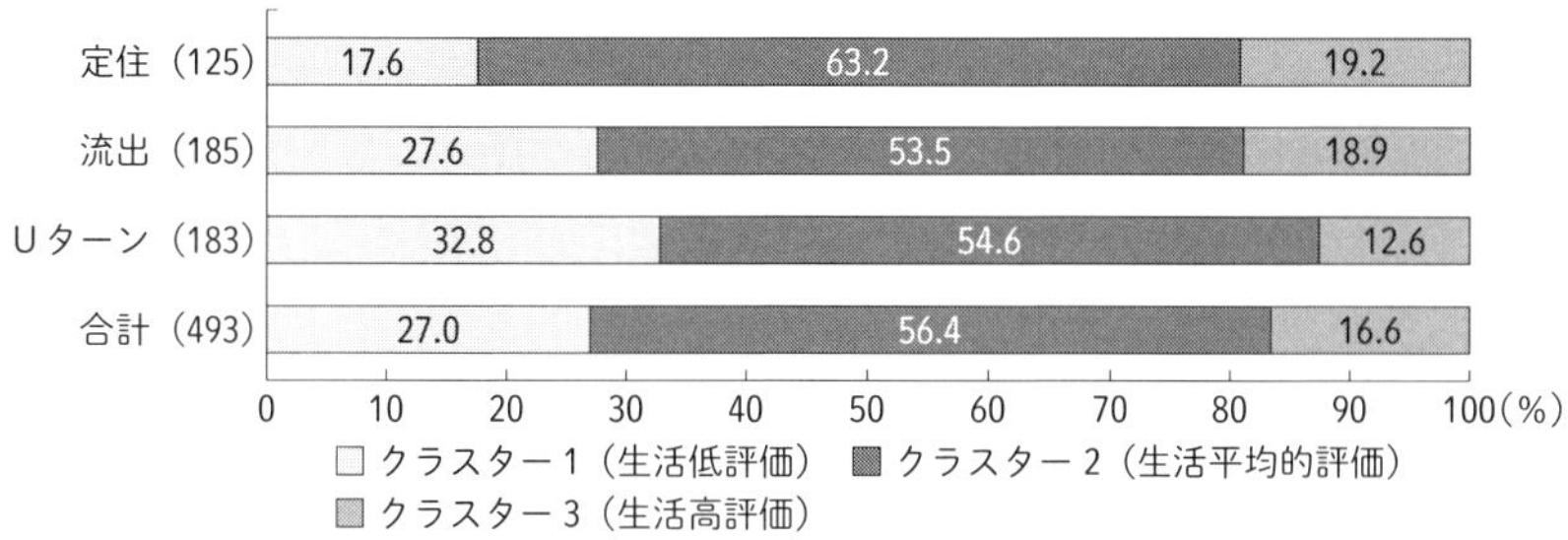

図2－29　居住経路×日常生活関連のクラスター

「健康長寿評価」をあらわすものであると解釈できる。

上記の2因子の因子得点を用いてクラスター分析をおこない、回答者を3つのクラスター（グループ）に分け、クラスターごとの因子得点の平均値について偏差値を算出したものが**図2-28**である。クラスター1は2因子のいずれもの評価の低いグループ、クラスター2は評価が平均的なグループ、クラスター3は評価が高いグループということになる。

居住経路と日常生活に関するクラスターの関係をまとめたものが**図2-29**である。2因子の評価の低いクラスター1に関して、「定住」の割合が低く、「Uターン」の割合が高い傾向が確認できる。地域の強みや弱みに関しては、外に出てみないと気づけないこと、住み続けないとみえてこないこと、が混在しているようだ。新しい地方を創るには、バランスよく様々な視点を活用する必要があるだろう。

7 居住経路と人間関係関連の評価

（1）項目ごとの分析

福井県の総合的な人間関係の育みやすさについての評価と居住経路の関係をまとめたものが図2-30である。肯定的な評価が5割程度、否定的な評価が2割程度で、肯定的な評価が上回る。居住経路による差はほとんどみられない。

「地域とつながりのつくりやすさ」について居住経路との関係を確認したものが図2-31である。肯定的な評価が6〜7割程度、否定的な評価が1割程度で、肯定的な評価が大きく上回る。居住経路に関しては、「Uターン」で若干ではあるが、肯定的な評価が少なくなっている。「近所付き合いのしやすさ」、「親せき付き合いのしやすさ」、「近隣での助け合いのしやすさ」でも、ほぼ同様のパターンが確認できる。「友人のつくりやすさ」でも、肯定的な評価が4〜5割程度と減少する以外は、同様のパターンとなる。

「人目を気にせず生きる」について居住経路との関係を確かめたものが図2-32である。否定的な評価が6〜7割程度で、肯定的な評価を大きく上回る。肯定的な評価に関しては、「流出」と「Uターン」では1割に満たないが、「定住」では2割を超えている。「自分の考えの貫きやすさ」、「新しいことのはじめやすさ」、「多様性の尊重しあいやすさ」、「人脈の広げやすさ」でも、同様に否定的な評価が肯定的な評価を上回る。「自分の考えの貫きやすさ」では、どの居住経路でも否定的な評価が5割程で差がなく、肯定的な評価は「定住」が2割を超えて最も多い。「新しいことのはじめやすさ」では、否定的な評価は「定住」が4割近く、「流出」が6割近く、「Uターン」が5割近くで、少しバラつきがみられ、肯定的な評価は「定住」が2割程度で最も多い。「多様性の尊重しあいやすさ」では、否定的な評価は、「U

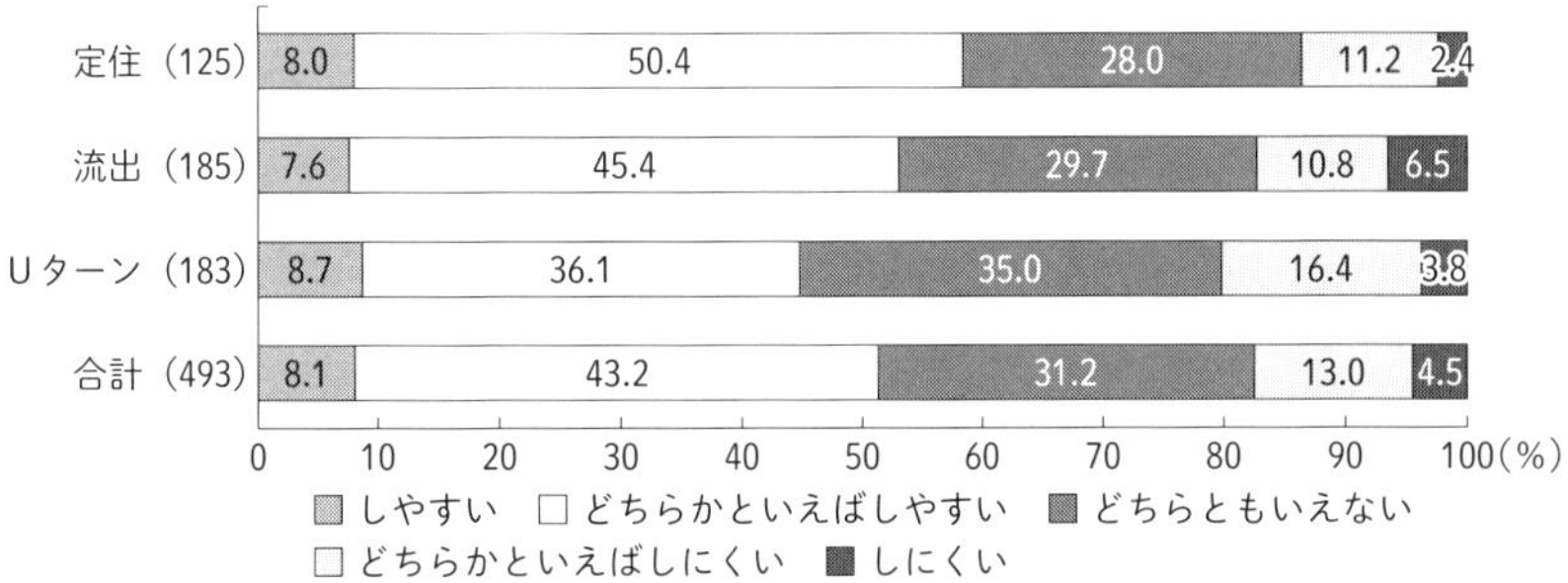

図2－30　居住経路×総合的な人間関係の育みやすさへの評価

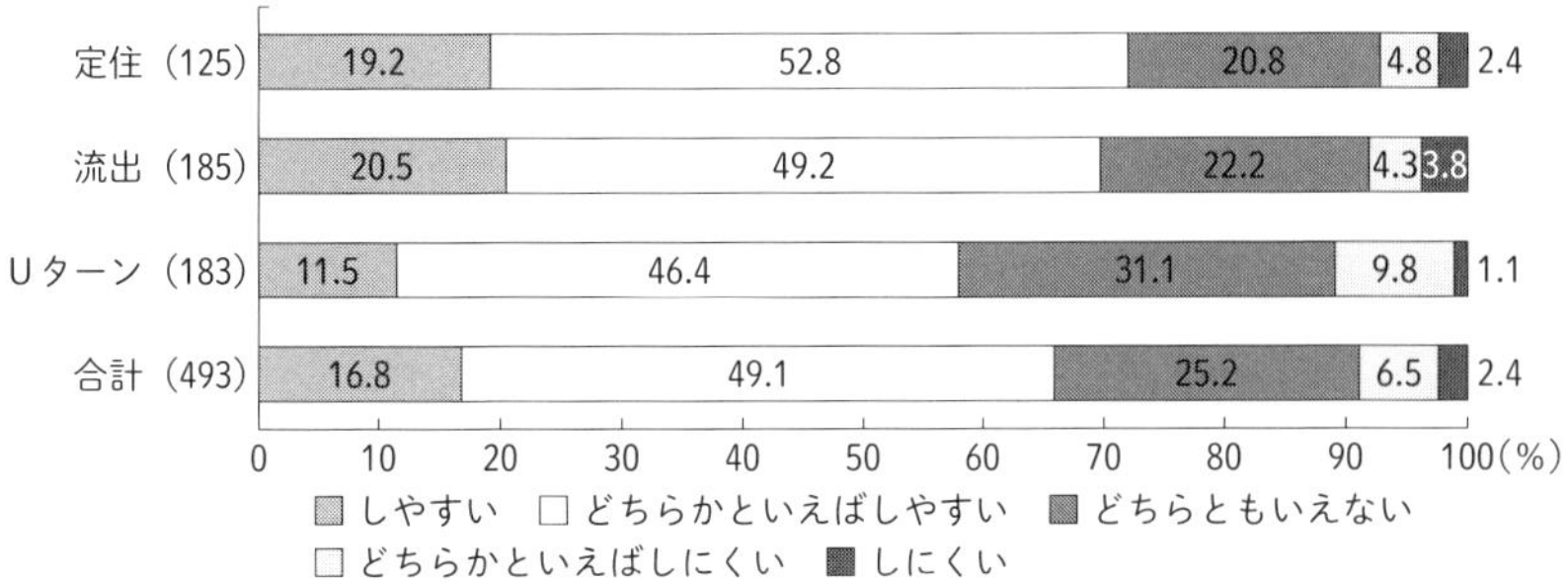

図2－31　居住経路×地域とのつながりのつくりやすさへの評価

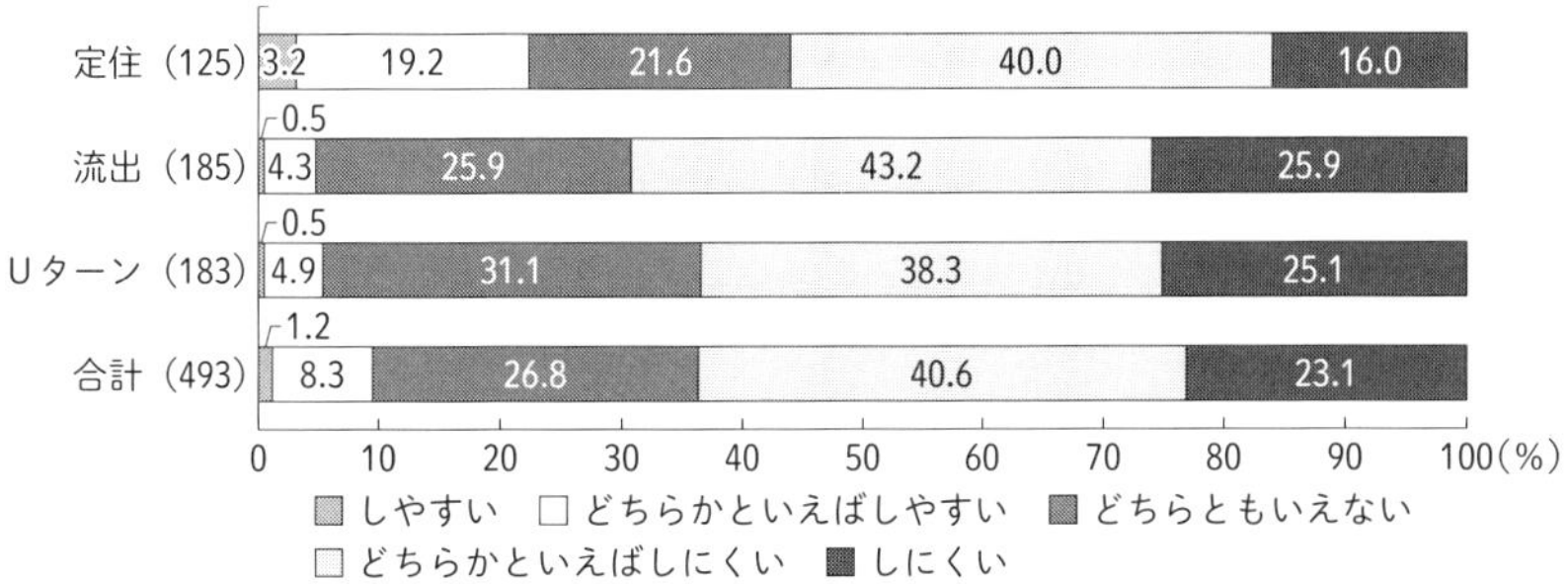

図2－32　居住経路×人目を気にせず生きることのしやすさへの評価

ターン」が6割程度、「流出」が5割を超え、「定住」が5割弱、肯定的な評価はここでも「定住」が2割弱で最も多い、「人脈の広げやすさ」では、否定的な評価が3～4割程度、肯定的な評価が2割前後で、肯定・否定の差が一番少ない。

福井県は人口移動が少なく、血縁・地縁のネットワークがそれなりに維持され続けている。こうした社会関係資本の豊富さは、福井県の暮らしやすさの一因でもある。地域の人間関係に包み込まれて、信頼しあい、支えあって生活し続けることができる。社会関係資本論では、興味や関心にもとづいて新しい人間関係を創り出す架橋型のネットワークと既存の人間関係を強化する結束型のネットワークが区別される。福井県の特徴的は後者のネットワークの緊密さであるが、それが強すぎると、よそ者や少数者を排除する傾向が強くながりがちであることが知られている。匿名性の低い人間関係は、相互監視や同調圧力の強さにも結びつきがちで、異質な存在を排除する排他性を帯びる危険性も孕んでいる。

（2）総合的な分析

日常生活に関連する11項目をより少数の要素（因子）に縮約する目的で、「総合的な評価」を除く10項目に関して因子分析をおこなった結果が**表2-5**（72ページ）である。2つの因子が抽出され、因子負荷量の大きさから、因子1は「ネットワーク評価」、因子2は「寛容性評価」をあらわすものであると解釈できる。

上記の2因子の因子得点を用いてクラスター分析をおこない、回答者を3つのクラスターに分け、クラスターごとの因子得点の平均値について偏差値を算出したものが**図2-33**である。クラスター1は2因子のいずれも評価が低いグループ、クラスター2はネットワークの評価のみが高いグループ、クラスター3はいずれの評価も高いグループということになる。

居住経路と人間関係に関するクラスターの関係をまとめたものが**図2-34**である。人間関係の2因子のいずれの評価も低いクラスターは「Uターン」で48・1％と最も多く、ネットワークの評価のみが高いクラスターは「流出」で56・2％と最も多い。いずれの因子も高評価のクラスター3は「定住」で20・8％と最多である。

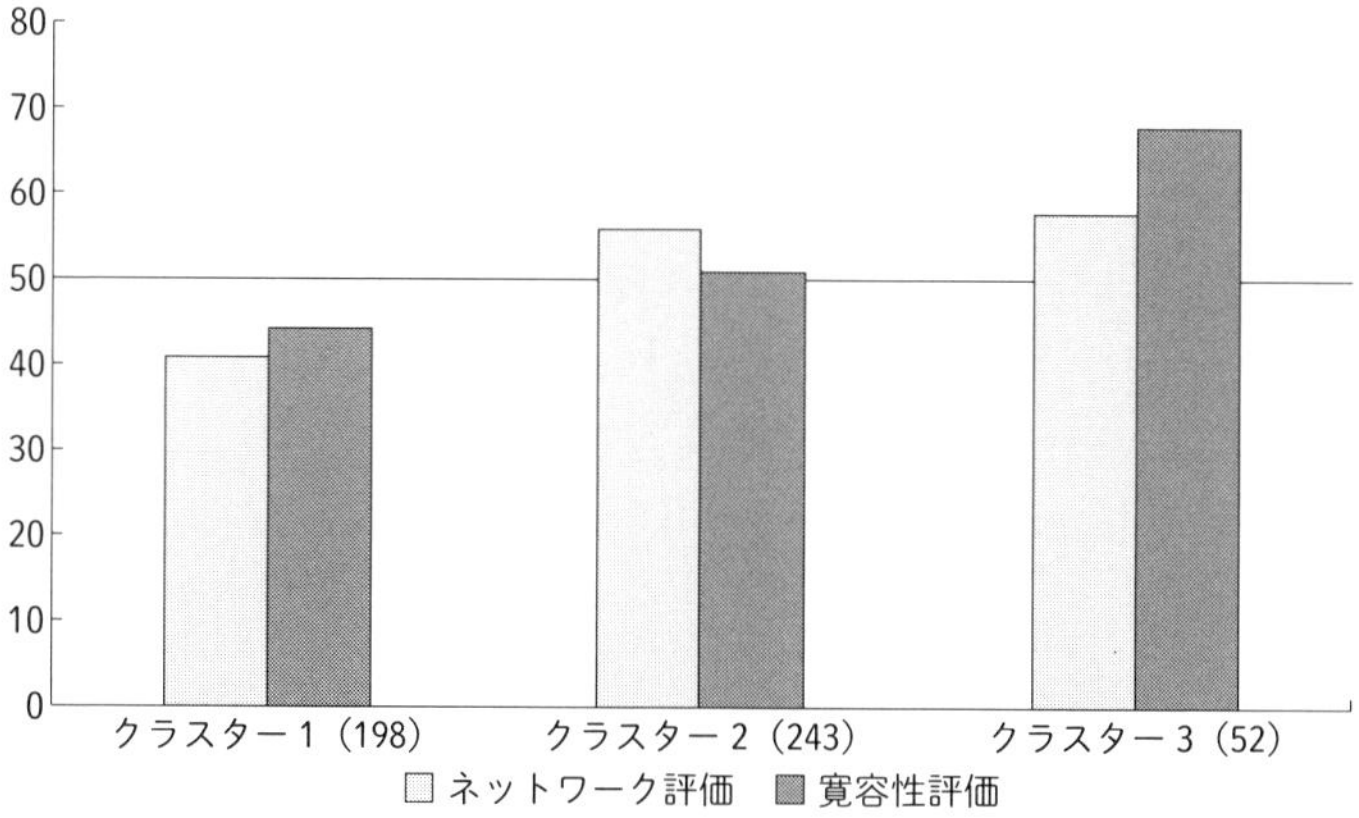

図2－33　人間関係関連のクラスターの偏差値

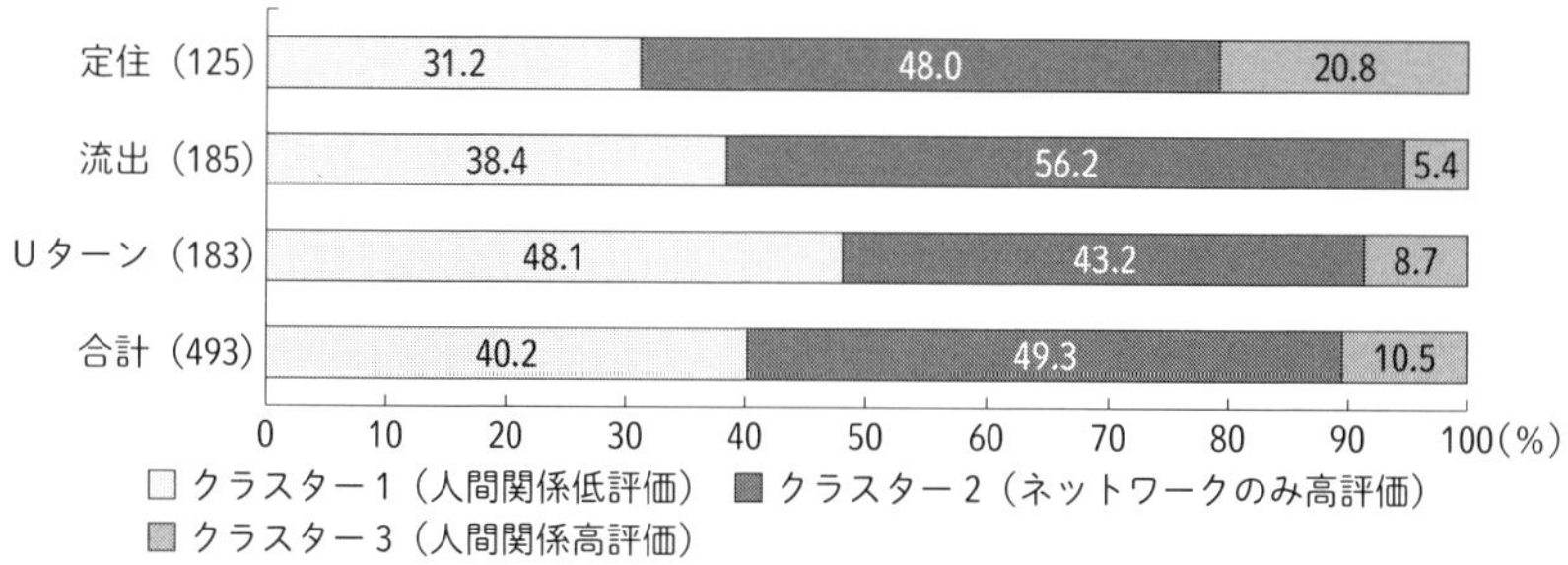

図2－34　居住経路×人間関係に関連するクラスター

8　「出る人、残る人、戻る人」の特徴
――ロジスティック回帰分析からみえること――

以下では、福井県出身者について、「定住」（ずっと福井県に残っている）、「流出」（福井県から出て行って戻っていない）、「Uターン」（一度は福井県から出て行って戻ってきた）の3つの居住経路をたどるものの特徴を説明する要因について、ロジスティック回帰分析の手法を使って検討していきたい（いずれかの経路に対して、いずれかの経路を選ぶ確率の高さを予測していく）。

独立変数としては、「仕事」、「楽しみ」、「日常生活」、「人間関係」に関連する項目から抽出した因子を投入するが、多重共線性の問題を回避するために、相関係数の値が大きな（0・5を超える）因子からは、片方だけを選んで投入する。具体的には、「キャリア形成評価」と「就業機会評価」からは「キャリア形成評価」を、「余暇評価」と「モード評価」からは「余暇評価」を、「生活評価」と「健康長寿評価」からは「生活評価」を、選んで投入することになる。「キャリア形成評価」、「ワーク・ライフ・バランス評価」、「余暇評価」、「生活評価」、「ネットワーク評価」、「寛容性評価」の6因子に加えて、跡継ぎの候補（一人っ子、長男、男兄弟のいない長女）であるかどうかを独立変数とする。持ち家の保有率が高く、兼業農家の比率も高い福井県では、誰が土地や家屋を相続し、お墓や仏壇の管理を引き継ぐのかが意識されやすいからである。6因子に関しては、因子得点の中央値を基準として2分割（評価している／評価していない）したうえで投入する。

「定住」を基準として、「流出」の経路を選ぶ確率の高さを予測した結果をまとめたものが**表2-6**である。モデル係数のオムニバス検定の結果から「予測に役立たない」という仮説は1％水準で棄却され、NagelkerkeのR2乗値は0・086であった。

表2-6　ロジスティック回帰分析（「定住」を基準とした「流出」の予測）

	オッズ比	オッズ比の95％信頼区間		有意確率
		下限	上限	
キャリア形成評価（2分割）	0.547	0.326	0.920	P<0.05
ワーク・ライフ・バランス評価（2分割）	1.189	0.688	2.054	NS
余暇評価（2分割）	1.595	0.937	2.715	NS
生活評価（2分割）	0.661	0.365	1.196	NS
ネットワーク評価（2分割）	1.030	0.598	1.774	NS
寛容性評価（2分割）	0.575	0.333	0.991	P<0.05
跡継ぎ候補	1.399	0.872	2.245	NS

注：**表2-6～2-8**では，予測に役立つ（有意な）独立変数に網かけをしてある。

表2-7　ロジスティック回帰分析（「定住」を基準とした「Uターン」の予測）

	オッズ比	オッズ比の95％信頼区間		有意確率
		下限	上限	
キャリア形成評価（2分割）	1.095	0.635	1.889	NS
ワーク・ライフ・バランス評価（2分割）	1.330	0.728	2.430	NS
余暇評価（2分割）	1.186	0.665	2.115	NS
生活評価（2分割）	0.724	0.403	1.300	NS
ネットワーク評価（2分割）	0.478	0.272	0.840	P<0.05
寛容性評価（2分割）	0.684	0.388	1.206	NS
跡継ぎ候補	1.760	1.091	2.837	P<0.05

「キャリア形成評価（2分割）」と「寛容性評価（2分割）」が、5％水準で予測に有意であり、オッズ比からは、「定住」に対して「流出」の経路をたどる確率は、（1）キャリア形成のしやすさを評価していると0・547倍になり、（2）人間関係ついて寛容性を評価していると0・575倍になる。同じことの言い換えになるが、「流出」の経路をたどる確率は、（1）福井県ではキャリアの形成が困難であると考えていると1・828倍、（2）人間関係ついて匿名性の低さに嫌悪感を抱いていると1・739倍になることになる。職業上のキャリアアップを重視し、地域のしがらみの強さ（社会関係資本のダークサイド）を嫌うものが、福井県から出て行って戻ってこないという構図が推察される。

「定住」を基準として、「Uターン」の経路を選ぶ確率の高さを予測した結果をまとめたものが**表2-7**である。モデル係数のオムニバス検定の結果から「予測に役立たない」という仮説は1％水準で棄却され、Nagelkerke のR2乗

表2-8 ロジスティック回帰分析（「流出」を基準とした「Uターン」の予測）

	オッズ比	オッズ比の95%信頼区間		有意確率
		下限	上限	
キャリア形成評価（2分割）	1.965	1.229	3.141	P<0.01
ワーク・ライフ・バランス評価（2分割）	0.872	0.531	1.430	NS
余暇評価（2分割）	0.729	0.442	1.201	NS
生活評価（2分割）	1.164	0.696	1.947	NS
ネットワーク評価（2分割）	0.495	0.305	0.803	P<0.01
寛容性評価（2分割）	1.321	0.794	2.198	NS
跡継ぎ候補	1.231	0.800	1.894	NS

値は0・085であった。

「ネットワーク形成評価（2分割）」と「跡継ぎ候補」が、5%水準で予測に有意であり、オッズ比からは、「定住」に対して「Uターン」の経路をたどる確率は、（1）ネットワーク人間関係のネットワークの緊密さを評価していると0・478倍になり、（2）一人っ子、もしくは、長男、男兄弟のいない長女であると1・760倍になる。同じことの言い換えになるが、（1）人間関係のネットワークの緊密さを評価していると、「定住」の経路をたどる確率は2・092倍、（2）跡継ぎの候補で「ない」場合は、「Uターン」経路をたどる確率は0・568倍になる。地縁・血縁のつながりの緊密さを評価しているものが地元に残り続け、跡継ぎ候補はいったん県外に出て行っても戻ってくる可能性が高いという構図が推察される。

「流出」を基準として、「Uターン」の経路を選ぶ確率の高さを予測した結果をまとめたものが**表2-8**である。モデル係数のオムニバス検定の結果から「予測に役立たない」という仮説は1%水準で棄却され、Nagelkerke のR2乗値は0・074であった。

「キャリア形成評価（2分割）」と「ネットワーク評価（2分割）」が、1%水準で予測に有意であり、オッズ比からは、「流出」に対して「Uターン」の経路をたどる確率は、（1）キャリア形成のしやすさを評価していると1・965倍になり、（2）人間関係のネットワークの緊密さを評価していると0・495倍になる。同じことの言い換えになるが、（1）福井県ではキャリアの形成が困難であると考えていると、「流出」の経路をたどる確率が1・965倍、（2）福井県の地縁・血縁のネットワーク

表2-9　因子得点の平均値の比較

居住経路（3分類）	キャリア形成評価 因子得点平均値	相対値	ネットワーク評価 因子得点平均値	相対値	寛容性評価 因子得点平均値	相対値
定住	0.208	高	0.117	高	0.261	高
流出	-0.217	低	0.091	中	-0.114	低
Uターン	0.078	中	-0.171	低	-0.063	中

を評価して「いない」と、「Uターン」の経路をたどる確率が2・020倍になる。職業上のキャリアアップを重視するものは、「流出」の経路をたどり、地縁・血縁のつながりの評価が低いものが、「Uターン経路」をたどるという構図が推察される。

ロジスティック回帰分析の結果、福井県出身者がたどる3経路に影響していることが分かった3因子について、平均値の比較をおこなったものが**表2-9**である。

ロジスティック回帰分析の結果と合わせると、下記の傾向が浮かび上がってくる。相対比較においてではあるが、(1) 3因子すべての評価が高いものが、「定住」の経路をたどり、地元に残り続けている可能性が高い。(2)「キャリア形成」と「寛容性」に関する評価の低いものは、「流出」の経路をたどり、出て行ったきり戻ってきていない可能性が高い。(3) 人間関係の「ネットワーク」に関する評価の低いものは、「Uターン」の経路をたどり、いったん地元を離れるが、跡継ぎであるなどの理由から再び戻ってきている可能性が高い。

おわりに

因子分析とロジスティック回帰分析の結果から、「定住」、「流出」、「Uターン」のいずれの居住経路をたどるのかを説明する要因として、「キャリア形成評価」、「ネットワーク評価」、「寛容性評価」が重要であることが浮かび上がってきた。

第1章では、人間を突き動かす4つの衝動について検討したが、「キャリア形成評価」は獲得衝動と、「ネットワーク評価」は親和衝動と、「寛容性評価」は「防衛衝動」と、それぞれ結びつきが強いと思われる。他者より高いステータスを手に入れたいと考えれば、キャリアアップの可能性の高さが気になるだろうし、長期的に親密な関係を築きたいなら、地縁・血縁のネットワークの維持しやすさが気になるだろう。自分の信念を貫き、家族を周囲の誹謗中傷から守りいと考えれば、多様性が尊重される寛容な社会環境で暮らしたいと思うだろう。

居住経路に当てはめて考えてみたい。「流出」に関しては、転出の直接の理由を勘案すれば、学びたいことを自分の能力に見合った水準で学べる環境が得られず、学習衝動が満たされなかったことが大きな要因になっていると思われる。ロジスティック回帰分析の結果などからは、福井では自分が望むキャリアや収入を得ることが困難だと感じており（獲得衝動）、福井県の社会関係資本の闇の部分を嫌っている（防衛衝動）、ということになるだろう。「Uターン」に関しては、福井県の社会関係資本の光の部分を享受できなかったか、実感できなくて、親和衝動が満たされなかったということになる。「定住」に関しては、福井県の評価という面では、4つの衝動とそれなりに折り合いがついたということだろう。

福井県の現状についての「キャリア形成」、「ネットワーク」、「寛容性」などに関する評価には個人差がみられる。性格や能力、置かれている状況、志向性、ライフステージなどが異なっているからなのだろうが、社会学的にこうした現象を説明するための概念として「相対的剥奪」がある。ひとは置かれている絶対的な条件に対して不満（剥奪感）をおぼえるわけではなく、他者のとの相対比較において不満を感じるというものである。誰もが食うや食わずの絶対的貧困にさらされている状況では、貧しさは死活問題かもしれないが、精神的に落ち込む理由にはならない。生きていくためのセーフティーネットが一応は用意されている先進国における相対的貧困の方が、ひとを精神的に追いつめる。比較の対象となる他者たちのことを「準拠集団」と呼ぶ。多くの場合、自分の身近にいる境遇の似通った他者たちが「準拠集団」となる。アフガニスタンの女性の境遇と引き比べて幸せを実感したり、産油国の王族と引き比べて不幸を呪ったりする日本人はほとんどいないだろう。居住経路の選択に関しては、福井県とどこを、何を基準に比べるか、が評価の分かれ目ということになる。共働きがスタンダードで、かつ、男女とも長時間労働の福井県で、仕事と子育ての両立を可能にしている要因の一つして、通勤時間の短さが挙げられる。マイカーを利用したドアツードアの移動で、「30分を超えれば遠い」といった福井県民の感覚は、長距離通勤に慣れた首都圏の住民からは信じがたいかもしれない。福井県で生まれ育った人間には、それが当たり前なので、その恩恵が意識されることはほとんどない。

福井県の地域特性である結束型のネットワークの分厚さは、相互監視体制につながりやすく、「コロナウィルスに感染するより、感染したことを周囲に知られてつまはじきにされることの方が怖い」といった認識を生み出すことになる。コロナ対策おける「福井モデル」の有効性はこうした心理的な機制によって支えられたものであると思われる。「防衛衝動」に引き付けて考えれば、コロナ関連の福井の現状は、家族を市中感染から守るという観点からはプラスの評価になるだろうが、感染した場合の誹謗中傷や社会的排除の危険性といった観点からはマイナスの評価につながるだろう。

地域の生き残り戦略の文脈からすれば、都市部のような品揃えを用意することは不可能なのだから、地域の特色を活かしたエッジの利いた対応が必要になると思われる。しかし、その特色に関しても、一枚のコインに裏表があるように、肯定的な評価と否定的な評価の両方が付きまとうことになる。強みを強化し、弱みを克服するという戦略だけでは、限界があるだろう。地域の特色を、それを強みとして評価してくれそうなターゲットに向けて、効果的に発信していくという補完的な戦略が必要なのではないだろうか。

今回のアンケート調査のデータに照らし合わせれば、福井県で子育てした（された）回答者のほとんどが、「仕事と子育ての両立のしやすさ」（**図2-14**、74ページ）や「子育てのしやすさ」を圧倒的に評価している。実際に、福井県や県内の各市町が実施している子育て支援の取り組みは全国トップクラスの水準である。福井県は子どもの体力・学力でも全国トップレベルを維持し続けている。「子育てするなら福井県」といったメッセージを、分かりやすく具体的なデータを示しつつインパクトのある形で、それを評価してくれそうな子育て世代に向けて届けるための戦略を練る必要があるということになる。客観的な指標から算出された暮らしやすさでは無類の強さを発揮していながら、県としての知名度は超低空飛行といった福井県の実情を勘案すれば、そのPR下手は笑い事では済まされないかもしれない。「新しい地方《ふるさと》を創る」ための戦略として、実態の強化に加えて、効果的なＰＲの方法についても検討する必要があるだろう。

column 2

地方移住とサテライトオフィス

コロナ禍において、感染リスク分散の観点から、地方型のサテライトオフィスが注目されている。企業にとっては従業員の多様な働き方の実現、地方にとっては移住者の増加、地元人材の雇用機会の創出、交流人口・関係人口の拡大等のメリットがある。

総務省では都市部から地方へヒト・情報の流れを創出するため、自治体のサテライトオフィス誘致を支援しており、独自に補助金等の支援体制を整備している自治体も多くある。総務省によると、地方自治体が誘致又は関与したサテライトオフィスは、令和元年度に145箇所、新規開設されており、令和元年度末時点での開設数は654箇所にのぼる。

2020年11月に福井市でサテライトオフィス「福井 Creative Office」(**写真2-1**)を開設したIT企業「株式会社ジェイクール」の齋藤巧哉社長にお話を伺った。齋藤社長は福井市出身でありサテライトオフィス開設をきっかけに福井に戻ってきたUターン者である。

本社は京都にあり、現在は、東京と福井にもオフィスを構える。事業内容は、ホームページの更新支援が中心で、WEBサイト制作などのサービスを提供している。顧客のほとんどは首都圏で、中央省庁や自治体はじめ、大手企業から個人商店まで幅広く取引がある。

同社がサテライトオフィスを開設する理由は、従業員に多様な働き方を提供し、生産性を向上させることや、定着率の高い地元人材を雇用することにある。「福井 CreativeOffice」には、地元人材にとっても、移住者にとっても働きやすい環境が整っている。

写真2－1　株式会社ジェイクール 福井 Creative Office
写真提供：株式会社 ジェイクール

◆福井にサテライトオフィスを開設

当初は、仙台市内にサテライトオフィスを開設することを検討していた。首都圏に加え、東北・北海道の取引先が増えてきたからだ。取引先との距離が近くなる一方で、駐車場の少なさや家賃の高さ等の条件面で課題を感じていた。そういった状況の中、福井県での現地説明会に参加したことをきっかけに福井での開設を検討し始めた。本社のある京都に近いという地理的な条件だけでなく、最終的には、福井県企業誘致課の支援や後押しと、社長自身が福井出身であることから福井での開設を決断した。福井にサテライトオフィスを開設するにあたって、福井県のサポートも受けながら新規採用を行い、現在11名の従業員が勤務している。内訳は、地元人材が4名、Uターン人材が7名となっている。

◆働きやすさも、働きがいも

「福井 Creative Office」は2階建となっており、1階にはカフェスペースと芝生ガーデン、2階にオフィススペースがある。芝生ガーデンでは、春から秋の間、バーベキューができたり、テントを張ってキャンプが楽しめたりと、従業員が楽しみながら働ける環境を整えている。

京都、東京、福井の各オフィスでの業務内容に大きな違いはない。取引先への営業や拠点間のコミュニケーションは基本的にオンラインにて行い、データ共有等はクラウドシステムを活用している。拠点が離れていることへの不便さは感じていないという。

福井にいながら、東京・京都と同様の顧客層を相手に同様のレベル感で仕事ができる。あわせて、拠点間の人材交流もあることで従業員同士の刺激となり、働きがいに繋がっている。

都市部に比べ、地方では働き方の選択肢が少なく、仕事の規模感だけを比べると、どうしても見劣りしてしまう。そこに働きがいを見出せず、働きがいや自身のキャリアアップを求め、地元を出ていくことを選ぶ人も多い。働きがいや働き方の多様性は地元に残る大きな要因となる。

◆地方移住のカギはエクスペリエンス

同社では、普段働いているオフィス以外の拠点に滞在し、ライフスタイルや趣味に合わせた勤務が可能な環境が整えられている。例えば、普段は東京のオフィスで働いている従業員が、2週間ほど福井に滞在し、ウインタースポーツを楽しみながら働くといったことができる。このように自由で多様な働き方を可能にしているのは、すべてのオフィスに住居が併設されており、中長期的な滞在が可能となっているからである。その根底には齋藤社長の〝地方移住のカギはエクスペリエンス〟との考えがある。

旅行と移住の中間があれば、地方への人流が生まれる。旅行で訪れた場所に「景色が良いな、良いところだな」と思うことは、移住を考えるきっかけになっても決定打にはならない。しかし、中長期的に滞在し、地域の人々と触れ合い、地域の魅力を感じることが、移住の大きな決定要因となる。旅行以上移住未満として、中長期滞在というエクスペリエンスが移住に大きな役割を果たすとの考えだ。

中長期滞在というエクスペリエンスを提供することで、中長期滞在者にとっては〝ゆるい〟ふるさとになり、移住のきっかけとなる。働きやすさと働きがいを提供することで、地元人材にとっては、ふるさとに〝残る〟理由になる。株式会社ジェイクールのサテライトオフィスには、移住者や地元に残る人を増やすためのヒントが多くあった。

コロナ禍で、デジタル技術を活用したリモートワーク環境は急速に進化した。業種にもよるが、企業側も拠点間のコミュニケーションやデータの共有等でハードルを感じることが少なくなり、地方へ進出しやすい環境は整ってきている。
一方で、「それは東京のやり方でしょ」、「福井には福井のやり方がある」などと言われることも少なくない。よそ者を受け付けない排他的な状況が福井にはいまだにある。また、地方では当たり前の車通勤が、移住者にとっては車を運転すること自体がハードルになっていたりと、移住者ならではの悩みもある。行政支援等の受け入れる側のサポート体制を整え、広くＰＲすることも大切だ。それだけでなく、双方がミスマッチとならないように、まずは地域と交流し、地域をよく知ってもらうことも必要である。中長期的に滞在してもらったり、お試しでサテライトオフィスを開設したり、ゆるく福井を体験してもらう、そういう環境作りも必要ではないだろうか。

【協力】株式会社ジェイクール　代表取締役　齋藤巧哉氏

03 子育て×介護×家事×しごと！
――地方に暮らす女性の生き方・楽しみ方――

はじめに

「地方ってすごい！」これが東京都心から福井に移り住み3年を経過した筆者の素直な感想である。何がすごいのか？　それは、豊かな自然、豊かな時間と空間から得られる癒しと活力を、身体全体で感じることができるからである。仕事の合間にふと窓の外を見ると、広い空を優雅に飛びまわる鳥の姿が見え、視線を落とすと雲に見え隠れする緑の山並みが目に優しい。街並みに視線を移すと、民家の隙間をぬって白い1両電車が走り、遠くから幼い子どもの泣き声が聞こえてくる。のどかな時間と空間を感じる瞬間である。毎日新鮮な食材を使った料理をいただき、休日にはドライブに出かけ自然を満喫する。初めて経験した大雪では、雪かきがご縁でご近所さんとも仲良くなった。

3年間このような生活を送るうち、筆者は都心の便利さにも代えがたい地方の魅力＝大自然や地域のちからを感じるようになった。自然に生かされ生きる自分を感じ、心と身体が生命のエネルギーで満たされていくようである。分刻みのあわただしい生活、住民間のつながりが希薄な都心の生活からは決して体感できなかった豊かな時間と空間そして地域社会（コミュニティ）がここにはあると感じている。

しかし、他の方たちは地方・福井をどのようにみているのだろう。特に、仕事と子育てや介護・家事など、仕事と家庭を両立する勤労女性はどのようにみて感じているのか。

本章では、地方・福井県を事例に、福井県のライフスタイルや仕事と家庭の両立環境、家事負担等に関する人口減調査のデータを居住経路ごとに比較・分析する。次に、主観的幸福度の決定要因をもとに、幸福度ランキング№1の福井県の暮らしを分析する。そして、福井県の生活環境と女性の役割認識が高い子育てや介護と仕事との両立の関係を分析し、地方に暮らす女性の生き方・楽しみ方を検討する。

比較する居住経路は、①**定住**：福井県で生まれ一度も県外居住をしたことがない者、②**流出**：福井県で生まれ、現在県外に居住している者、③**Uターン**：福井県で生まれ、一度以上県外居住歴があり、現在県内に居住している者、④**流入**：福井県外で生まれ、現在、県内に居住している者、⑤**経由**：福井県外で生まれ、一度以上県内居住歴があり現在県外居住の者、の5者である。人口減調査結果と、「流入」者である筆者の生活経験を交えながら、女性にとっての地方の生活、暮らしやすさを考えたいと思う。

本章が、Uターン、Jターン、Iターン(1)を考えている方、仕事と家庭を両立しているまたは両立したいと考えている女性やその世帯、地方自治の人口減少施策を担当する方々の一助になれば幸いである。

1 仕事と家庭の両立状況とライフスタイルの評価からみた地方・福井県

(1) 日本の状況

日本では夫婦共働き世帯が増加している。平成9（1997）年以降、夫婦共働き世帯は専業主婦世帯数を上回り、平成24（2012）年頃からその差は急速に拡大している(2)。女性の就業率の増加とともに(3)、女性のライフコースの意識にも変化がみられる。1987~92（平成4）年頃、女性が自らの結婚、出産、子育てと就業との関係について、実際になりそうだと考えるライフコース（予定ライフコース）は、多い順に「再就職」「専業主婦」「両立」であった。しかし、その後「専業主婦」が大きく減少し、2015（平成27）年には「両立」が「再就職」の次に多い結果となっている(4)。男

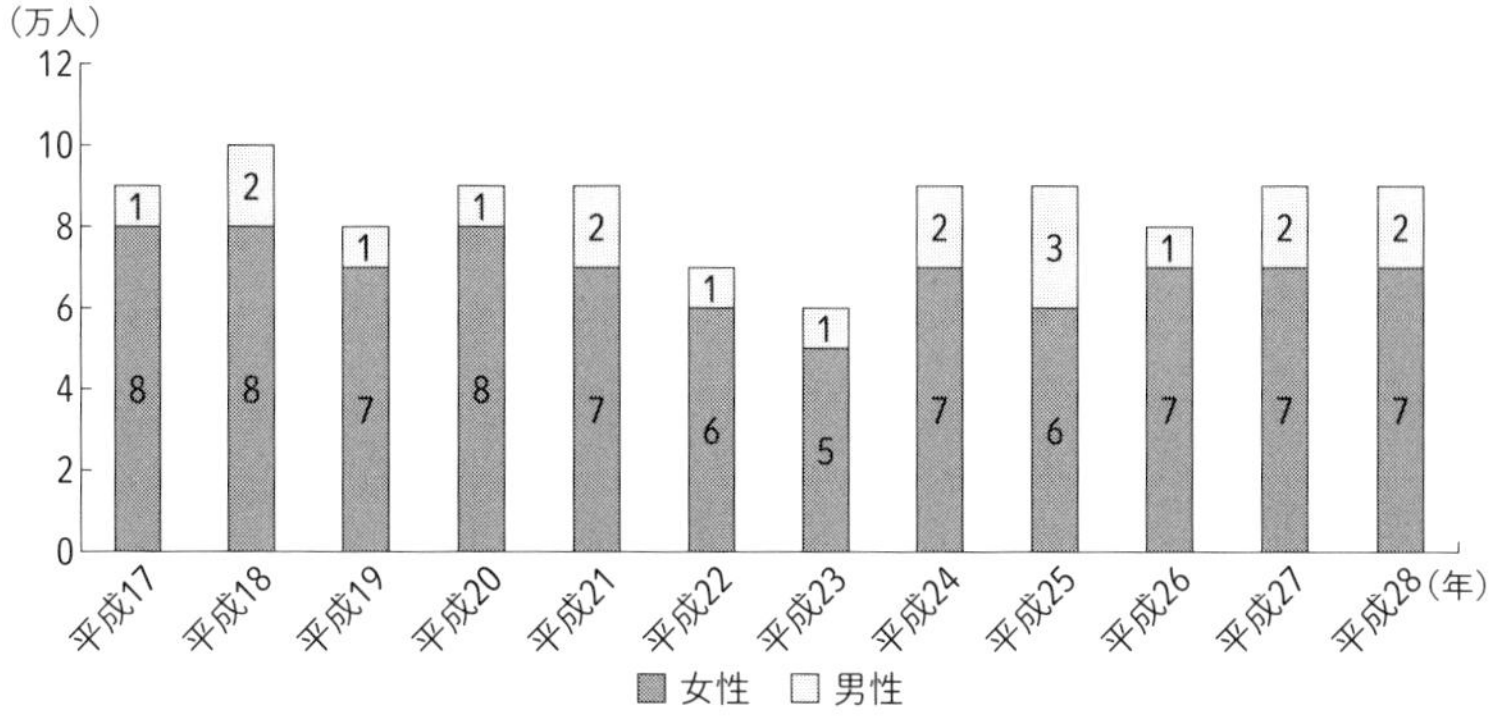

図3-1　介護・看護を理由とした離職者数の推移（男女別）

出所：内閣府「男女共同参画白書平成29年度版」を引用.

性がパートナーに望むライフコースも同様である。

ライフコースの意識の変化は、少子高齢化の進展や女性の社会進出の増加等に伴う法制度の制定や見直し、関連するプロジェクトの推進等によるところが大きい。

1986年、日本では性別を理由にした差別を禁止する「男女雇用機会均等法」が制定された[5]。その後1992年には、女性が出産後も働きやすい環境を整えるための「育児休業法」が施行され、その3年後には介護休業が追加され「育児・介護休業法」が施行されている[6]。また1999年には男女共同参画社会の形成に向け「男女共同参画社会基本法」が施行され[7]、2010年には男性の子育て参加や育児休業取得を促進するための「イクメンプロジェクト」が開始された[8]。このように、国を挙げて勤労女性の仕事と家庭の両立しやすい環境づくりが推進されることで、仕事と家庭の調和＝ワークライフバランスへの男女の意識は確実に変化してきた。しかし理想と現実には大きな開きがある。例えば、平成28年に看護・介護を理由に過去1年以内に離職した9万人の内訳をみると、男性2万人に対し女性7万人である[9]（**図3-1**）。仕事と家庭の両立に悩み、離職を余儀なくされたときに仕事をあきらめるのは女性であり、法制度が整備されても未だ子どもの育児や親の介護・看護、家事等の家庭内の役割は主に女性が担っているである。さらに、近年の未婚化、晩婚・晩産化、核家族化の進展が女性の両立環境を圧迫している。女性が親の介護や看護、配偶者や子どもの疾患、障害、就労・就学問題等の家庭内に発生する多くの課題を同時に抱え、心身の健康維持を図ることが難しくなるケースも多発している（成田 2018）。仕事と家庭の両立のしやすさは、女性の人生の質にも大きく関係するのである。

地方と大都市圏では、女性の仕事と家庭の両立状況に違いがあるのだろうか。地方・福井県を事例に両立環境をみてみよう。

（2）福井県の状況

福井県は、日本海に面した北陸3県のうちの一つである。戦前より絹や人絹織物等の繊維産業で栄えた福井県は、[10]社長輩出率が1・37％と全国首位であり、38年連続で全国トップである。[11]福井県の女性は、繊維産業の重要な担い手として、織物工場や機織りなどの家内工業で働いていた。仕事と家庭を両立する女性の生き方・働き方が現代にも引き継がれているのだろう。ものづくり福井県を代表する繊維、眼鏡、機械産業などの製造業では、現在も女性は重要な働き手であり、福井県の女性の就業率、夫婦共働き率はともに全国第1位である。[12]

また福井県は、三世帯同居率が山形県に次ぎ2番目に多い地域である。子世代が親世代から独立して住居を構える場合でも、親世代の近傍に居住するケースが多く、同じ敷地内の別家屋や、車で15分から30分の範囲内に居住している世帯が多い（杉村・石原・塚本：2019）。

さらに、県は子育て先進県として保育所の充実に努め、待機児童ゼロを実現している。[13]また「子育てマイスター地域活動推進事業」や住宅育児応援手当、副食費補助、すみずみ子育てサポート事業や病児ディケア促進事業等、先進的な施策を展開している。[14][15]その結果、2020年度の合計特殊出生率は1・56と全国平均1・36を上回っている。[16]これらの地域性、県の施策が女性の高い就業率、夫婦共働き率、合計特殊出生率につながっていると思われる（詳細は「本章第3節（1）地方・福井県に暮らす女性の生活環境　①子育てや介護と仕事との両立のしやすさ　子育てと仕事」を参照されたい）。

近年の県のトピックスは新幹線の開通である。2024年春には北陸新幹線が開通し、大都市圏との交通アクセスが格段に改善される。自家用車による移動が当たり前の地域に新幹線が開通することで、県内の就業率や合計特殊出生率を左右する女性が大都市圏に流出するのか、または大都市圏から流入するのか。地方・福井県は今、人口増減の振り子の方向性を決める重要な時期にある。

（3）居住経路の違いによる仕事と家庭の両立状況とライフスタイルの評価

ここで、人口減調査で実施した居住経路の違いによる福井県民の仕事と家庭の両立状況とライフスタイルの評価をみてみよう。

居住経路ごとに調査対象者の子どもの頃の両親の働き方をみると、経由を除く居住経路の7割の両親が夫婦共働きをしており、経由も約5割が夫婦共働きであった（図3－2）。次に両親の家事分担をみると、7割以上が「ほとんどを母親が担当」している状況であった（図3－3）。居住経路に限らず、回答者の世帯は夫婦共働きが主流で、家事は主に母親・女性がその役割を担っていた。このような両親のライフスタイルを、男性22・1％、女性37・1％が「どちらかといえば理想的ではなかった」「理想的ではなかった」と回答し、女性の方が否定的であった。

両親のライフスタイルに対する評価を居住経路ごとにみてみると、「理想的」「どちらかと言えば理想的」と回答した男性で最も多かったのは流出40・2％であり、次に多いのが経由の39・3％であった。女性では流入50％が最も多く、二番目は経由31・8％であった。男女ともに、他県の状況を知る者が福井県のライフスタイルを肯定的にみていた。一方、「どちらかといえば理想的ではなかった」「理想的ではなかった」と回答した男性で最も多かったのが流入27・3％で、次がUターン24・7％であり、女性では定住45％、流出38・5％の順であった。他県の生活状況を知る男性の一定数が県内世帯のライフスタイルを否定的にみているが、女性では他県を知らない者が否定的にみる割合が多かった（図3－4）。

他県の状況を知る者が、女性の就業率、共働き世帯が多い福井県とそれ以外の地域を比較し、福井県は女性が仕事を

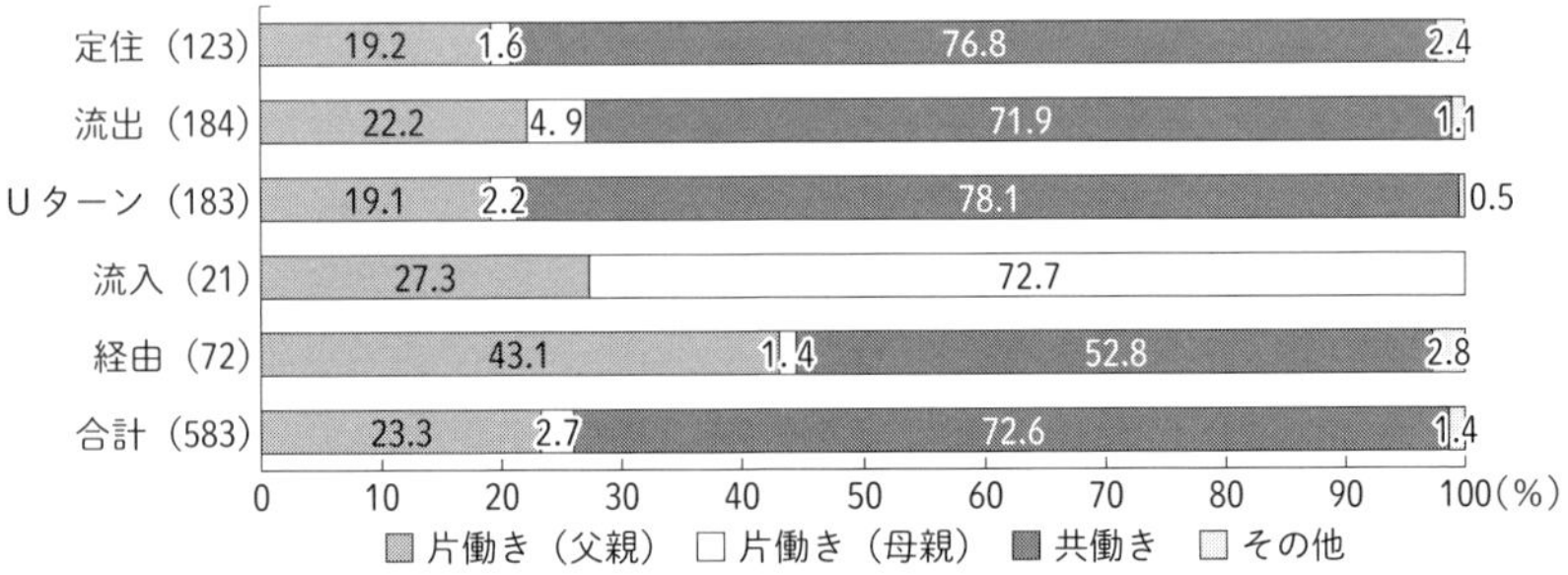

図３－２　居住経路×子どもの頃の両親の働き方

出所：福井県人口減調査 2020.

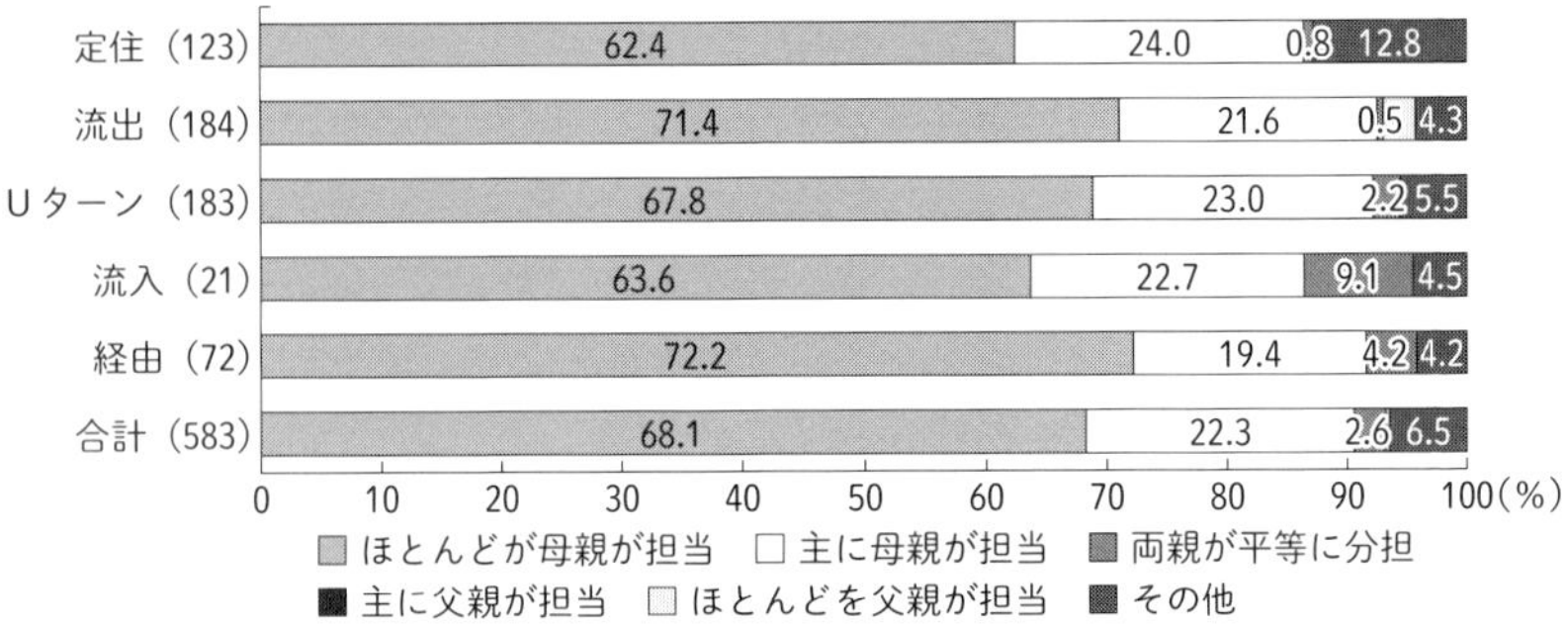

図３－３　居住経路×両親の家事分担

出所：福井県人口減調査 2020.

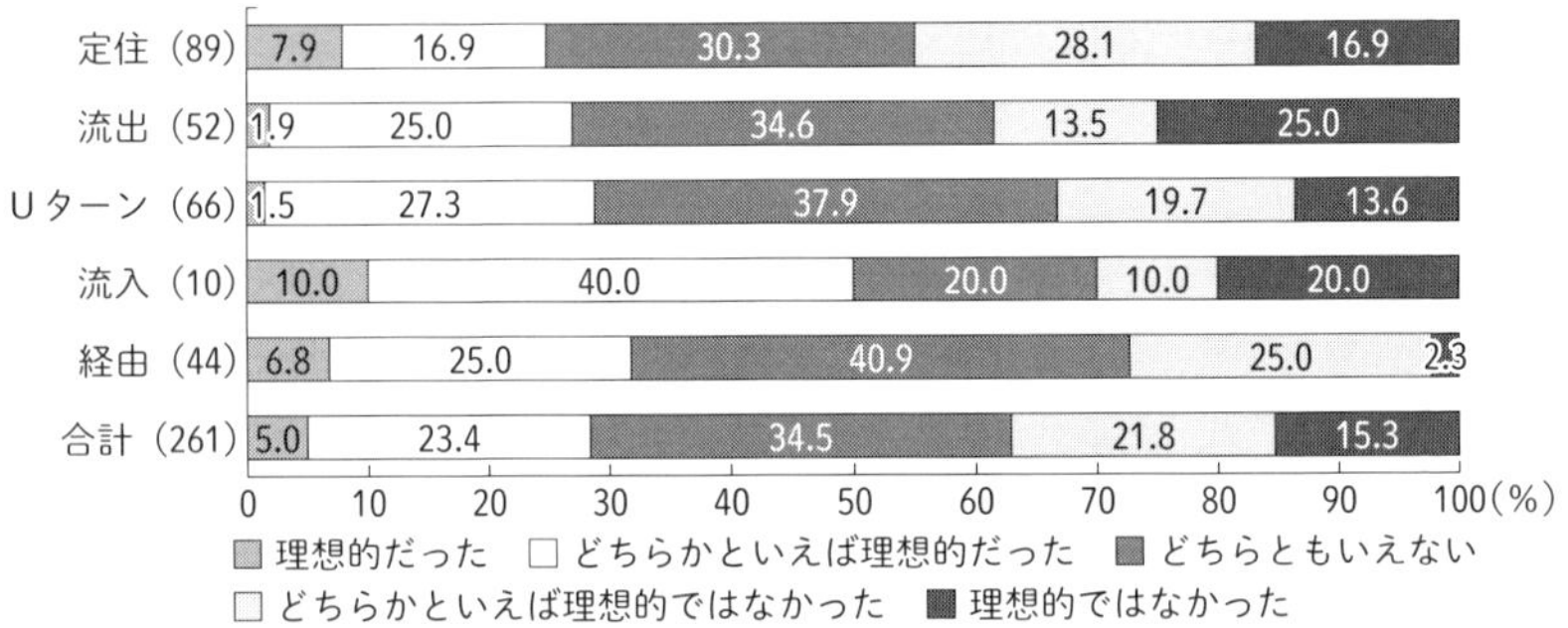

図３－４　居住経路×両親のライフスタイルの評価（女性）

出所：福井県人口減調査 2020.

することや仕事と家庭を両立すること等、家事分担含め両親のライフスタイルを肯定的にみていることから、福井県は仕事と家庭の両立を望む女性には住みやすい地域だと思われる。しかし、他県を知らない女性（＝定住）は否定的にみている者が多いことから、「隣の芝生は青く見える」のではないかと思われる。

（4）性別役割に関する理想と現実

２０２０年、日本財団が全国の18～69歳の女性1万人を対象に「1万人女性意識調査」第1回「家族・夫婦　昔と今」を行っている[17]。回答者の属性をみてみよう。就業状況は、多い順に「お勤め（正規）」32・6％、「お勤め（非正規）」27・2％、「主婦」26・3％である。家族状況は、「既婚・子どもあり」48・2％、「未婚・子どもなし」27・0％、「既婚・子どもなし」13・7％である。最終学歴は、「短大・高専・専門」34・9％、「大学」3・6％で、「修士・博士前期・専門職大学院」は2・3％、「博士課程」0・5％であった。次に、質問項目「理想の夫婦の役割分担／現実の夫婦の役割分担」の結果をみてみよう。理想の役割分担で最も多いのが「共働きで家事・育児を夫と平等に分担」の44％、2番目以降は「共働きで家事・育児は分担するが自分中心」21・4％、「夫は主に仕事、自分は主に家事・育児」が15・1％である。夫婦共働きで男女平等と考える女性が約4割いる一方で、自分が主に家事・育児を担当したいと思う女性も約3割存在していた（36・5％）。既婚かつ有職者の「現実の役割分担」をみると、「主として自分」が57・8％、次に「分担しているが自分が多い」が28％である。「分担しているが夫が多い」1・8％、「夫と平等に分担」8・5％、「主として祖父母・親戚など」0・5％と、女性以外のものが家事・育児をする家庭は10・8％にとどまっていた。理想の役割分担「共働きで家事・育児を夫と平等に分担」44％の現実は8・5％であり、理想と現実では大きな開きがあった。

次に「理想の夫婦の役割分担」を年代別でみてみよう。「家事・育児を夫と平等に分担」の割合が最も高いのが18～29歳で53・0％である。最終学歴別にみると、大卒以上が最も高く48・4％であった。既婚かつ有職者の「現実の夫婦

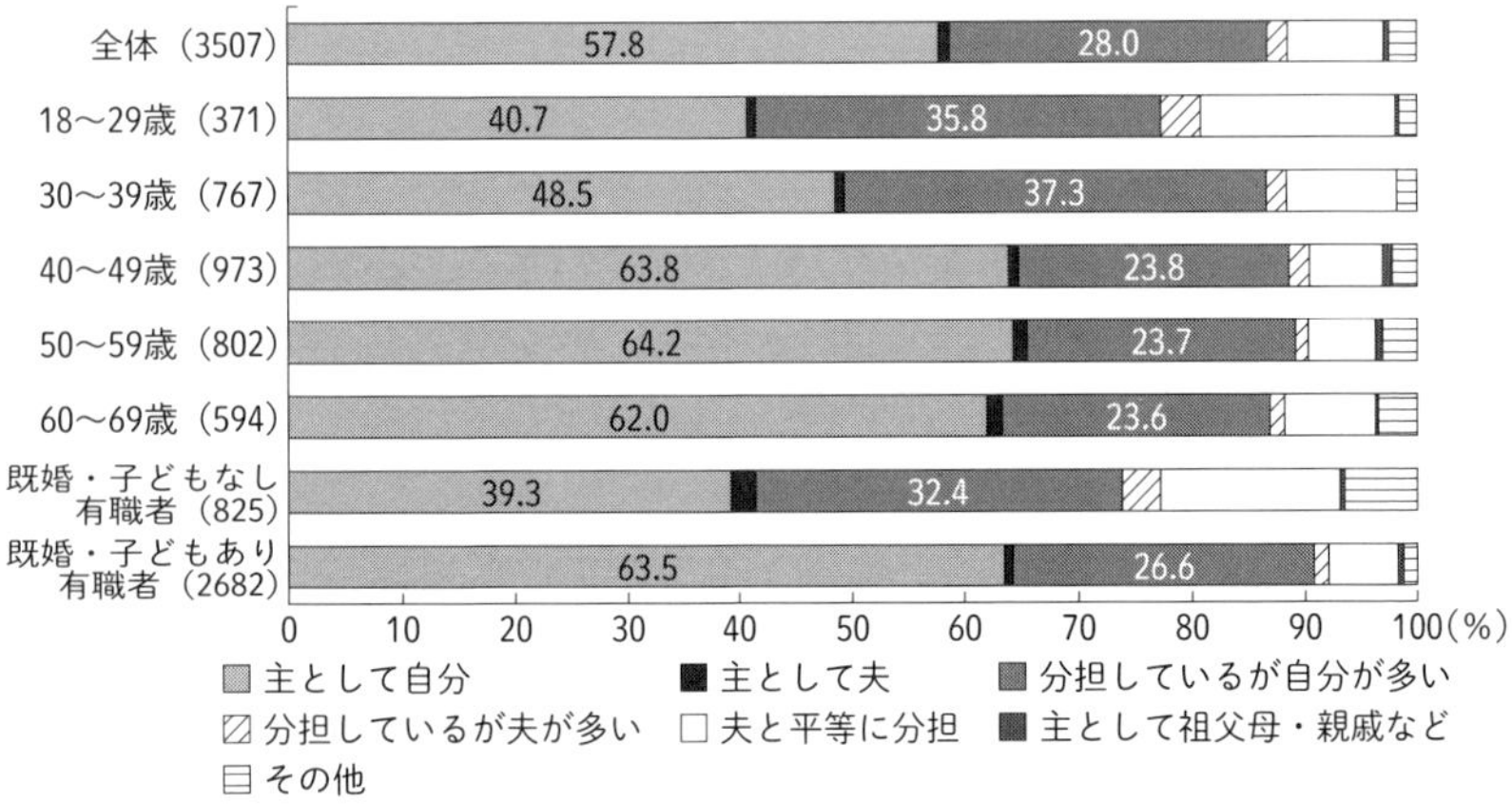

図3－5　現実の夫婦の役割分担（既婚者かつ有職者）

出所：福井県人口減調査 2020.

の役割分担」を年代別でみると、40代以上では「主として自分」が63・8%と6割を超えている。30代以下では「主として自分」が5割弱、「分担しているが自分が多い」が3割強である。また、既婚・子どもあり・有職者では「主として自分」が63・5%と6割を超えているが、子どもなしでは「主として自分」39・3%、「分担しているが自分が多い」が32・4%であった。比較的若い年代、高学歴の女性では夫婦平等の意識が高いが、実際は主に女性が行っているもしくは分担していても女性が行うことが多いのが現状であった（**図3－5**）。

これらの結果から、仕事と家庭を両立する女性が主に家事・育児を担うライフスタイルは全国共通であり、福井県の女性・世帯だけに特化した事柄ではないことが読み取れる。また、共働きで家事・育児を夫と平等に分担することを理想とする一方で、自分が主に担当したいと思う女性もいることをふまえると、夫婦共働きや夫婦の役割分担に関する事柄は、福井県の夫婦や家庭のみならず日本の夫婦・家庭個々の問題として考えるべきであり、個々の家庭が家族とよく相談し決定すべき問題なのであろう。

（5）これからの地方・福井県

夫婦共働きが多い福井県は、仕事と家庭を両立する女性も多く、流入者や経由者等、他県の状況を知る者から福井県のライフスタイルが肯定的に評価されている。このことから、結婚や出産後も仕事を継続したい女性にとって、福井県は働き続けることが容易な地域だといえる。しかし、仕事と家庭の両立のしやすさは、県の先駆的な子育て支援施策に加え、三世代同居・近居の互助によるものが大きいことも想像に難くない。三世代同居・近居による日常的な互助は、自助、共助、公助だけでは賄えない「家庭の事情」にも的確に対応することができる。しかし、親の加齢とともに介護・看護が必要になったとき、自分自身が疾患や障害等で支援が必要になったとき、いったい誰がその役割を担うのだろう。よって福井県では、親族による互助が得られない核家族やシングルマザーなどの子育て世帯の女性の役割を軽減するための、さらなる施策や地域づくりを進めることが重要であろう。障害児・者や高齢者等の介護・看護も同様である。そして、これは福井県のみならず互助が得られない核家族や子育て・介護世帯の女性全般にもいえることだと考える。

筆者は、自分自身が自分の住む地域を肯定的に評価したり、自分のライフスタイルをしあわせだと感じることができなければ、その人やその人の生活をみる者・聞く者も、その地域で暮らしてみよう、そこで世帯をもち仕事と家庭を両立しようとは思わないと考えている。その地域に居住し、家庭内で多くの役割を担いながら働く女性が「仕事と家庭の両立は大変だが楽しい」「この地域で生活できて良かった」と感じること、すなわち当該地域に住まう女性が、自分が住まう地域の自己評価を向上させる取り組みが、ひいては地方の女性活躍や地方活性化につながるのではないかと考える。そこで、自分が住まう地域の自己評価を向上させるための要素として、社会の認知度が高い「47都道府県幸福度ランキング」調査をもとに、福井県の幸福度ランキングの評価と女性の暮らしについて考えてみたい。

2 福井県の幸福度ランキングの評価と女性の暮らし

(1) 全47都道府県幸福度ランキングと帰路経路の違いによるランキング評価

一般財団法人日本総合研究所が実施する「全47都道府県幸福度ランキング2020年度版」(東洋経済新報社)で、福

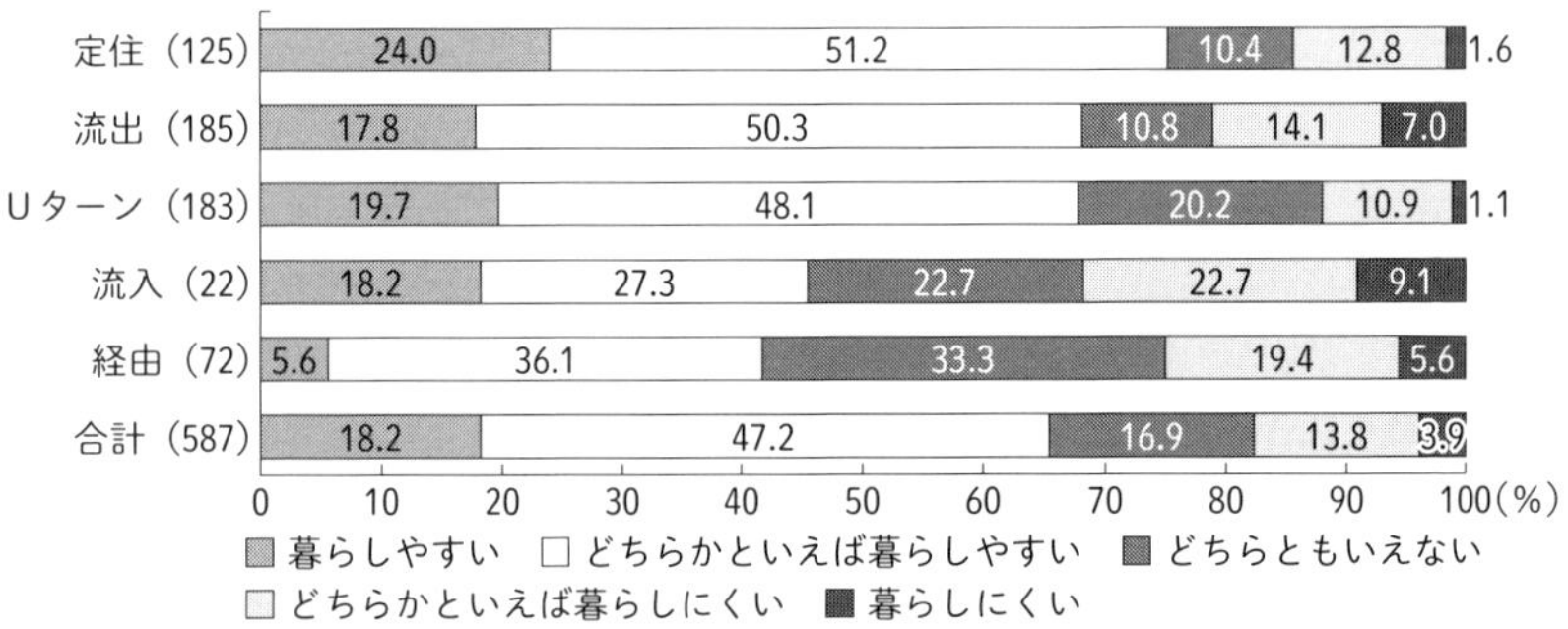

図3-6　居住経路×福井県の総合的な暮らしやすさ

出所：福井県人口減調査 2020.

井県は総合1位に選ばれている。福井県は2012年から5回連続で日本一である。この調査は、幸福の5つの指標（健康・文化・仕事・生活・教育）を客観的に図る「客観的幸福度調査」で、福井県は教育分野、仕事分野で全国平均を大きく上回り、生活分野が4位、健康分野14位と上位である。一方で、文化分野は38位と全国平均より低い。福井県は、幸福の5つの指標がおしなべて上位のバランス型ではなく、教育分野と仕事分野が特出する「特化型」なのである（第1章を参照されたい）。

この評価結果を、人口減調査の居住経路の違いからみてみよう。福井県出身の3経路：定住、流出、Uターンでは、「納得できる」「それなりに納得できる」がいずれも5割前後である（定住：51・2%、流出：60%、Uターン：46・4%）。また、福井県の総合的な暮らしやすさでは、やはり福井県出身の3経路：定住、流出、Uターンで「暮らしやすい」「どちらかといえば暮らしやすい」を合わせると7割前後に達している。この結果をみると、福井県出身者の福井県の暮らしやすさへの自己評価はとても高い（図3-6）。

（2）主観的幸福度調査と幸福度の決定要因

一方、各機関が実施している主観的幸福度調査をみると、内閣府「国民生活選考度調査」が15位、経済産業省「生活者の意識に関する調査」40位、文部科学省「地域の生活環境と幸福感についてのアンケート調査」が35位と、福井県の人々の幸福実感はいずれも低位である（第1章を参照されたい）。

表3-1　主観的幸福度総合得点の決定要因と寄与率

	決定要因	分野	感度	寄与率（%）
1	降水量	家族・生活	-0.292	16.6
2	火災死	家族・生活	-0.238	11.1
3	病院診療所	医療・福祉	0.228	10.1
4	平均寿命	医療・福祉	0.223	9.7
5	気分障害	医療・福祉	-0.219	9.3
6	脳血管死	医療・福祉	-0.204	8.1
7	パワハラ	経済・労働	-0.192	7.2
8	映画館	家族・生活	0.161	5.1
9	精神病床	医療・福祉	-0.152	4.5
10	自然公園	家族・生活	0.147	4.2
11	交際費	家族・生活	0.137	3.7
12	未婚率	家族・生活	-0.126	3.1
13	社会福祉費	医療・福祉	0.113	2.5
14	ピアノ	家族・生活	0.106	2.2
15	老人福祉費	医療・福祉	0.086	1.4
16	学童保育	教育	0.081	1.3

出所：鈴木・田辺（2016：93-112）を引用.

なぜこのような違いが出るのだろう。客観的幸福度は調査の主宰者が個人的見解に基づいて幸福度に関係すると思う経済社会指標を選定し、その集計結果から算出する。そのため、地域住民の主観的幸福度を反映しているとはいいがたい。これに対し、本来的には各都道府県の住民が幸福と感じている程度を直接調査、集計したのが主観的幸福度である（鈴木・田辺：2016）。人口減調査では、福井県での生活経験しかない者に加え他県での生活経験があり、他県と福井県を比べることができる者も回答している。そのため人口減調査には、その者たちの主観的要素が加わっているといえる。

他の主観的幸福度調査に比べ福井県の評価が高いのはなぜなのか。その答えを探るため、主観的幸福度の決定要因に関する研究をみてみよう。

鈴木らの調査研究では、地元住民の主観的幸福度の決定要因16種の寄与率を分野別に集計している。その結果から、主観的幸福度の決定要因は「家族・生活」「医療・福祉」の2分野の要因でほとんどが説明できるという（鈴木・田辺：2016）。

主観的幸福度への寄与率は、多い順に、降水量16・6％（家族・生活）、火災死11・1％（家族・生活）、病院診療所10・1％（医療・福祉）、平均寿命9・7％（医療・福祉）、気分障害9・3％（医療・福祉）、脳血管死8・1％（医療・福祉）である。それ以外の決定要因は、パワハラ7・2％（経済・労働分野：7番目）、学童保育1・3％（教育分野：16番目）である（表3－1）。そこで、主観的幸福度を決定する「家族・生活」分野と「医療・福祉」分野の特徴的な要因から地方・福井県の暮らしを分析し、福井県の評価が高い要因と主観的幸福度をさらにアップする方法を考えてみよう。

（3）家族・生活分野からみた地方・福井県の暮らし

家族・生活分野では、寄与率が主観的幸福度を最も下げる降雨量を取り上げ分析する。

①主観的幸福度と降水量

日本海側にある北陸・福井県は、北西から日本列島に吹きつける季節風の影響で冬の降雪量が多く寒さも厳しい。福井県の降水量は平年値で1月が最も多く8月が最も少ない。年間の降水量は2369㎜で、全国平均値1072㎜をはるかに上回る。福井県は冬期の降雪により降水量が多い県なのである[19]。大量の雪は、道路の雪かきや屋根の雪下ろしなど、個人や家族だけで対処することが困難なことが多い。小柄でちからがない女性の場合はなおさらで、家族や近隣住民、友人等の手助けが必要になる。そこで人口減の調査から、地域とのつながりや助けあいやすさに関する項目を、居住経路の違いでみてみようと思う。

地域とのつながりやすさで「つながりやすい」「どちらかといえばつながりやすい」を合計した割合は、すべての移住経路で50％を超えている。最も多いのが定住72％、最も少ないのが流入50・2％であった。近所での助け合いやすさでも、「しやすい」「どちらかといえばしやすい」の肯定的評価の合計が5経路すべてで50％を超えており、最も多いのが流出73・0％、最も少ないのが経由50・0％であった（図3－7）。

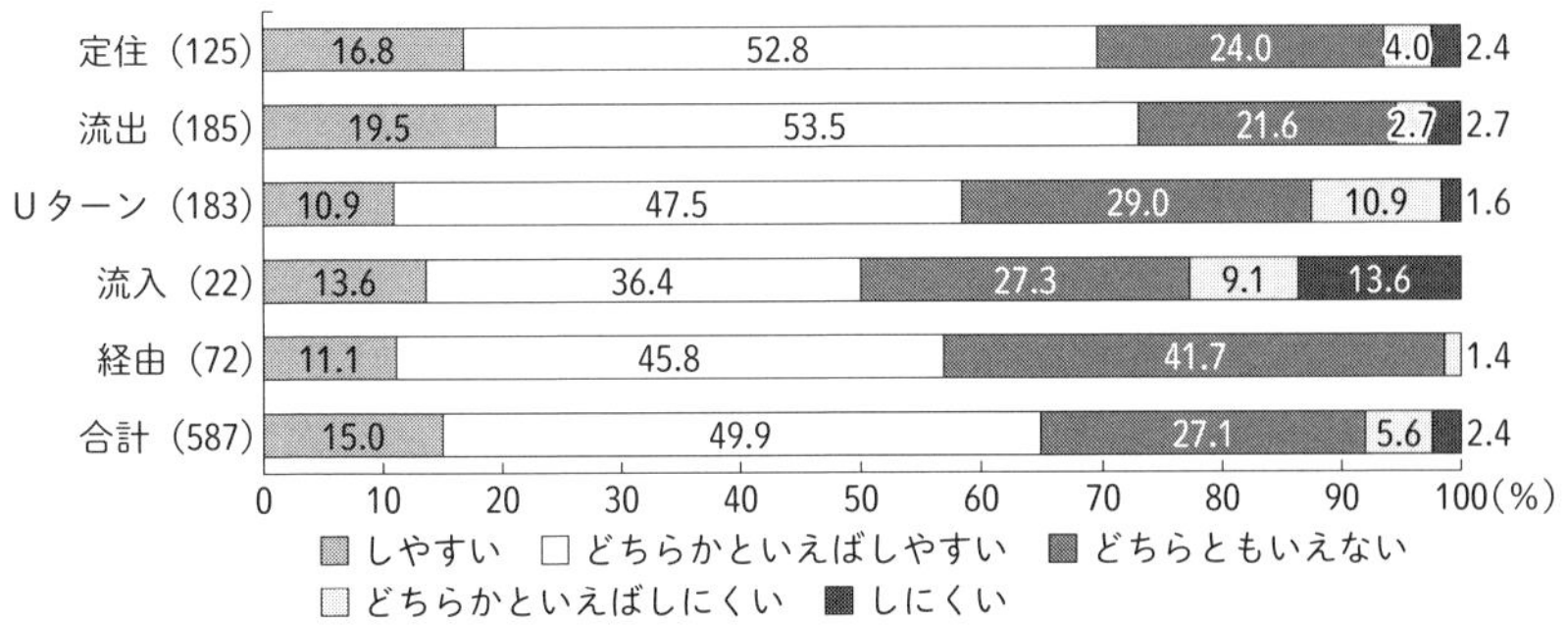

図3-7　居住経路×近隣での助け合いやすさ

出所：福井県人口減調査 2020.

この結果を、東京から福井に流入した筆者の経験を交えて考えてみよう。

筆者は、福井に流入するまで雪国の冬を経験したことがなかった。そんな筆者に雪国の暮らしの知恵を授けてくれたのは、職場の同僚だけでなく近隣住民や巡回中の警察官、宅配荷物で関わる宅配業者の方たちであった。向こうから声をかけてくださる方が多く、とても心強くうれしく感じた。また、近隣住民と一緒に駐車場の雪かきをしたり、雪道で立ち往生した車を周辺の運転手が総出で救出する場面をみたり聞いたりすることで、雪が住民同士のつながりや助け合いを生む手段になっていると感じ、雪もまた良いものだと思っている。

人々とのつながりの豊かさは、情報や行動の普及や助け合い、規範形成を通じて健康に寄与することが指摘されている（相田・近藤 2014）。筆者は福井に来て心の健康が保たれるようになったと感じている。雪が筆者の冬季の健康を維持するツールになっているのである。

一方、自家用車によるマイカー通勤が主流の福井県では、冬季は霜で凍って見えなくなったフロントガラスの氷を解かさなければ車が出せず、出車までに時間がかかる。また、雪が降った日は自家用車の屋根に積もった雪を下ろし、車周囲の雪かきをしなければならない。さらに凍った道路での事故を避けるため、全員のろのろ運転で進むため、自家用車で15分~30分の通勤に1~2時間を要する。豪雪時には車通勤をあきらめ、徒歩で1時間以上かけて出勤することもある。近年は降雪量が減り、豪雪は数年に一回程度しかない。1年のうちたったの2~3か月、数回程度のことであっても、最低気温がマイナス3度まで下がる冬の朝に、時間と体力を要する雪国・福井県の暮らしは、子どもや女性、高齢者、疾患や障害でちからや体力がない者には過酷であるに違いない。2020年度に実施した人口減調査の回答者は、福井県の豪雪を経験したことがない者も多く含まれ、その者たちの主観的幸福度には降雪量の影響が少ないと思われる。むしろ、雪を媒介にして生まれる地域のつながりや助け合い、子どもの頃の雪遊び等の楽しい記憶が、雪国・福井県の主観的幸福感を上げる要因になっているのかもしれない。

②デメリットをメリットに変えるしかけ

雪害はテレビでも大々的に取り上げられ、県外の方には雪国＝過酷な暮らしのイメージが強いのではないかと思う。しかし、雪を媒介にして生まれる地域のつながりや助け合い、またスキーや雪合戦等の雪遊び、雪かきによる全身運動など、降雪によるメリットも多い。メディアはデメリットだけを取り上げるのではなく、メリットに目を向ける・発信することで、雪国の自己評価や主観的幸福度がアップし、そのことが他者評価のアップにもつながるのではないかと考える。

（4）医療・健康分野からみた福井県の暮らし

医療・健康分野では、全体の寄与率4番目、医療・福祉分野で2番目の平均寿命を取り上げる。寄与率3番目、医療福祉分野1番目の病院診療所については「本章第3節（1）地方・福井県に暮らす女性の生活環境　①子育てや介護と仕事との両立のしやすさ　介護と仕事」を参照されたい。

①福井県の平均寿命

令和2年度版厚生労働白書によると、1990（平成2）年に男性75・92歳、女性81・90歳であった平均寿命は、2

019（令和元）年までの約30年間で約5年以上伸びて男性81・41年、女性87・45年である[20]。平均寿命とは、その年に生まれた0歳児が何歳まで生きられるかを統計から予測したものである（0歳の平均余命）。一方、福井県の男性は平成2年・7年・12年が全国2位、17年4位、22年が3位と全国順位が上位である。また女性は、平成12年2位、22年7位、27年が87・54歳で全国5位である[21]。福井県の男女は、地方の中でも平均寿命が長い地域なのである。

②福井県の健康寿命

２０００年ＷＨＯ（世界保健機関）によって提唱された新しい健康指標に健康寿命がある。健康寿命とは、日常生活に制限ない期間の平均を表しており、日常生活動作が自立し、健康で過ごせる期間のことである。２０１６年の全国平均は、男性が72・14歳、女性が74・79歳で、同年の福井県は72・45歳（全国10位）、女性75・26歳（全国14位）である。２０１０年、２０１３年、２０１５年の平均値は、男性78・14歳（全国6位）、女性74・95歳（全国10位）と、福井県は健康寿命も上位である[22]。

厚生労働省は、健康寿命延伸プランに①健康無関心層も含めた予防・健康づくりの推進、②地域・保険者間の格差の解消に向け「自然に健康になれる環境づくり」や「行動変容を促す仕掛け」の2項目を掲げ、健康な食事や運動ができる環境、居場所づくりや社会参加、行動経済学の活用、インセンティブ等を手法とする取組を推進している[23]。国のプランを例に福井県の生活環境をみてみると、福井県は三世代同居・近居による活発な家族間の互助や、夫婦共働き、自営業者や兼業農家が多く、生活の中で身体を動かす機会が多い。また福井県には国立公園、国定公園、県立自然公園などの自然公園が多く[24]、各所に遊歩道やキャンプ場、広大な土地を活かした運動公園や広場、スポーツ施設が整備されている。日本海を利用したマリンスポーツ、スキー場やアスレチック等、県内の自然を活かした施設も多い[25]。屋内外ともに安価な費用で施設を利用することができ、大人から子どもまで、家族や仲間と一緒に多様なスポーツを楽しむことができる。さらに、自然を宝庫にした新鮮な海や山の幸、広大な平野で収穫されるおいしいお米や野菜が多く、日常的に新鮮かつ栄養価の高い食材を使った健康的な食事をとることができる。加えて、福井県は就職率や女性の有業率、青少年・女性・高齢者者講座数、ボランティア活動の年間行動者率（15歳以上）が高く[26]、社会参加や地域の居場所づくりが非常に活発である。

このように福井県は、地域の中に国が示す「自然に健康になれる環境」があり、「健康な食事や運動ができる環境」「居場所づくりや社会参加」が日常生活の中に組み込まれている。この羨ましいほどの贅沢な生活環境が、福井県の健康寿命を延伸させているのであろう。

③さらなる健康寿命の延伸

大都市圏では、高いお金とわざわざ時間を使ってそこに行かなければ手に入らないイベントごとが、地方では日常生活の中に組み込まれ日常化している。地方に暮らす人は、自分が住まう地域や生活活動そのものが自分や家族の健康につながることを知り、それらを楽しむことで自立した生活が継続できるのではないだろうか。豊かな自然を活用し、高齢になっても元気に自立した生活を送り健康寿命を延伸したいものである。

3 子育て×介護×家事×しごと！　地方に暮らす女性の生き方・楽しみ方

豊かな自然、健康的な生活環境がある福井県の女性は、夫婦共働きが多い。しかし調査結果をみると、全国に比べ、県内の男性の女性に対する支援が必ずしも多いわけではない。勤労女性が仕事と家庭を両立するためには、仕事の負担に加え家庭内での子育てや介護、家事負担をいかに軽減するかが重要になる。国や自治体による支援制度や施策があっても、いざ自分が両立する立場になると、悪戦苦闘する女性がほとんどである。

しかし、どうせやるなら元気に楽しくやりたいものである。

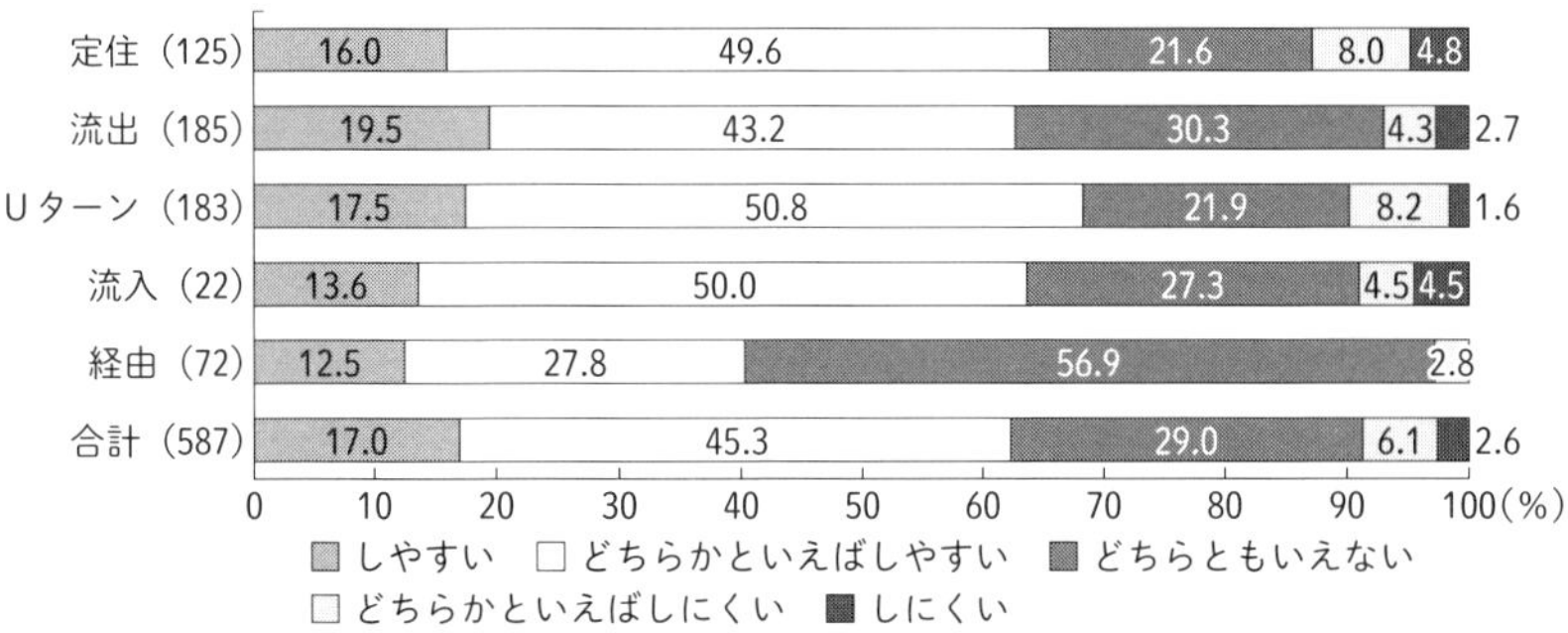

図3－8　居住経路×仕事と子育ての両立のしやすさ

出所：福井県人口減調査 2020.

本章では、地方・福井県に暮らす女性の生活環境を事例に、子育てと介護、家事、仕事を同時にこなす女性の生き方・楽しみ方を考えてみたい。

（1）地方・福井県に暮らす女性の生活環境

① 子育てや介護と仕事との両立のしやすさ

子育てと仕事

福井県の子育てのしやすさを人口減調査の居住経路の違いからみてみると、経由だけが約5割「どちらともいえない」と評価しているが（48・6％）、それ以外の居住経路者の7割は肯定的な評価をしている。子育てと仕事の両立のしやすさでは、子育てのしやすさと同じく経由のみ「どちらともいえない」が5割を超えているが（56・9％）、それ以外の居住経路者の6割が肯定的である（図3－8）。

福井県の同居・近居の親を持つ子育て中の女性は、実家または嫁ぎ先の「おばあちゃん」に家事や孫の世話をお願いしている人が多い。「おばあちゃん」の支援があることで、子育て中の女性は子育てのすべてを抱え込まなくても良く、過度な負担なく仕事との両立を継続することができる。筆者の周囲でも「おばあちゃんがいつも夕食の準備をしてくれる」「（保育園の）お迎えはいつもおばあちゃんがしてくれているので安心」と話す女性が多数存在する。また、休日のスーパーでは、3世代家族が和気あいあいと楽しそうに買い物をしている姿を頻繁に見かける。

孫の世話で「おばあちゃん」が威力を発揮するのは、子どもや大人の急な病気、仕事や用事等で手が回らない時である。子育て中の女性にとって、電話1本、LINE1通で気軽にお願いできる親の存在ほど心強いものはない。流出やUターンの評価が高いのは、福井県では当たり前に行われているおばあちゃんによる互助が、子育てのしやすさや仕事との両立をしやすくすることを見て感じることで理解しているからであろう。このように、福井県では三世代同居・近居による互助が子育てや仕事との両立をする女性の大きな支援と安心材料になっている。

福井県では、親族の互助に加え子育て支援や両立支援策が充実している[27]。子育てに関する悩みや不安の相談に乗る相談員や助言者を子育てマイスターとして募集・登録し、地域で気軽に相談できる「子育てマイスター制度」や、18歳未満の子どもが3人以上いる家庭を対象に、協賛店舗で買い物や食事の割引や特典を受けることができる「すまいるFカード」、保護者の冠婚葬祭への参加や病気などで子育ての手助けが必要な場合、シルバー人材センターやNPO法人などで一時預かり等を行う「すみずみ子育てサポート」、発熱などで保育所を利用できず仕事も休めない時や病気治療中の乳幼児を預かる「病児保育」、病気が治り回復期にある乳幼児を預かる病後児保育などの「病児ディケア」などがある。また、18歳未満の子どもが3人以上いる家庭の経済的負担を軽減する「新ふくい3人っ子応援プロジェクト」、育児のために短時間勤務制度を活用する人が、第二子以降の出産で育児休業を取得した場合に国が支払う育児休業給付金の支給額を上乗せする「ふくいの子宝応援給付金」等は、経済的な不安をも軽減してくれる。そして、県では広大な土地と空間を活かした保育施設の整備により、令和2年4月1日時点での福井県の保育所等待機児童数がゼロである[14]。県内に親の子育て支援がない流入の6~7割が、福井県の子育てや仕事との両立のしやすさを肯定的に評価しているのは、県の優れた子育て支援策によるところが大きいと思われる。

地域には、三世代同居・近居による互助をはじめ多くの子育てや仕事との両立支援がある。困ったときは一人で抱え込まず、是非声に出し訴えて欲しい。家庭や職場、地域には今の自分と同じような経験をした人がいて、話を聞いてくれる・つらさを共感してくれる。専門職の支援に加え地域に多様な共感者がいることで、ともすれば孤独に陥りがちな

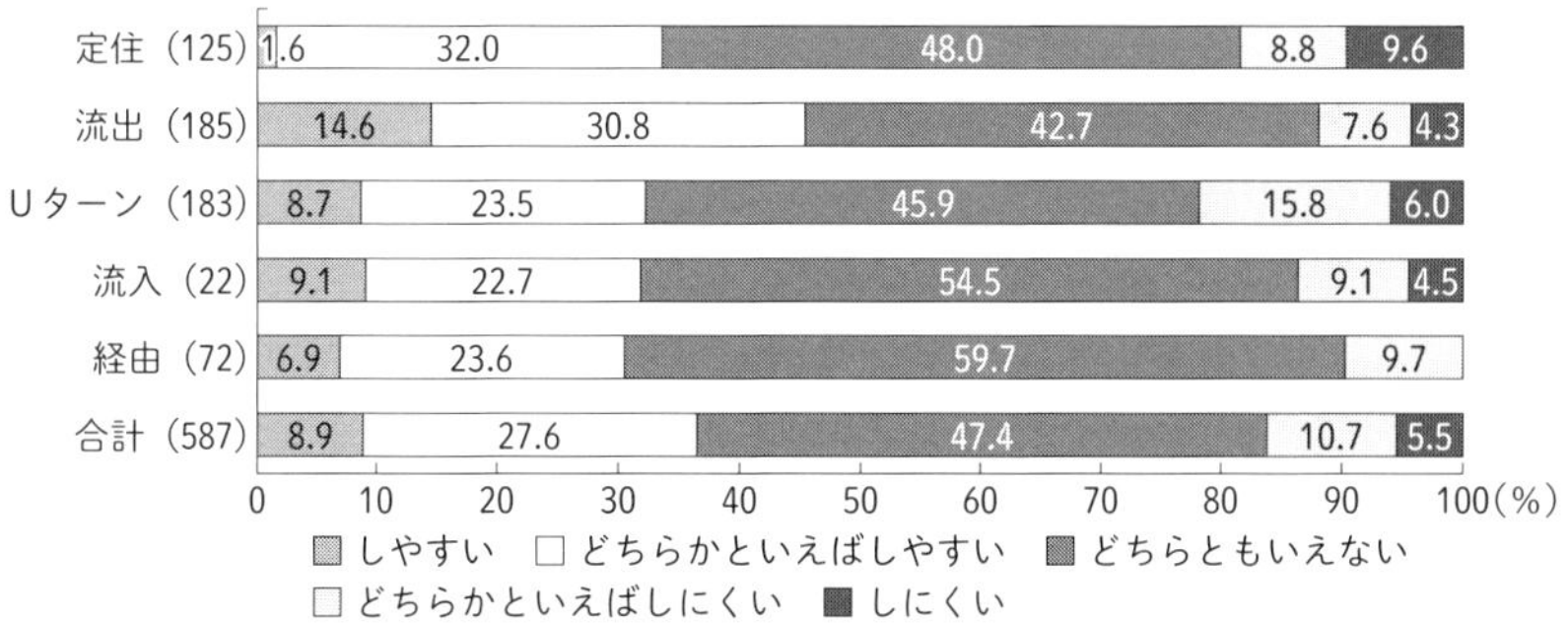

図3-9　居住経路×仕事と介護の両立のしやすさ

出所：福井県人口減調査 2020.

子育てや仕事との両立が楽になるはずである。今しかできない子育てを楽しみ、笑顔でいきいきと仕事をする母親の姿が、子どもたちの健全な成長の支援にもつながっていく。

介護と仕事

次に地方・福井県の介護状況をみてみよう。

福井県での介護のしやすさをみると、流入が肯定的な評価（しやすい、どちらかといえばしやすい）と否定的な評価（どちらかといえばしにくい、しにくい）が拮抗している。しかし、他の経路では肯定的な評価が否定的な評価より多く、否定的な評価はいずれも1～2割程度である。仕事と介護の両立のしやすさでは、流出の肯定的な評価が最も高い。「しやすい」「どちらかといえばしやすい」を合わせると約5割が肯定的評価をしている（45・4％）。その他の経路者も3～4割が肯定的な評価をしており、どの経路者も肯定的な評価が否定的な評価を上回る。否定的な評価が最も多いのはUターンで、約2割（21・8％）の者が「どちらかといえばしにくい」「しにくい」と評価している（図3-9）。

令和2年版高齢社会白書によると、65歳以上の要介護者等で介護が必要になった主な原因は「認知症」が18・7％と最も多く、次いで、「脳血管疾患（脳卒中）」15・1％、「高齢による衰弱」13・8％、「骨折・転倒」12・5％である。男女別では、男性が「脳血管疾患（脳卒中）」23・0％、女性は「認知症」が20・5％である。介護は疾患の発症・入院をきっかけに必要になる人が多い[28]。医療と介護は切っても切り離せないのである。

福井県の医療と介護の状況をみてみよう[29]。

福井県の入院医療の充実度は、全国を1・00として一人当たりの急性期医療密度指数1・16、慢性期医療密度指数1・12で、急性期・慢性期医療ともに全国平均レベルをわずかに上回る。人口10万当たりの病院数も8・5（全国6・6）と全国レベルを上回るが、診療所数は73（全国80）と全国レベルより少ない。県内の地域性をみると、病院・診療所はともに福井・坂井地区に集中している（病院数県内シェア51％、診療所数県内シェア57％）。

人口10万当たりの病院＋診療所の病床数も1496（全国1291）と全国レベルより多い。病床内訳は、一般病床820（全国701）、療養病床255（全国251）、精神病床294（全国259）、回復期病床56（全国64）、地域包括ケア病床124（全国63）で、脳血管疾患や骨折等の治療終了後にリハビリを専門に行う回復期リハビリ病床を除くすべての病床が全国レベルを上回る。また、公的病院の一般病床比率は61・4％（全国44・3％）、療養病床比率9・7％（全国5・2％）で、どちらも全国レベルを上回っている。人口10万当たりの全身麻酔件数は1800（全国1・745）と全国レベルを上回り、分娩件数は703（全国727）と全国レベルより若干少ない。

医師・看護師、薬剤師、理学や作業等の療法士数をみてみよう。人口10万あたりの総医師数は248（全国245）と全国と同じレベルであるが、診療所医師数が68（全国82）と診療所の医師が少ない。また、75歳以上1000人当たりの在宅支援診療所も数も0・5（全国0・9）と少なく、訪問診療を行う診療所や訪問診療医が全国レベルを下回る。総看護師数は1022（全国901）、総療法士数215（全国110）と全国レベルを上回り、総薬剤師数は186（全国245）と全国レベルを下回る。75歳以上1000人当たりの訪問看護ステーションは0・9（全国0・7）と全国レベルをやや上回る。

介護施設をみると、福井県の75歳以上1000人当たりの総高齢者施設・住宅定員数は104（全国105）と全国平均レベルである。介護保険施設の定員数は73（全国62）と全国平均レベルを上回り、そのうち老人保健施設（老健）の定員数は27（全国23）、特別養護老人ホーム（特養）42（全国36）、介護療養病床数3・8（全国3・2）である。しかし有料老人ホーム4・0（全国14・8）、高齢者住宅31（全国44）は全国平均レベルを下回っている。

75歳以上1000人当たりの介護サービス従事看護師数（常勤換算）は11・9（全国10・7）で、そのうち訪問系の看護師は4・0（全国3・4）と全国レベルを上回る。介護サービス従事介護職員数（常勤換算）は96（全国93）で、うち在宅系の介護職員数は7・5（全国13・4）と全国レベルを大きく下回っている。これらの数値を総合すると、福井県は病院医療・施設ケアが発達している地域だといえる。

医療や介護支援が発達していても、双方がバラバラでは十分な支援体制とはいえない。福井県の医療と介護の連携は、病院の入退院を支援する福井方式や、県内の医療機関の情報を共有するための医療システム「ふくいメディカルネット」で行われている。ふくいメディカルネットは、患者さんの同意のもと、病院の電子カルテを連携する地域の病院や診療所、歯科医院、介護施設等で閲覧することができるシステムである。病院で受けた検査等を自宅近くの診療所で閲覧することができるため、検査結果や処方内容の活用やスムーズで適切な診断・診療を受けることができ、住民にとってのメリットは大きい。このシステムには職種間のコミュニケーションツールも整備されており、連携する専門職が支援情報を共有することできる。これにより、関連職種は多様な職種と連携・包括的な支援を提供することができ、質の高い支援を提供することができる(30)。

施設ケアが発達した背景には、三世代同居・近居による互助が関係すると思われる。親世代の互助による子育て支援を受けていた若夫婦が、親が倒れ看護・介護が必要になったときに抱える課題は、それまで親が日常的に行っていた子育てや家事と仕事との両立、そして親の看護・介護である。特におばあちゃんが倒れた場合は大変である。働きながらの家事・育児に、おばあちゃんの看護・介護とおじいちゃんの世話が加わる。福井県は他県に比べ男性が積極的に育児や家事・介護を手伝う県ではない。にもかかわらず「3人っ子応援プロジェクト」等の子育て支援がある福井県は子だくさんの世帯が多い。子育て中の勤労女性は、親が倒れた日を境に一気に手が回らなくなるのである。老夫婦もそれを理解しており、疾患や加齢で子育てや家事支援ができなくなると、自ら施設入所を希望する。国が進める在宅ケアには反するが、子育てと介護のダブルケアだけでなく、家族の健康管理や祖父のお世話、仕事などの多重ケア（成田：2018）を抱える女性に在宅ケアは勧められない。できないものはできないと割り切り、地域の資源を利用して親を看護・介護することが大事である。

福井県の入院・入所施設の整備状況も、介護と仕事の両立のしやすさに関係する。大都市圏では、高齢者施設への入所を希望しても、自宅近くには高額な有料老人ホームしかなかったり、手ごろな施設があっても空きがない、高額である場合が多く、在宅ケアを選択せざるを得ない。入所施設が多い福井県では、比較的容易に希望施設に入所することができる。安価な公的施設への転入所も早いため、施設費用による過度な家計の圧迫も少ない。流出が他の移住経路より肯定的な評価をしているのは、居住地域と福井県の入所施設の整備状況を比較することができるためだと思われる。

流入の評価が否定的になるポイントは、自宅で看護・介護したくても訪問診療や介護等の在宅ケアサービスが少ないこと、県外との交通アクセスの悪さだと思われる。流入者の親に介護が必要になった時、移動に必要な公共交通機関の本数が少なく、新幹線や飛行機への乗り換えも不便である。さらに新型コロナウイルス感染症の拡大以降、県をまたぐ移動が困難になった。新型コロナウイルス感染症は、遠距離介護者に過酷な試練を与えている。

子育てと違い介護には終わりがみえない。特に自宅で看護・介護する女性は終わりがない介護に疲弊していく。親を介護する女性自身の身体と心の健康を保てるよう、適切なサービスを利用することが重要である。現在福井県は北陸新幹線の開業に向けた工事を進めている。新幹線の開業により、大都市圏へのアクセスが格段に改善されるであろう。それに伴い、流入者の遠距離介護問題も改善されることを期待したい。

②持ち家の取得しやすさと子育てや介護と仕事の両立

次に、福井県の持ち家の取得しやすさを人口減調査の居住経路の違いからみてみよう。調査では、居住経路の別に関

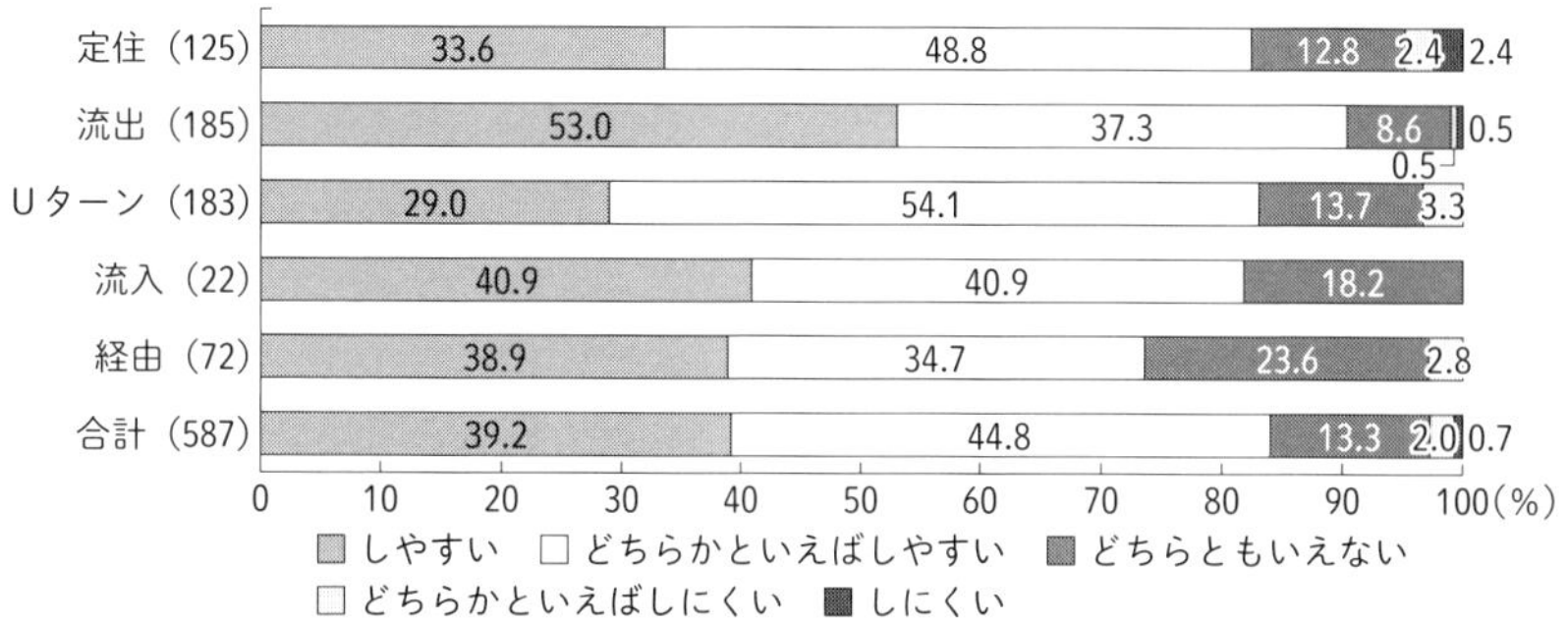

図3-10　居住経路×持ち家の取得しやすさ

出所：福井県人口減調査 2020.

係なく7~8割の人が「(持ち家を取得)しやすい」と評価している。特に流出では5割以上が「(持ち家を取得)しやすい」と評価しており、「どちらかといえばしやすい」を含めると9割以上が肯定的な評価をしている（図3-10）。

平成30年住宅・土地統計調査によると、福井県の持ち家住宅率（居住世帯のある住宅全体に占める持ち家の割合）は全国3位で、一戸建率（居住世帯のある住宅全体に占める一戸建の割合）は全国4位である。また、専用住宅（居住の目的だけに建てられた住宅で、店舗、作業場、事務所など業務に使用するために設備された部分がない住宅）の1住宅当たりの居住室数は全国2位、居住室の畳数は全国3位、延べ面積は全国2位である[31]。

東京都心から福井に流入した筆者は、高層ビルやマンションがほとんどなく、一軒家が続く見晴らしの良い福井の街並みにとても感動した。また、転居先の住宅は、転居前に住んでいた住宅の約1／7の家賃、床面積は約2倍で、広々とした室内空間をとてもうれしく感じた。福井県内の新聞の折り込み広告で見る新築一軒家を例にとると、福井県内の新築一軒家の値段は、都区内マンションの1／3~1／4で、広さは倍以上ある。福井県は、広くて安価な一軒家を取得しやすいと実感した。さらに、県内での生活に欠かせない自家用車の駐車場は、青空駐車場ではあるものの費用は1／20以下である。筆者は流入当初、これは何かの間違いではないかと何度も確認したことを覚えている。加えて、転居後懇意になった近隣住民から「娘たちが室内で新体操の練習をしている」と聞き、体操の練習ができるほどの広い居住空間や、生活音を気にすることなく子育てできる居住環境がとても贅沢だと感じた。

筆者はかつてマンション生活で、毎日子どもたちの笑い声や室内を走り回る足音に気を遣っていた。実際に上・下・隣に住む住民から何度もお叱りを受け、それが原因で転居した経験もある。自宅一軒家なら、子どもたちが出す音が原因で近隣住民とトラブルになることもなく子育てができる。また、家族の数だけある個室や広い生活空間があれば、荷物の置き場に困ることもなく、子どもがどんなに騒いでも自室でゆっくり休息することができる。お料理も、広い台所でゆったりとつくることができるため、料理を趣味とする女性にはもってこいの環境である。さらに、庭のある暮らしは、子どもだけでなく大人も日常的に自然と触れ合う機会になる。落ち着いて生活できる豊かな居住環境が身体と心の健康を支え、生活にゆとりと潤いを与える。日々の生活を楽しみ、ゆっくり休息できる居住環境が、子育てや介護、仕事との両立を継続するための活力につながると思う。

③ 通勤のしやすさと子育てや介護と仕事の両立

次は、通勤のしやすさをみてみよう。福井県では、自動車は人々の足となっており、通勤も自家用車を使用する人が多い。福井県の世帯あたりの自動車保有台数は約1・8台で全国一位である。また、人口1000人当たりの保有台数の順位は576・1で8位である（平成19年3月末現在）[32]。

福井県立大学健康長寿研究会が平成19年度から24年度にかけて実施した調査によると、県内6市町を対象とする勤労者の73%が片道通勤時間30分未満で、13・9%が30分~1時間未満、1時間以上が2・3%と、実に4分の3近くが片道30分未満の通勤時間であった［杉村・石原・塚本編 2019］。地方・福井県は、職住近郊型のマイカー通勤地域なのである。

人口減調査による通勤のしやすさでは、経由が否定的な評価をしており、流出、流入では肯定的・否定的評価が拮抗している。Uターンでは肯定的な評価（53・0%）が否定的な評価（18・6%）を大きく上回っている。経由者は、マイカーをもたず公共交通機関や友人等の車に乗り合わせての移動が考えられる。車社会の福井県は公共交通機関が少ない

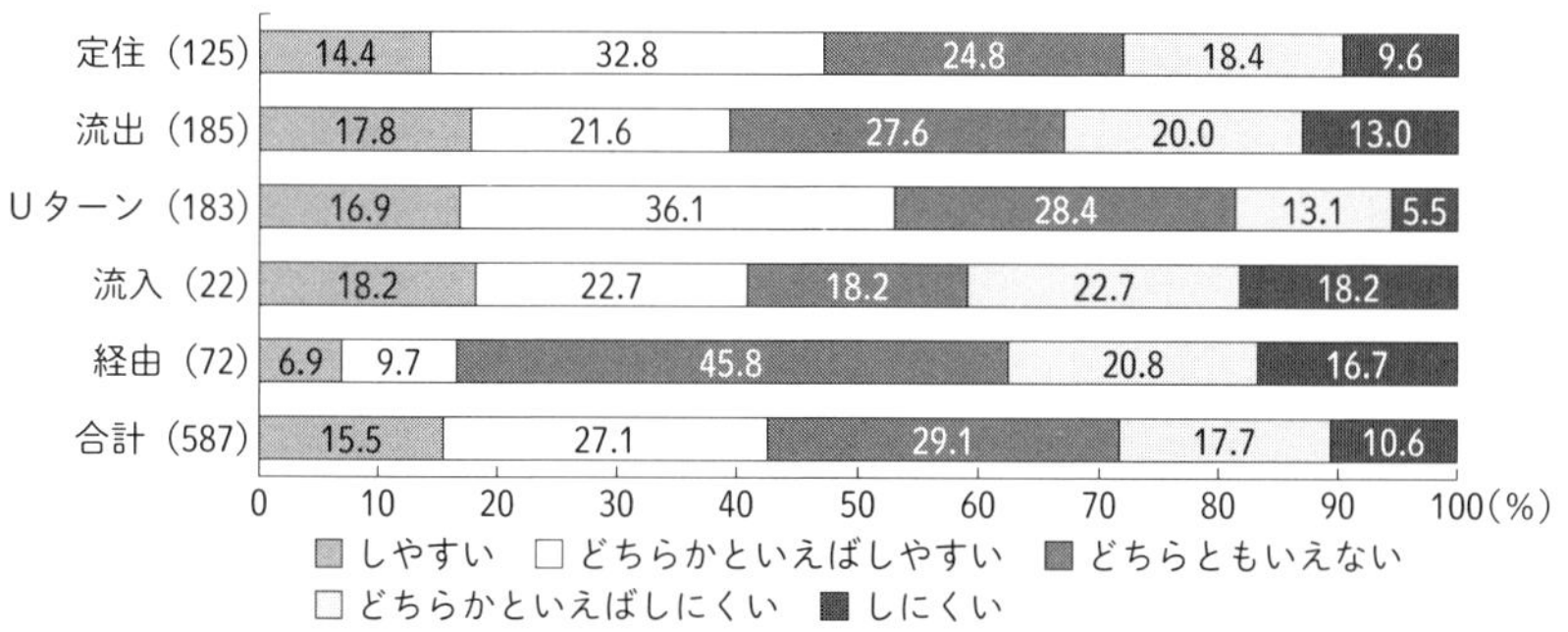

図3-11　居住経路×通勤しやすさ

出所：福井県人口減調査 2020.

ため不便さを感じ否定的な評価をしていると思われる。一方他県と福井県を比較できる流出、流入者の評価は、公共交通機関とマイカー通勤のメリット・デメリットを検討した結果であると思われる。Uターン者は、他県で経験した遠距離通勤や通勤ラッシュ等の痛勤から、福井県にUターンした後個室で自由な空間が保たれるマイカー通勤を自由で楽な通勤だと感じているのではないかと思われる（**図3-11**）。

ペーパードライバー歴35年の筆者の経験を述べてみよう。筆者は都心でペーパードライバー講習を受けて福井県に流入し、県内で自家用車を購入しマイカー通勤を始めた。長年「痛勤」を経験してきた筆者は、現在通勤そのもので心身の疲労を感じることが少ない。また、公共交通機関のダイヤを気にする必要がなく、自分が決めた時間に自宅を出て、仕事帰りに用事を済ますこともでき身体も気持も楽である。大都市のような交通渋滞が少なく、バイクや自転車、歩道を歩く人も少ないため、渋滞でイライラしたり、ひやひやしながら運転することも少ない。通勤のしやすさに加え、車中から四季折々の色合いを見せる田畑や山並み、夕焼けで真っ赤に染まった空や寝床に帰っていく鳥の群れを眺めていると、疲れた心と身体が癒されるようである。新型コロナウイルス感染症拡大以降は、感染を恐れることなく通勤することができ、在宅勤務の際も必要な時に短時間で職場と往復できる。職住近郊型のマイカー通勤は、仕事と家庭の両立負担を大きく軽減すると感じている。

デメリットは、電車通勤のように仕事帰りに仲間と気軽に飲みに行くことが

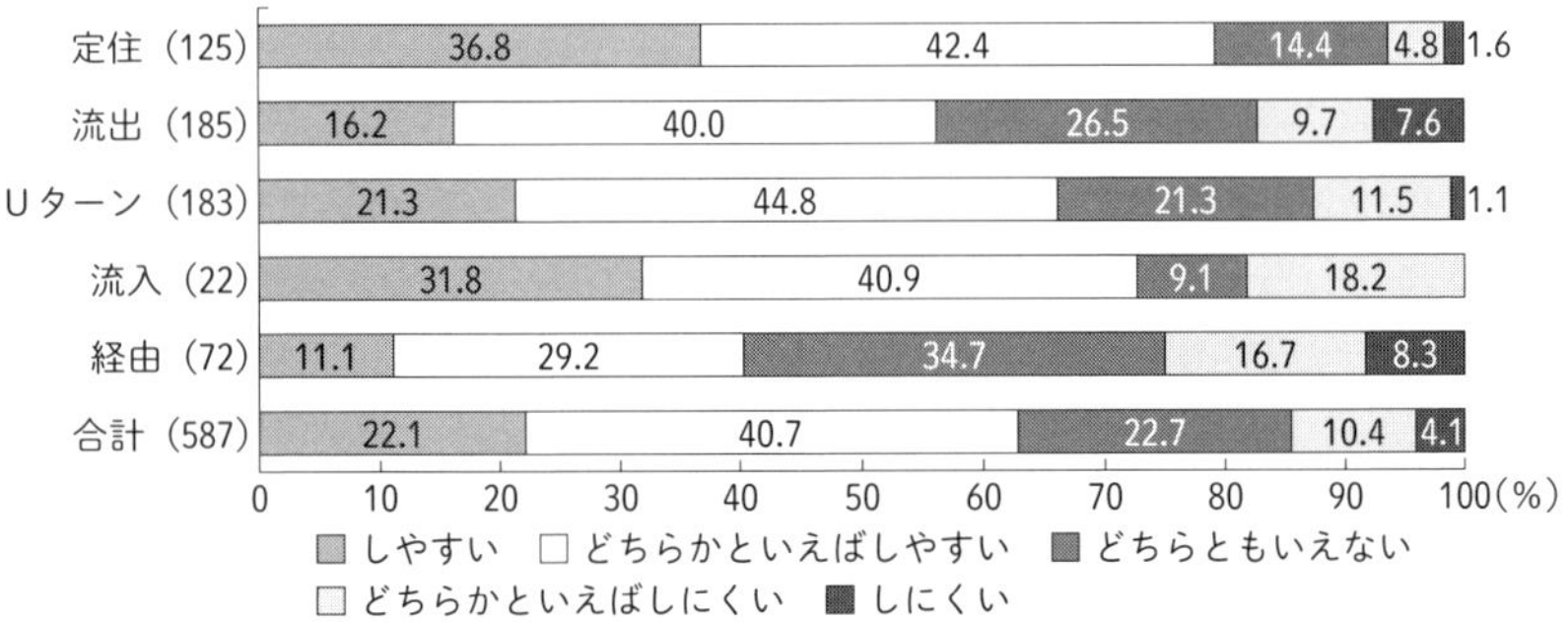

図3-12　居住経路×日常の買い物のしやすさ

出所：福井県人口減調査 2020.

できないことである。代行車を利用すれば飲酒運転になることもないが、費用がかかり割高である。そのため仕事帰りに仲間と飲みに行くことが好きな人は、毎日の生活に物足りなさを感じるかもしれない。

④日常の買い物のしやすさと子育てや介護と仕事の両立

次に、日常の買い物のしやすさをみてみよう。日常の買い物のしやすさでは、経由を除く居住経路で「しやすい」「どちらかと言えばしやすい」の肯定的な評価が5割を超え、「どちらかといえばしにくい」「しにくい」の否定的な評価は2割に満たない（図3-12）。

女性が日々悩むのは、家族の健康と子どもの食欲を支える食事づくりではないだろうか。特に成長期の子どもを持つ女性は、少しでも新鮮で安い食材を買い求めたいと思う。家族を看護・介護する女性も同様であろう。自然豊かな福井県は、新鮮でおいしい食材も豊かで、特に越前ガニやブリ・鯖などの魚介類、コシヒカリや越前そばなどは絶品である。

車社会の福井県では、女性も自家用車で買い物に出かける。主要な道路に沿い、食品スーパーやショッピングモール、ドラッグストア、ホームセンターなどが点在し、日々の買い物に困ることがない。お店の商品棚には、地元の漁港や田畑で採れた新鮮で安価な食材が潤沢に並べられ、お惣菜コーナーも驚くほど充実している。少し足を延ばすと道の駅・海の駅等があり、スーパーにはないその土地の特産品を買い求めることができる。

お店で買い物をする女性を見ていると、仕事帰りに自家用車で立ち寄ったり、休日に家族と一緒にまとめ買いをしているようである。徒歩や自転車では運べない荷物も、自家用車なら簡単に運ぶことができる。また、ほとんどの用事が一カ所で済むショッピングモールには、広大な駐車場に加え立体駐車場を完備するところもあり、とても便利である。買い物のしやすさが働く女性の生活を支えていると感じる。子育てや介護、仕事で気持ちが滅入ったときなどは、仕事帰りに少し足を延ばし、違うお店の商品を眺めるだけでも気分転換できると思う。また、お店ごとに違う食材やお惣菜を楽しんでみても良いのではないだろうか。

(2) 子育て×介護×家事×しごと を楽しもう!

子育て真っ只中やこれから子どもを産み育てようと考えている女性は、子どもには社会性を身につけ、のびのびと元気に大きくなって欲しいと考えているのではないだろうか。また、新鮮で安心・安全な食材を使った料理を作り、家族で楽しく食卓を囲みたい、自然と触れ合い、ご近所さんともトラブルなく穏やかで健康的な生活を送りたいと考えていると思う。仕事との両立においては、通勤や買い物、保育園の送迎や通学が容易であること、たとえ病気になってもすぐに対応できる病院や施設があること、そして、子育てに理解がある職場であることを切に願っているのではないかと思う。疾患や障害等で日常的な援助が必要な家族の看護・介護をしている女性は特にそう思うであろう。

いつかは終わる子育てや介護も、その役割を一人で担わなければならない状況に置かれるとつらくて苦しいものである。同時に「名もなき家事」という言葉が生まれるほど膨大な量の家事をこなしながら仕事を継続する女性が抱える困難は、経験したものでなければ分からないと思う。女性の中には多重のケアを一人で抱え込んでいる人もいると思う。

福井県を事例にみてきたように、地方には多様な資源がある。その資源を活用し、どうせやらなければならないことなら、それを楽しむ、楽しくできるようにしたいものである。楽しく子育てや介護・家事や仕事をするのは自分自身である。すべてを一人でやろうとせず、家族のちから、職場のちから、地域のちからを使い、楽しみながら子育てや介護・家事・仕事をしてみてはどうだろう。負担が軽減すれば笑顔が戻ってくる。その笑顔が周囲にも伝播し、気がつけば家族で、職場で、近隣で、笑顔で助け合う、楽しくかかわることができる関係性がつくられていくのではないかと思う。

おわりに

少子高齢化に伴う人口減少により働く年代も減少している。特に減少のふり幅が大きい地方は、ともすれば衰退に向かう地域経済の活性化を図るために、女性が活躍できる環境を整える必要がある。
地方の環境をみると、福井県も他の地方と同様独居や単身世帯が増加し、核家族化が進んでいる。三世代同居・近居による互助が得られない女性、世帯も増えている。しかし、福井県には地域住民の豊かなかかわりや助け合い、自治体による優れた子育て支援等の共助・公助がある。また、大都市にはない豊かな自然、自然を宝庫とした新鮮な食材、ダイナミックな遊び場がある。これらを活用することで、女性はもっと自由に、もっと楽しく仕事と家庭を両立することができるのではないかと感じている。

長年続けてきた男女の働き方や暮らし方、ものの見方や考え方を変えることは難しい。しかし、やらなければ何も変わらない。例えば目に見える「ない」ものを欲するのではなく、目に見えない・気がつかない地域の資源に目を向け、自分の生活に取り入れることから始めてみてはどうだろう。そうすることで「地方の生活はこれが楽しい」「これがあるから助かる」を感じることができるのではないか。そして、働く女性が「あったらいいな」「あると助かる」をみんなで考え、地域の資源をつくっていけるとよいのではないだろうか。女性活躍の推進に向け、是非そうして欲しいしそうなって欲しいと思う。

注

（1）Uターンとは、地方から別の地域に移住し、その後また元の地方へ戻り居住すること。Jターンとは、地方から別の地域（主に大都市）に移住し、その後出身地近くの（大都市よりも規模の小さい）地方大都市圏や中規模な都市へ戻り住むこと。Iターンとは、生まれ育った地域（主に大都市）から別の地方へ移り住むこと。

（2）内閣府「男女共同参画白書 令和2年版」（https://www.gender.go.jp/about_danjo/whitepaper/r02/zentai/index.html, ２０２１年5月8日閲覧）。

（3）厚生労働省「令和2年版 厚生労働白書 図表１-３-８ 女性の年齢階級別就業率の変化、p. 29」（https://www.mhlw.go.jp/stf/wp/hakusyo/kousei/19/backdata/01-01-03-08.html, ２０２１年5月16日閲覧）。

（4）厚生労働省「令和2年版厚生労働白書 図表１-３-９ 女性の予定ライフコース 男性がパートナーに望むライフコース、p30」（https://www.mhlw.go.jp/stf/wp/hakusyo/kousei/19/backdata/01-01-03-09.html, ２０２１年5月16日閲覧）。

（5）厚生労働省「男女雇用機会均等法のあらまし」（https://www.mhlw.go.jp/stf/seisakunitsuite/bunya/0000087600.html, ２０２１年5月16日閲覧）。

（6）公益財団法人日本女性学修財団「育児・介護休業法 育児・介護休業法 日本女性学習財団 キーワード・用語解説」https://www.jawe2011.jp/cgi/keyword/keyword.cgi?num=n000007&mode=detail&catlist=1&onlist=1&shlist=, ２０２１年5月16日閲覧）。

（7）内閣府「男女共同参画社会基本法 男女共同参画局 男女共同参画社会基本法」（https://www.gender.go.jp/about_danjo/law/kihon/index.html, ２０２１年5月16日閲覧）。

（8）厚生労働省「イクメンプロジェクト 育てる男が、家族を変える。社会が動く。」（https://ikumen-project.mhlw.go.jp, ２０２１年5月16日閲覧）。

（9）内閣府「男女共同参画白書 平成29年度版 第2節 仕事と子育て・介護の両立の状況 介護離職の状況」（https://www.gender.go.jp/about_danjo/whitepaper/h29/zentai/html/zuhyo/zuhyo01-03-12.html, ２０２１年5月16日閲覧）。

（10）一般社団法人 福井県繊維協会「福井の繊維（歴史）福井の繊維『歴史トップ』（http://www.fukui-seni.or.jp/20rekishi/, ２０２１年5月26日閲覧）。

（11）帝国データバンク福井支店「別企画：福井県企業の社長分析（２０２０年）」（https://www.tdb.co.jp/report/watching/press/pdf/s200201_39.pdf, ２０２１年5月26日閲覧）。

(12) 福井県 政策統計・情報課「平成27年国勢調査 就業状態等基本集計 福井県結果の概要」（https://www.pref.fukui.lg.jp/doc/toukei-jouhou/kokutyou/2015kokusei_d/fil/syugyou-gaiyou.pdf）。
(13) 内閣府「第2回「子どもと家族を応援する日本」重点戦略検討会議「地域・家族の再生会議」資料6福井県の少子化対策」（https://www8.cao.go.jp/shoushi/shoushika/meeting/priority/saisei/k_2/pdf/s6_1.pdf, 2021年8月1日閲覧）。
(14) 前掲注13
(15) 福井県「子だくさんふくいプロジェクト」（https://www.pref.fukui.lg.jp/doc/kodomo/threechildren/kodakusann-project.html, 2021年8月1日閲覧）。
(16) 日本経済新聞（日経電子版）「『北陸の出生率』北陸の出生率、富山1・53に上昇 石川と福井は下落2020年6月5日」（https://www.nikkei.com/article/DGXMZO60036850V00C20A6LB0000/, 2021年5月29日閲覧）。
(17) 日本財団「1万人女性意識調査 第1回「家族・夫婦 昔と今」詳細版」（https://www.nippon-foundation.or.jp/app/uploads/2020/08/wha_pro_wom_sur_03.pdf, 2021年5月25日閲覧）。
(18) 厚生労働省「地域包括ケアシステムの5つの要素と「自助・互助・共助・公助」」（https://www.mhlw.go.jp/seisakunitsuite/bunya/hukushi_kaigo/kaigo_koureisha/chiiki-houkatsu/dl/link1-3.pdf, 2021年5月25日閲覧）。
(19) 福井県「福井県地球温暖化対策地域推進計画 ⑵気象」（https://www.erc.pref.fukui.jp/sogo/d213/ondan1/ondan1_3-1-1-2.html, 2021年6月9日閲覧）。
(20) 「令和2年度版 厚生労働白書――令和時代の社会保障と働き方を考える――図表1-2-1 平均寿命の推移」（https://www.mhlw.go.jp/wp/hakusyo/kousei/19/dl/1-01.pdf, 2021年7月11日閲覧）。
(21) 「平成28年衛生統計年報人口動態統計 人口動態附表3（2）（3）都道府県別平均寿命の推移」（https://www.pref.fukui.lg.jp/doc/tihuku/nenpouh-h28.html, 2021年7月11日閲覧）。
(22) 第11回健康日本21（第二次）推進専門委員会「【資料1-2】①1．健康寿命の延伸と健康格差の縮小」（https://www.mhlw.go.jp/stf/shingi2/0000196943.html, 2021年7月11日閲覧）。
(23) 厚生労働省「令和2年度版 厚生労働白書――令和時代の社会保障と働き方を考える――図表2-3-1 健康寿命延伸プランの概要」（https://www.mhlw.go.jp/stf/wp/hakusyo/kousei/19/backdata/01-02-03-01.html, 2021年7月11日閲覧）。
(24) 福井県「「福井の自然公園」ホームページへようこそ!!」（https://www.pref.fukui.lg.jp/doc/shizen/kouen/kouen.html, 2021

年８月１日閲覧）。

（25）旅ぐるたび「福井県の運動公園・ほかスポーツ施設人気ランキング」（https://gurutabi.gnavi.co.jp/i/p18/gs20907/，２０２１年８月１日閲覧）。

（26）福井県「平成28年社会生活基本調査の概要」（https://www.pref.fukui.lg.jp/doc/toukei-jouhou/syakaiseikatu/syakai-28.html，２０２１年８月１日閲覧）。

（27）福井県「子だくさんふくいプロジェクト」（https://www.pref.fukui.lg.jp/doc/kodomo/threechildren/kodakusann-project.html，２０２１年８月１日閲覧）。

（28）厚生労働省「令和２年版高齢社会白書　２健康・福祉　図１-２-２-10　65歳以上の要介護者等の性別にみた介護が必要になった主な原因」（https://www8.cao.go.jp/kourei/whitepaper/w-2020/html/zenbun/s1_2_2.html，２０２１年８月２日閲覧）。

（29）日本医師会総合政策研究機構「No. 443 地域の医療提供体制の現状――都道府県別・二次医療圏別データ集――　２０２０年４月第８版　ＡＰＰＥＮＤＩＸ更新（２０２１年１月）」（https://www.jmari.med.or.jp/download/WP443/WP443-18.pdf，２０２１年８月２日閲覧）。

（30）福井医療情報連携システム運営協議会「ふくいメディカルネット」（https://www.fukui.med.or.jp/fukuimedical-net/，２０２１年８月２日閲覧）。

（31）福井県「平成30年住宅・土地統計調査（持ち家率等）」（https://www.pref.fukui.lg.jp/doc/toukei-jouhou/zyuutaku/jyutaku30.html，２０２１年７月25日閲覧）。

（32）「統計スポット　No. 145――自動車大国ふくい～自動車に依存する県民生活の実態～――」（https://www.pref.fukui.lg.jp/doc/toukei-jouhou/spot/spot20_d/fil/010.pdf，２０２１年７月26日閲覧）。

column 3

福井移住経験談「Iターン×子育て×しごと」

◆「福井でこれからも根を張って暮らしていきたい」

これは4年前に福井へ移住し、イキイキと暮らす女性の言葉である。彼女は、3人兄妹の末っ子として熊本県天草市で生まれ育ち、鹿児島県の大学へ進学した。その後の社会人生活は、製薬会社に勤務し全国転勤をしていた。現在は、同い年の夫と、2歳半の男の子の家族3人で福井市内に暮らしている。また、自宅から40分の距離に夫の実家がある。

本コラムでは、この家族の福井移住生活について紹介する。

◆家族は近いほうがよい

転勤族同士のこの夫婦は、入籍後1年半、東京と京都で離れて生活をしていた。自由で楽しい生活ではあったが、子育てや親の将来を考える中で〝このままでよいのだろうか〟という漠然とした不安があった。そこで彼女が30歳になる年、夫の故郷である福井に移住することを選んだのである。

◆フラットな気持ち

福井に対する印象がほとんど無かったからこそ、フラットな気持ちで移住することができた。〝子育てがしやすい県〟という情報は行政の発信力が強く、安心材料として事前に届いていた。実際に住んでみると、グルメや自然など福井県の魅力を次々と発見することができた。地域に暮らす人々や職場の人とも次第に打ち解け、福井県民については〝人見知りの人も多いが、心は温かく情に厚い〟という印象を持っている。今では、子育てや仕事のバランスが取りやすいように様々な支援を受け、楽しく暮らしている。

◆子育てはお互いさま

夫や夫の両親、職場、地域など多方面からサポートを得ることで、仕事と家庭のバランスが取れている。夫婦の一方が仕事で忙しい時期は、もう一方が支える〝お互いさま〟の関係。それでも難しいときは父母の協力を得る。親世代は祖父母の支援を受けていたので、子育てのサポート役を受け入れやすい環境が根付いているようだ。現在は、福井市内の賃貸住宅で暮らしているが、町内会の業務なども〝ゆるく〟関与させてもらえている。また、職場でも上司や先輩・同僚から、共働きで子育てを行う上でのたくさんのアドバイスを頂いた。つまり、子育て期間の家事や育児の分担を家庭内でするだけではなく、周囲のサポーターとのつながりが大切であり、この〝お互いさま〟文化は、これからも継承を期待したい地域（福井）文化である。

◆キャリアを活かし働き続けたい

これが、転職活動当初の想いだった。だが、地方・福井では、同業種で働く選択肢が限られていた。検討する職種を広げるために、県のUターンセンターに相談したり、行政が主催するIターン・Uターンのイベントに参加したことで、納得できる今の職場と出逢った。当時は、異業種に転職することでキャリアがリセットされることに抵抗もあった。しかし今では、前職の経験を活かせる業務に就くことができやりがいを感じている。

◆今の自分に合った職場選び

これまでは全国転勤・仕事中心に頑張ってきたが、〝仕事だけでなく、家族との生活も大事にしたい〟〝ただ昇進を考えるだけではなく、今の業務のプロフェッショナルになりたい〟など、年齢を重ねて価値観は変化した。転職活動時にこれからどのように働いていきたいかをイメージしたことが良かったと振り返る。新しい環境に挑戦するとき、目指す働き方とは何か、またその価値観を尊重してくれる職場に出逢うために、想いを素直に伝えていくことが大切だと考える。

◆女性のライフプランに理解がある職場

現在の職場は、転職活動時からライフビジョンを会社側に素直に伝えられており、また企業側はそれを受け止めてくれた安心感がある。キャリア形成の面では、家庭とのバランスを調整しながら、中長期的なビジョンをイメージできている。なぜなら、ステップアップするチャンスが何度もあり、仕事に力を入れられる時期に挑戦させてもらえる環境が整っているからである。また、子育てを経験している理解者も多く、強い支えとなっている。

◆選択肢が少ない

福井に住むことのデメリットを敢えて挙げるとするならば、〝選択肢の少なさ〟である。福井には、大都市に比べると平準化された選択肢が多く、何かに特化した病院や教育施設、習い事などのサービスは少ない。そのため、混雑は発生しにくく、いつでもサービスが受けやすいという点は地方の良さでもある。ただ、子どもが興味を示したものや好きなこと、親が期待することに対する選択肢が限られ、物足りないと感じることもあり、この件に関して選択肢が増えるとより豊かな生活につながるのかもしれない。

◆福井のお米を届ける新たな習慣

〝福井の美味しいお米を家族にも伝えたい〟と新米の時期には実家や姉兄に毎年お米を届けている。友人への出産祝いのお返しにも、福井産のお米を選んだ。「さすが福井は米どころだね、美味しいね」と言われることも多く、評判も上々。彼女にとってお米やお餅のおいしさを知るきっかけとなったのが福井での暮らしであった。

◆「家族と過ごしやすい場所」

彼女は移住先である福井をこの一言で表現した。子育てがしやすく，家族との時間が充実している姿が目に浮かぶ。福井では，子どもと遊べる公園や施設（**写真３-１，写真３-２**）がたくさんあり，子育て世代の親同士の繋がりが形成しやすい。また，自家用車での移動が当たり前で，目的地まで“door-to-door”なので，荷物をもつ移動距離が短く，身体的負担が少ない。移動時間も，かけがえのない一家団欒のひと時になっている。ワンオペ育児の不安要素や負担も少ないのかもしれない。休日には，家族全員で県内イベントやお気に入りグルメを探すことを目的にドライブを楽しんでいる。

写真３-１　ゆりの里公園（福井県坂井市）で過ごす移住家族の休日①

出所：筆者撮影.

写真３-２　ゆりの里公園（福井県坂井市）で過ごす移住家族の休日②

出所：筆者撮影.

この家族のように、それぞれの変化する環境の中で困ったことがあれば、身近にいる人に相談してみる。その声の一つひとつに支援の手が届きやすい環境こそが〝地方〟の良さなのではないか。そして互いの立場を理解し合い、支え合う関係が日常化されたとき、わたしたちにとっての〝新しいふるさと＝地方〟が誕生するのかもしれない。

【協力】株式会社福井銀行　伊部陽子氏

04 稼げない地方、稼げる地方
──生産、消費、そして生産性──

はじめに

「稼ぐ地域をつくるとともに、安心して働けるようにする」。これが「まち・ひと・しごと創生総合戦略」の基本方針のひとつである。この基本方針をベースに「地域の特性に応じた、生産性が高く、稼ぐ地域の実現」と「安心して働ける環境の実現」に取り組むとしている。そのために、国は「地域資源・産業を活かした地域の競争力強化と専門人材の確保・育成」と「働きやすい魅力的な就業環境と担い手の確保」は、各地域のみでは対応しきれないこともあるため支援するといっている。

つまり、国のスタンスは「稼ぐ地域になること」と「安心して働けるようになること」は応援するものの、この2つ以外のことは、各地域が自主的・主体的に取り組むべきことであって、地方に任せるという意味が含まれているとも言えよう。ただ国は、積極的に地方が変わることを期待しているのである。

本章のタイトルにある「稼げる地方」とは、国がいう「稼ぐ地域」（地方が稼ぐ）という意味に加えて、「人が稼ぐことができる地方」という意味を含んでいる。

果たして、地方は、稼げるようになるのか。そのために地方が抑えておくべきことは何かを、ここでは、地方における生産と消費、そしてて生産性を軸に、考えてみようと思う。

1　地方に押し寄せる大きな波

そもそも、国が「稼ぐ地域」をつくりたい理由は、稼ぐ地方をつくり、地方へと人の流れを向けさせることで「東京への一極集中の是正」と「地方の人口減少の抑制」につなげたいという思いがある。

地方の人口減少を抑制するには、これまでとは異なる人の流れをつくらねばならないし、そのためには、人が物理的だけではなく、心理的にも集まってくる魅力を地方はつくっていかなければならない。人の流れや、人が感じる魅力とは、過去から現在、そして未来への展望——希望や期待——を複合的に感じ取り、生まれるものであろう。そこで、まずは、地方が対処しなければならない、諸条件のひとつである現代的なトレンド（現在・未来）を整理しておく。

（1）DX化という波

生産性を高める武器として期待される人口知能AIやビックデータ活用の普及、DX化の推進は、既存の人間労働を大規模に消失させることにもつながる。カール・フレイとマイケルオズボーンと野村総合研究所との共同研究では「日本の労働人口の約49％が技術的にはAIなどで可能になる[1]」としている。AIなどに置き換えることができる仕事とは、創造性や協調性といったコミュニケーションが不要なルーティン化された定型的業務を指している。都市型と言われるような仕事ではなく、これまで地方労働者がその多くを担ってきた仕事——例えば、工場での単純作業——といっても良いであろう。地方における仕事がAIなどに置き換わることで、これまで安定した仕事が得られていた人たちから仕事を奪うことになる。

ただ一方で、地方でもAIやビックデータ、そしてDX化を担う人材への需要が新たに発生する可能性が高い。これらの仕事は、かつては都市型の労働であり、地方には不足していた分野でもある。創造的な仕事がないことで、地方から都市へと人が流れていたことを考えれば、DX化の波に乗ることで、人の流れが変わる。

(2)エネルギー革命という波

SDGsやESG投資への認知が、ここ数年で地方にも広がっている。すでに異常気象とはいえないほど、毎年、豪雨などの災害に見舞われることで、自然災害の恐怖を目で見て、体感し、環境問題に対する理解や認識や危機意識は、多くの人が持つようになった。

一方で、依然として多くの人が実感できていないことは、最近よく耳にするようになったカーボンニュートラルや脱炭素社会という姿である。脱炭素社会とは、地球温暖化の原因となる、温室効果ガスの実質的な排出量ゼロを実現する社会をいう。温室効果ガスの排出量を抑制し、排出された二酸化炭素を回収することで、温室効果ガスの排出量を全体としてゼロにするというもので、例えば、ガソリンを動力とした自動車から、太陽電池や水素をエネルギーとして走行する自動車を実用化することによって温室効果ガスを削減する世界が迫っていることを意味する。こうした変化への要請は、都市よりも自動車社会が浸透している地方に強くなってくるであろう。また、ZEB/ZEH(Net Zero Energy Building/Net Zero Energy House)の実現、推進という動きも見逃すことができない。この動きも、地方において新たな産業や仕事をもたらすことを示唆しているのではないだろうか。

(3)コロナウイルス感染症の拡大という波

2020年から世界的に拡大した新型コロナウイルス感染症は、DX化やエネルギー革命という新たな波への対応という難題に加えて、新たな制約をもたらすことになった。暮らしに必要とするモノやサービスも大きく変化した。例えば、いまや欠かすことができない感染拡大を防ぐマスクは、かつては、医療・福祉関係者や、排気ガスや花粉症の対策をしたいという、一部の人のものであった。また、食事のデリバリーや、通販によるお取り寄せグルメといったものも、特別なものではなく、いまや日常になっている。

不織布マスクの国内生産は、コロナウイルス感染症の拡大前までは、国内でも地方にある数カ所の企業・工場で行われていた。しかし今や、マスク生産を専業としない、繊維産業や化学メーカーなども乗り出し、新たな事業として取り組むようになった。マスクに限らず、新たな需要に対して柔軟に対応しやすいのが、基礎技術を持つ製造業が多い地方ではないかと感じる。

他方で、デリバリーは届けるというサービスを付加したものであるから、外食と比較すると消費額が増える可能性がある。また、お取り寄せグルメは、地域産品に恵まれた地方の強みを発揮することができるため、ますます期待分野のひとつになるのではないだろうか。

（4）ネットワークの広域化という波

地方における産業の強みといえば、労働集約的な大量少品種製品の生産力がそのひとつであった。労働者はルーティン化されたライン作業を毎日行い、企業は大量に製品を納めることで稼いでいた。大市場を相手にした仕事が地方には多くあったものの、その仕事は人間的な仕事ではなく、これが、若者を地方から都会へと足を運ばせたひとつの要因といってもよい。

しかし、配送ネットワークの高度化やSNSの普及は、地方の可能性を高めたと言える。配送ネットワークの高度化によって、限られた市場（例えば近隣の経済圏）だけではなく、遠くの市場をも取り込むことができるようになった。また、SNSの普及によって、情報発信や情報伝達の速さが急激に高まることに加えて、誰もがプロモーションの担い手になっている。

地方にいながらプロモーションを仕掛け、遠くの市場にアプローチすることが可能になることで、地方であっても、かつての単価の低い製品を大量に生産し大量に供給することで収益を得るモデルではなく、少量多品種の製品づくりやサービスを提供するモデルでも、地方の産業や企業を持続可能にするのだけの収益をもたらしてくれている。ただ、市場の広域化とは、収益拡大機会の増加である一方で、競争相手の増加という裏表の関係にある。ネットワークの広域化という波を逃した地方であれば、せっかく近くにいる消費者を、遠く離れた競争相手に奪われ、その地方に残るはずであった付加価値が奪われてしまうのではないだろうか。

2 地域特性という足かせ

DX化やエネルギー革命といった先進的とも言えるトレンドの変化とその可能性の大きさは理解できる。また、こうしたトレンドをキャッチアップして、地方も、地方の産業も企業も、そして人も変わらなければならないというのも分かる。地方も産業も企業も人も、一瞬にして変わることはできない。それぞれが過去から抱えているバックグラウンドを持っている。変わることができない理屈ではない何らかの歴史を抱えている。いわゆるそれぞれ固有の足かせが誰にでもある。

こうした歴史という固有の足かせを批判するものではない。というのも、柳宗悦が「吾々の生活はどうしても歴史と縁を切ることが出来来」（柳 1943）ないというように、現代的なトレンドと、どう向き合うかは、歴史性を受け止めたうえで考えていかなければならない。

トレンドを捉えることは「革新性」からのアプローチである。そこで以下では、地方の産業や企業、そして人に変わることをためらわせる足かせ、地方で人口減少を起こしてしまう仕事にまつわる要素とは何か、すなわち「歴史性」を整理しておこうと思う。

(1) 硬直化した産業構造

日本の産業は三次産業化が進んだと言われる。例えば、国勢調査をみれば明らかで、1995年の三次産業就業者数の割合が62・7%であったのに対して、2015年は71・0%と、8・3ポイント拡大している。ただ、これを都道府県別にみると、全国平均の71・0%を上回っているのは、東京都(82・1%)、沖縄県(80・0%)、神奈川県(76・7%)、千葉県(76・5%)、大阪府(75・1%)などの15の都府県となっている。こうしてみると、日本の就業面における三次産業化は、とりわけ東京圏と関西圏、九州・沖縄の一部でみられ、その他の地方県では、依然として、一次産業と二次産業で働く人が多いことが分かる(表4-1)。

ここで注目しておきたいことが、経済環境のソフト化やサービス化、さらにはデジタル化の進展という大きな変化の中で、地域の産業構造もまた大きく変化したのかという点である。

地方における伝統的な産業構造は、地域の自然資源を活かした農林水産業という一次産業と、地場産業や工場誘致によって拡大した製造業を中心とした二次産業が主力であった。とりわけ国際競争力が低下したと言われる製造業から生産性が高い三次産業へのシフトの重要性が地方では叫ばれたものの、ここ20年間で、この動きに対応できた地方は数少ない。というのも、1995年から2015年での三次産業従事者の比率が、日本全体では8・3ポイントの上昇であったのに対して、地方でこれを上回る変化が見られたのは、鳥取県の10・0ポイント上昇、島根県の8・8ポイント上昇のみである。鳥取県や島根県では、近年、IT人材などの三次産業従事者の移住・定住を促している。こうした取組みが数字として表れたと言えるものの、この2県における2015年の三次産業就業者比率は、ともに69・0%であり、全国平均の71・0%を依然として下回っている。

地方の産業構造の変化を就業者の面から眺めれば、三次産業化へのシフトの動きは息を潜め、ここ20年では、大きな変化が見られていない。依然として、地方では、二次産業依存が続き、産業構造が硬直化していることが分かる。

表 4 - 1　47都道府県別の三次産業従事者比率の推移

	平成 7 年	平成12年	平成17年	平成22年	平成27年	H27-H7		平成 7 年	平成12年	平成17年	平成22年	平成27年	H27-H7
全国	62.7	65.3	68.6	70.6	71.0	8.3	三重県	58.9	61.4	61.2	63.3	64.3	5.4
北海道	69.3	72.7	72.6	74.2	74.7	5.4	滋賀県	57.7	61.3	61.6	62.6	63.4	5.7
青森県	60.0	64.3	64.4	66.4	67.2	7.1	京都府	68.2	71.5	71.7	73.7	74.1	6.0
岩手県	56.3	60.3	60.3	63.1	63.8	7.4	大阪府	69.1	72.6	72.9	74.7	75.1	6.0
宮城県	66.6	69.9	69.9	72.2	72.1	5.5	兵庫県	66.9	69.8	70.1	71.6	71.9	5.1
秋田県	58.2	61.9	62.1	64.8	65.8	7.6	奈良県	67.7	70.9	71.4	73.2	73.9	6.3
山形県	54.0	58.5	58.5	60.5	61.5	7.5	和歌山県	62.8	65.9	66.3	68.0	68.7	5.9
福島県	55.3	59.8	59.7	62.0	62.6	7.3	鳥取県	58.9	63.8	63.8	67.0	69.0	10.0
茨城県	58.2	61.7	61.9	64.1	64.4	6.1	島根県	60.2	64.5	64.1	67.4	69.0	8.8
栃木県	56.4	60.1	60.5	62.1	62.4	6.0	岡山県	61.1	63.8	64.1	66.9	67.8	6.7
群馬県	56.6	60.4	60.8	62.6	63.1	6.5	広島県	65.3	68.0	68.1	70.0	70.0	4.6
埼玉県	67.2	70.2	70.4	72.9	73.4	6.2	山口県	63.0	65.9	66.0	67.7	69.0	6.0
千葉県	71.3	73.9	74.1	76.4	76.5	5.2	徳島県	60.6	64.1	63.8	66.9	67.4	6.8
東京都	77.4	80.1	80.4	82.0	82.1	4.7	香川県	63.3	66.0	66.4	68.6	68.7	5.4
神奈川県	71.0	74.5	74.9	76.5	76.7	5.7	愛媛県	61.0	64.5	64.5	67.2	68.0	7.1
新潟県	58.2	61.1	61.0	64.3	65.2	7.1	高知県	65.0	67.7	67.5	70.0	71.0	6.0
富山県	57.3	60.7	61.2	62.4	63.1	5.8	福岡県	71.7	74.4	74.3	76.0	75.9	4.2
石川県	63.6	66.1	66.4	68.0	68.3	4.7	佐賀県	60.8	64.1	63.6	66.2	67.1	6.3
福井県	57.6	61.9	62.0	64.2	65.0	7.3	長崎県	66.8	70.1	70.0	71.6	72.2	5.4
山梨県	57.0	60.6	60.8	63.5	64.3	7.2	熊本県	63.1	66.1	66.3	68.4	69.1	6.0
長野県	53.8	57.4	57.9	60.7	61.6	7.8	大分県	63.1	66.8	66.2	68.2	69.6	6.5
岐阜県	57.6	61.3	61.1	63.2	63.7	6.1	宮崎県	61.9	64.2	64.2	66.6	67.9	6.0
静岡県	56.9	60.2	60.4	62.1	62.9	6.0	鹿児島県	64.0	67.0	67.1	70.0	71.1	7.1
愛知県	59.9	62.3	62.5	64.1	64.3	4.4	沖縄県	75.1	77.5	77.1	79.2	80.0	4.9

出所：総務省統計局『国勢調査』各年版をもとに筆者作成.

（2）地方は慢性的な仕事不足、労働力不足なのか

地方には、本当に仕事がないのであろうか。仕事の有無を判断する有効求人倍率（令和3年6月）をみれば、仕事が多くありそうな東京都は1・15倍で全国32位。上位は、1・79倍で福井県が首位、以下は1・50倍の秋田県と島根県、1・45倍の岡山県、1・44倍の鳥取県と、地方の象徴とも言える県が名を連ねている。また、有効求人倍率の全国平均が1・13倍であるなかで、1・00倍を下回っているのは、埼玉県（0・98倍）、千葉県（0・88倍）、神奈川県（0・80倍）、滋賀県（0・92倍）、兵庫県（0・97倍）、沖縄県（0・80倍）の6県である。こうしてみると地方に仕事がないというのは、いささか怪しいことが分かる。

次に、地方には働く人がいないというのは本当であろうか。少し時期はズレるものの、総務省は、2019年8月の完全失業率が季節調整値で2・2%となった際、「景気など構造的要因による失業者はほぼゼロとなっている」[2]という見解を示している。つまり、完全失業率が2・2%以下の地方は、労働経済では健全と判断されるものの、裏を返せば、募集している仕事の担い手がいないということになる。なお、2・2%以下になっているのは、島根県（1・4%）、石川県（1・6%）、福井県（1・6%）、岐阜県（1・6%）などの16県で、これらの県は、構造的な人手不足を抱えている可能性がある。

図4-1は、横軸に完全失業率、縦軸に有効求人倍率をとったもので、これを眺めると、求人はあるけれども、仕事を求めている人がいないところ（第Ⅰ象限）、仕事もあり、仕事を求めている人もいるけれども、マッチングができていないところ（第Ⅱ象限）、仕事を求めている人がいるけれども、仕事がないところ（第Ⅳ象限）と分かれることが見えてくる。多くの地方は、第Ⅰ象限か第Ⅱ象限に振り分けられる。

（3）職種選択の偏り

国土政策局が行った「企業等の東京一極集中に係る基本調査（市民向け国際アンケート）」（2020．11速報）には、東京圏へ

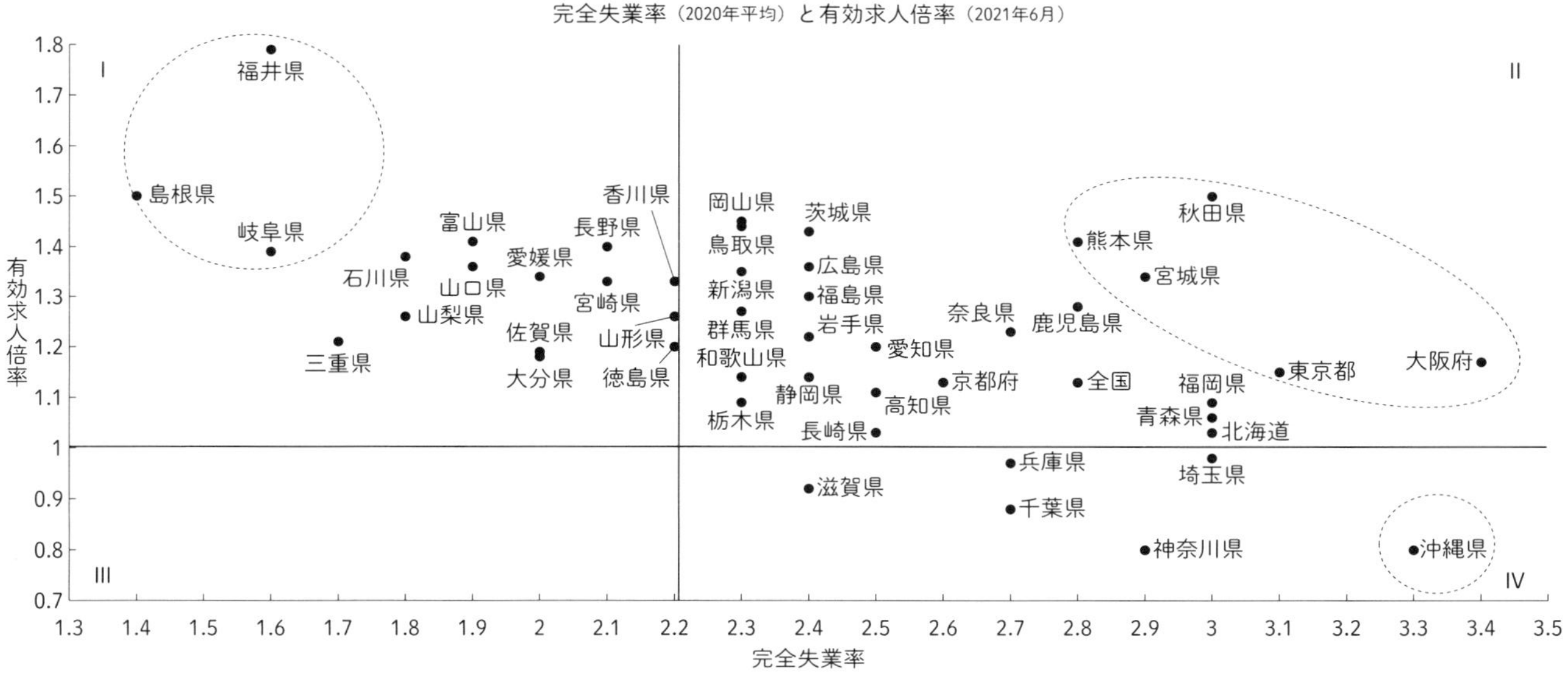

図4－1　完全失業率と有効求人倍率でみた47都道府県のプロット

出所：厚生労働省（2020）『人口動態統計』および総務省統計局『国勢調査報告』および『人口推計』をもとに筆者作成.

の流入者の移住の背景となった地元の事情を出身市町村の規模別に見ると、特に中核市と中核市未満の市町村出身者で「希望する職種の仕事が見つからない」、「賃金等の待遇がいい仕事が見つからない」、「自分の能力を生かせる仕事が見つからない」の割合が高いとある。(3) この状況は、第2章でも示したとおり、地方の代表格とも言える福井県出身者が県外に出た事情と概ね一致している。

では、地方における職種の選択肢はどのようになっているのであろう。前掲**図4-1**をみて、全国平均よりも、とりわけ特異な傾向にある9の都府県を抜き出して眺めてみると、大都市と地方では、求人の種類が異なっていることが分かる（**表4-2**）。「専門的・技術的職業」、介護サービスの職業や飲食物調理の職業など「サービスの職業」の求人は東京都と大阪府という大都市に集中している。一方で地方（抜き出した7県）はというと、沖縄県を除いて、「生産工程の職業」の求人が全国平均よりも高くなっている。また、法人や団体の役員・管理職などの「管理的職業」の割合は低くなっている。(4)

とりわけ高度なコミュニケーションや専門性が求められる職種は大都市に集中し、地方に多い求人は、仕事の内容に定型的・反復的な要素が多く含まれる職種に偏っていることが分かる。

（4）革新と歴史のジレンマ

社会経済の現代的な大きなトレンドは、DX化やエネルギー革命などに対応・適応する高度な専門性への需要の拡大で、地方も、地方の産業や企業も、そして、地方で暮らす人たちも、このトレンドをどうやってキャッチアップするかが課題になる。ただ、地方には、例えば地場産業といった歴史性と縁を切ることができない需要があり、この需要に対して、産業や企業は対応していかなければならない。労働力という意味でも、誰かがその担い手にならなければならないという課題も抱えている。

実質失業者がゼロの状態で慢性的な人手不足の地方（第Ⅰ象限）、働く意思がある人もいれば仕事もあるけれどもマッチングができていない地方（第Ⅱ象限）、そして、仕事もなければ、働く意思がある人というストックがない地方（第Ⅳ象限）と、それぞれで事情が異なる。こうした中で、革新というトレンドをどうやってキャッチアップするのか。歴史性と縁を切ることができない需要に対してどうやって対応していくのか。難題を地方は突き付けられている。

3 地方では稼ぐことができないのか

地方から都市へなぜ人が流れるのか。次に、「賃金等の待遇がいい仕事が見つからない」ことが、都市へと人が流れる理由で優勢になっている点に注目して考えてみようと思う。

貨幣経済という世界で生き、暮らす私たちにとって、お金を得ることができるか、できないかは重要な関心事のひとつであろう。お金に対する関心とは、個人だけではなく、自身の家族までをも含む命や生活、暮らしを守り、維持するといういわゆる自己防御の表れである。他方で、賃金とは労働に対する対価であり、自分自身の働きに対して、外部がどの程度の評価をしてくれているのかを金額という数字で可視化してくれるものであり、自分自身の価値を判断する「ものさし」になる。

つまり、対価を得る、良い評価を得るという潜在的に備わった「獲得衝動」を満たしてくれる場所に、人が移動し続けることは、自然な態度であり、人間的で健全な行動であるといっても良いであろう。

（1）大都市と地方の賃金格差

地方よりも大都市の方が、多く給与が得られることは、誰もがイメージできることだと思う。事実、令和2年（2020年）の賃金構造基本統計調査の結果をみれば明らかで、1人当たり1か月の所定内給与額の全国平均を100・0とした場合、これを上回っているのは、東京都（121・4）、神奈川県（108・9）、愛知県（102・1）、京都府（1

選択肢（月間有効求人倍率）

第Ⅰ象限						第Ⅱ象限		
島根県			岐阜県			大阪府		
2012年度	2020年度	20-12年	2012年度	2020年度	20-12年	2012年度	2020年度	20-12年
0.22	0.17	-0.06	0.24	0.37	0.13	0.34	0.44	0.10
20.63	20.90	0.27	20.00	18.87	-1.13	**23.53**	**23.97**	**0.44**
6.72	7.85	1.12	8.25	8.29	0.03	9.80	8.71	-1.10
15.14	**11.74**	**-3.40**	13.31	12.91	-0.40	14.72	8.47	-6.25
27.85	24.19	-3.66	22.07	21.35	-0.72	**23.28**	**29.29**	**6.01**
3.99	3.81	-0.18	2.74	4.13	1.39	3.20	3.77	0.57
1.01	**1.49**	**0.48**	0.74	0.91	0.17	0.15	0.22	0.07
7.56	9.29	1.73	14.26	12.40	-1.86	6.88	5.73	-1.15
4.51	5.48	0.97	4.25	5.32	1.06	5.67	5.64	-0.03
4.91	**7.96**	**3.05**	4.81	5.98	1.17	4.08	4.31	0.23
7.46	7.14	-0.32	9.32	9.47	0.15	**8.35**	**9.45**	**1.11**
0.00	0.00	0.00	0.00	0.00	0.00	0.00	0.00	0.00

						第Ⅳ象限		
宮城県			熊本県			沖縄県		
2012年度	2020年度	20-12年	2012年度	2020年度	20-12年	2012年度	2020年度	20-12年
0.26	0.35	0.09	0.25	0.27	0.02	0.31	0.32	0.02
18.99	24.33	5.34	23.73	22.83	-0.90	**28.73**	**29.56**	**0.83**
8.96	7.74	-1.22	8.40	8.65	0.25	19.45	13.21	-6.24
11.19	8.45	-2.74	11.23	8.50	-2.72	8.19	5.74	-2.44
21.83	20.94	-0.90	27.30	26.42	-0.88	**24.56**	**26.61**	**2.05**
5.86	4.48	-1.38	2.38	3.00	0.62	1.23	1.59	0.36
0.50	0.75	0.25	1.77	1.75	-0.02	1.06	1.11	0.05
9.23	**10.24**	**1.01**	8.12	9.48	1.36	3.52	4.63	1.10
7.06	6.50	-0.56	5.36	4.99	-0.37	2.92	5.00	2.07
8.30	8.86	0.56	3.43	5.68	2.26	2.67	5.16	2.50
7.81	7.37	-0.44	8.02	8.42	0.40	7.38	7.08	-0.30
0.00	0.00	0.00	0.00	0.00	0.00	0.00	0.00	0.00

について」をもとに筆者作成.

表４－２　地方における職種の

	全国計			福井県		
	2012年度	2020年度	20-12年	2012年度	2020年度	20-12年
A 管理的職業	0.30	0.43	0.14	**0.31**	0.22	-0.09
B 専門的・技術的職業	22.73	22.11	-0.62	17.69	18.15	**0.47**
C 事務的職業	9.02	8.77	-0.24	7.33	8.71	**1.38**
D 販売の職業	13.93	10.29	-3.63	**19.88**	**14.37**	-5.52
E サービスの職業	22.98	24.44	1.47	**23.02**	20.36	-2.66
F 保安の職業	3.05	3.65	0.59	1.78	2.69	**0.90**
G 農林漁業の職業	0.65	0.85	0.20	0.61	0.83	**0.22**
H 生産工程の職業	8.70	8.83	0.13	**11.52**	**12.56**	**1.04**
I 輸送・機械運転の職業	5.80	5.97	0.17	4.43	5.03	**0.60**
J 建設・採掘の職業	4.70	6.07	1.37	4.36	**6.25**	**1.89**
K 運搬・清掃等の職業	8.15	8.57	0.43	**9.06**	**10.82**	**1.76**
分類不能の職業	0.00	0.00	0.00	0.00	0.00	0.00

第Ⅱ象限

	東京都			秋田県		
	2012年度	2020年度	20-12年	2012年度	2020年度	20-12年
A 管理的職業	**0.40**	**0.68**	**0.28**	0.20	0.29	0.09
B 専門的・技術的職業	**27.11**	**24.27**	-2.84	18.54	18.13	**-0.41**
C 事務的職業	**11.09**	**10.58**	-0.51	8.12	7.32	-0.79
D 販売の職業	**16.51**	**11.63**	-4.88	**15.32**	**11.65**	-3.67
E サービスの職業	22.17	**26.55**	**4.38**	**26.83**	**26.45**	-0.37
F 保安の職業	**3.66**	**6.36**	**2.70**	2.92	3.06	0.14
G 農林漁業の職業	0.22	0.21	-0.01	**0.90**	**1.31**	**0.41**
H 生産工程の職業	3.64	3.65	0.00	**8.92**	**10.47**	**1.55**
I 輸送・機械運転の職業	5.04	4.81	-0.23	4.67	5.69	**1.02**
J 建設・採掘の職業	2.85	3.52	0.67	**5.18**	**8.22**	**3.04**
K 運搬・清掃等の職業	7.31	7.73	0.42	**8.40**	7.41	-0.99
分類不能の職業	0.00	0.00	0.00	0.00	0.00	0.00

出所：厚生労働省「職業安定業務統計――一般速業紹介状況（令和２年12月分及び令和２年分）

01・0)、大阪府(104・1)と日本の三大経済圏の中核を担う5つの都府県のみで、地方はいずれも低い水準にある。

この大都市と地方とで格差が生じるのは、地方の産業構造や職業選択の偏りが大きく影響している。ここでは令和2年賃金構造基本調査で把握できる産業別および企業規模10人以上の「決まって支給する現金給与総額」と「年間賞与その他特別給与額」を使用し、日本における産業別の給与についてみてみよう。

産業全体では、年間487・3万円であるのに対して、「電気・ガス・熱供給・水道業(662・3万円)」「学術研究、専門・技術サービス業(633・2万円)」「情報通信業(620・8万円)」「金融業、保険業(612・8万円)」「教育、学習支援業(581・6万円)」などの給与水準が高くなっている。これらの多くは、大都市や地方でも中核の都市に多くの需要を抱える分野と言える。一方で、とりわけ多くの地方での労働需要が多い「製造業」は491・7万円と平均よりもやや高くなってはいるものの、地方で期待されてきた観光需要の担い手である「宿泊業、飲食サービス業」は354・9万円であるし、「生活関連サービス業、娯楽業」は378・8万円、「医療、福祉」は444・0万円と給与水準の低さが目立つ。

大都市と比較して、人口規模が小さく、給与水準が高い産業の需要が量的に少ない地方では、これらの担い手も多くを必要としない。また、人口規模が小さければ、新たな需要が生まれにくく、生まれたとしてもわずかなため、高給を得られる求人の数も限定的になる。他方、例えば愛知県を中核にして広がる大規模なものづくり集積と比較すれば、多くの地方では極めて小粒な製造業が多く、標準的な給与水準にある製造業とはいえ、給与とは、従業員規模とともに高まる傾向にあるもので、この製造業という括りの中でも、給与の大都市と地方との格差が生じていることは容易に想像できる。また、生産と消費の同時性が高く、消費者との物理的な距離が近いことを前提とする「生活関連サービス業、娯楽業」や「医療、福祉」の担い手はその地域に暮らす人でしかない。これらの地域密着型の産業における給与水準が低いのであるから、大都市と地方とで給与水準の格差が生じてしまうことは必然的な姿である。

（2）地方とは「稼げない」場所

図4-2をみてもらいたい。これは、横軸に2020（令和2）年の所定内給与額の水準を、縦軸に2010（平成22）年から2020（令和2）年の人口の増減率をとったものである。給与水準と人口増減に相関性があること、稼ぐことができる場所に人が流れていくことを視覚的に感じ取ることができる。

給与水準と人口の増減との相関性は、多くの研究成果で確認されている。そうであるならば、地方の給与を上げればよいのではないかとなりそうであるが、そう単純なことではなく、この給与を上げるということほどの難題はない。

これと向き合うためには、給与（所得）とは何か、企業における分配の考え方はどうなっているのか、地域経済循環のメカニズムがどうなっているのかの理解から始める必要がある。

給与とは、地域経済の枠組みの中に落とし込めば、ひとつの構成要素であり、経済活動上の結果でしかない。仕事の担い手（労働者）の側面から見れば、給与とは提供した労働の対価として受け取ることができる当然の権利である。ただ、経営者（会社）側から見れば、事業活動において財・サービスを提供し、その売上から売上原価や販売原価や仕入原価（外部購入費用＝他人が生み出した価値）を差し引いた付加価値が給与の原資となる。すなわち、自社で生み出した付加価値額以上の給与を企業は社員に支払うことができない。加えて、給与（人件費）とは、売上があろうとなかろうと、事業活動において固定的に発生する最大の費用科目である。そのため、給与の分配を誤れば事業活動は立ち行かなくなり、どのあたりで折り合いをつけるかは、経営者にとっては、持続可能な経営を実現する上での重要で難しい意思決定になる。

企業と地域を紐付けたとき、経済合理性というひとつの判断基準を持つ地域企業の意思決定が、地域にとっては必ずしも有益な意思決定になるわけではない。

例えば企業は、顧客に価値ある財・サービスを提供するために必要な取引先が地域内になければ、国内の他の地域のみならず、広く海外のサプライヤーにまでアプローチすることになる。また、地域内からの調達が可能であったとして

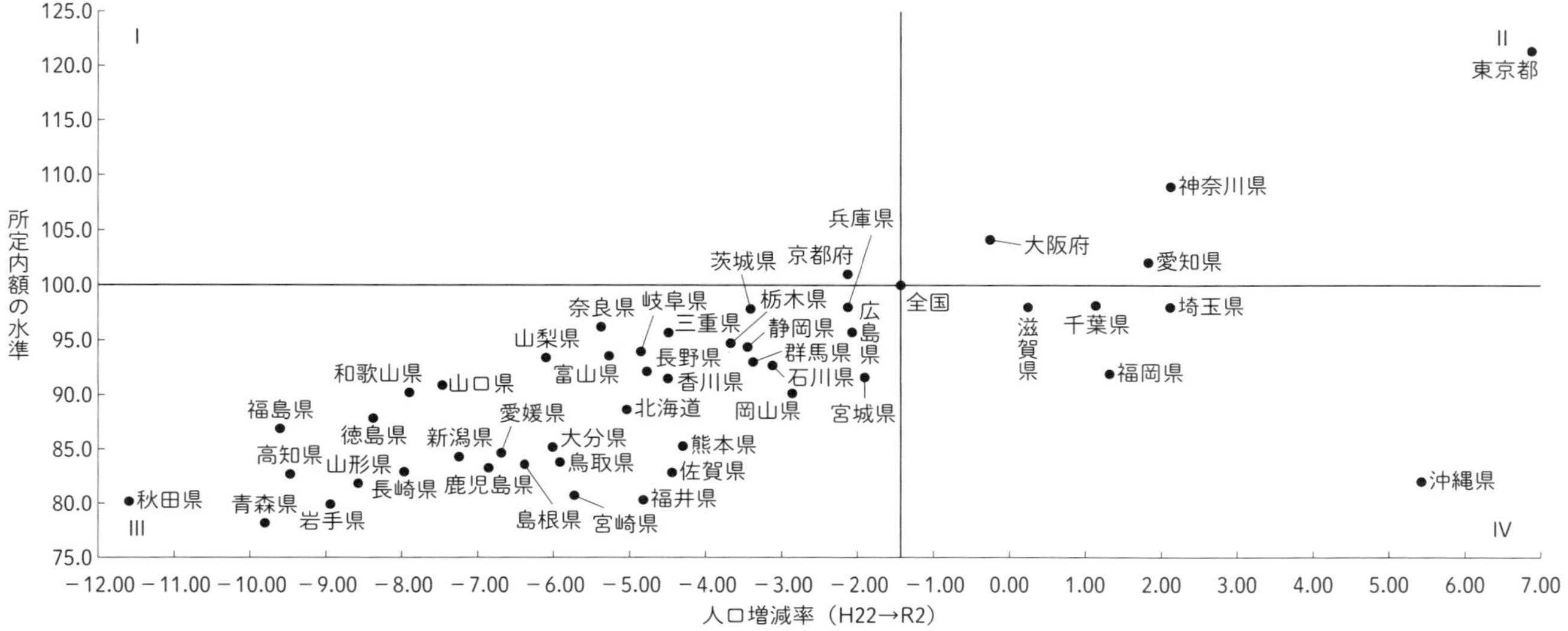

図４－２　47都道府県別の人口増減率と所定内給与額の水準

出所：厚生労働省「令和２年賃金構造基本統計調査」および総務省統計局「国勢調査2010，2020」をもとに筆者作成．

も、他地域から調達したほうが、総体的に自社にとって競争優位につながるのであれば、地域外から調達することは、正しい判断と言える。

しかし、これを地域経済の立場から眺めると、条件が整えば、本来は地域内に付加価値としてアウトプットされたはずのものが、他地域に流出してしまっているということになる。

地域外への付加価値の流出がどの程度なのかは、ＲＥＳＡＳを使えば簡単に把握できる。**表４‐３**はＲＥＳＡＳで取れる、２０００年、２０１３年、２０１５年という3地点の47都道府県別にみた地域経済循環率の状況を示したものである。地域経済循環率とは、１００を上回れば、付加価値が地域内に流入しているいわゆる貿易黒字の状態、下回れば貿易赤字の状態となる。

3地点の平均で貿易黒字の状態にあるのは、栃木県、東京都、静岡県、愛知県、三重県、大阪府と日本の三大都市圏の中核を担う3都府県と一部の地方の県で、多くの地方は、貿易赤字の状態が続いている。地方は、慢性的な付加価値の流出という問題を抱えていることが分かる。この状態が続くのであれば、年々、累積的に地方の付加価値は減り続ける。付加価値が給与の源泉なのだから、給与を増やすことは期待できなくなってしまう。残念ながら地方は「稼げない」場所なのである。

(3) 生産性を高められない地方

強い地方をつくるために必要なことが「生産性の向上」であるという認識が定着しつつある。日本の国際的な経済力、競争力の低下を説明する際に持ち出される国民一人当たりのＧＤＰと同じで、住民一人当たり（インプット）の付加価値額（アウトプット）が、ここで言われる「生産性」である。

地方の人口が減っていく中で、現在の付加価値額を維持できれば、理屈としては生産性の向上につながる。他方、人の数が変わらないのであれば、売上を上げるか、原価を下げるか、または、この両方を実現できれば、生産性は高くな

表4－3　47都道府県別の地域経済循環率

	2010年	2013年	2015年	平均		2010年	2013年	2015年	平均
北海道	84.5	85.7	85.2	85.1	滋賀県	98.9	96.5	100.1	98.5
青森県	88.0	87.2	88.7	88.0	京都府	90.7	92.9	94.9	92.8
岩手県	83.9	72.6	75.2	77.2	大阪府	107.4	108.1	106.7	107.4
宮城県	95.1	79.6	80.7	85.1	兵庫県	90.0	91.5	92.6	91.4
秋田県	82.6	83.8	82.1	82.8	奈良県	74.6	73.6	72.6	73.6
山形県	88.1	88.5	86.5	87.7	和歌山県	94.2	94.3	89.9	92.8
福島県	94.4	84.0	82.3	86.9	鳥取県	80.1	81.5	80.7	80.8
茨城県	98.4	98.6	101.1	99.4	島根県	77.0	80.4	79.0	78.8
栃木県	99.0	99.6	101.4	100.0	岡山県	95.7	99.6	98.6	98.0
群馬県	96.5	96.8	98.5	97.3	広島県	93.1	95.6	97.4	95.4
埼玉県	76.7	76.7	76.7	76.7	山口県	95.8	99.2	101.6	98.9
千葉県	83.1	82.4	81.1	82.2	徳島県	94.2	95.8	100.0	96.7
東京都	157.3	160.8	156.6	158.2	香川県	97.2	97.6	96.1	97.0
神奈川県	88.9	86.1	86.4	87.1	愛媛県	92.7	92.7	91.5	92.3
新潟県	89.1	89.1	90.0	89.4	高知県	78.2	80.8	79.0	79.3
富山県	95.5	93.7	95.8	95.0	福岡県	92.4	93.0	92.1	92.5
石川県	89.0	90.4	93.0	90.8	佐賀県	88.7	87.4	86.8	87.6
福井県	96.0	90.8	90.1	92.3	長崎県	80.7	81.3	82.0	81.3
山梨県	91.5	90.4	91.3	91.1	熊本県	83.7	84.6	86.4	84.9
長野県	90.1	88.9	89.8	89.6	大分県	94.8	93.6	94.4	94.3
岐阜県	89.5	89.3	90.2	89.7	宮崎県	83.4	85.3	85.0	84.6
静岡県	102.9	102.1	104.2	103.1	鹿児島県	82.3	82.2	81.6	82.0
愛知県	106.1	107.4	111.4	108.3	沖縄県	81.1	81.0	76.4	79.5
三重県	99.3	99.7	101.6	100.2					

出所：内閣府・経済産業省「RESAS-地域経済分析システム」をもとに筆者作成.

る。売上とは、客数×単価で決まり、地方の現状を鑑みれば、単価をどう決めるかというプライシングが重要になる。地方は、プライシング力が決定的に弱い。例えば、地方では一次産業や二次産業の比重が高く、最終の消費市場での適正価格がどの程度なのかを、生産者自身が身をもって感じ取れていないことが多い。というのも、漁師であれば魚は「自分で獲るもの」であり、米農家であれば米は「自分で作るもの」である。獲れすぎ、作りすぎのときは、近所の人たちに「あげるもの」だし、近所の人からすれば「もらうもの」になっている。漁師であれば、魚をスーパーなどの小売店で「買う」ことがないため、消費市場での適正価格が分からず、仮に、自前で外に売り出す際、値付けが、心配してしまうほど安くなっていることが少なくない。一次産業の生産者は、採る、作るという川上分野の情熱やノウハウが豊富であるのに対して、その後の加工やマーケティングや販売といった「川下分野」のノウハウを持ち合わせていない。

魚や米などの地域産品は、地域内では一種の共同所有物であり、地域住民の間で「あげる↔もらう」の関係が古くから根づいている。この風習とも言える関係性が、健全なコミュニティを維持させてきたとも言える。ただ、地域産品とは、本来は固有で希少性が高く、生産者側に値決めの決定権があるものなのに、消費市場の適正価格よりも安く売ってしまっているのであれば、価値を自ら下げているということになってしまう。これでは、地方の付加価値は上がっていかない。

他方で、地方の製造業には、伝統的工芸品産業や郷土工芸品といった、自然環境や風習、天然資源を活用し生活の知恵の結晶とも言ってもよい、地域生活に密着する手仕事の品物が多かった。しかし、地方に押し寄せたかつての大量生産大量消費時代における工業化の波は、地方での工業誘致を活発化させ、他地域に本社がある工場や、大都市の巨大企業からの下請け仕事を地方の主流・主役にさせていった。付加価値が高いはずの手仕事の担い手を地方から奪い、良いもの、同質なものを安く、そして多く供給することが地方には求められた。毎年やひどいときには四半期に一度あるコストダウン要求は、「安く作ることができるようになること」「値下げ要求に耐えられるようになること」があたかも企業やそこで働く社員一人ひとりの成長を図るものさしであるという錯覚を、地方に植え付けていってしまったようにも感じる。本来であれば、汗を流し、知恵を絞り、時間を消費してものづくりを行った地方の付加価値が上がらなければならないのに、地方は疲弊するだけで、都市を潤すためだけに使われてしまったのではないか。

そうした中で、地方の農林水産業や製造業が、自社商品化に乗り出し、自ら売るという取組みを行ったとしても、川下分野のノウハウ不足は致命的で、どうしても外部に頼らざるを得なくなる。

マーケティングやパッケージデザインや広告宣伝など、地方が外部に依存しなければならない産業ほど付加価値が高く、クリエイティブな仕事を担う「川下分野」の企業や人材は地方には少ない。クリエイティブな仕事の担い手は大都市に多く、地方にいたとしても、ノウハウのストックは都市の担い手よりも圧倒的に劣位にある。より良い条件、ノウハウを持つ担い手に仕事は流れていくもので、クリエイティブな産業の不足によって、付加価値が地方から都市に流れ出てしまうという構造ができあがってしまっている。

4 稼げる地方を創るための人的側面

地域経済は、端的に言えば「域内での生産・分配・支出と、域外との生産・支出」の循環で成り立っている。大都市は地方から消費というカタチで富が流れ込むことで潤い、多くの地方は、域外（大都市）からの収入（消費）よりも、域外での支出が多いため、結果として域内での分配が減るという悪循環から抜け出せていない。分配が減れば、地方から人はいなくなる。

生産、分配、支出とは、人それぞれの意思決定であるため「地域経済は人に従う」ということになる。であるならば、地方の担い手（＝人）に注目しておく必要があるであろう。

地方の経済という枠組みで担い手を捉えると、「生産の担い手」と「消費の担い手」という分類ができる。地方ではこの担い手を、どうやって「確保・育成・創造」するのかが、大きな課題となっている。

（1）DX推進は、生産の担い手の不足を解消するのか

一次産業分野（農林水産業）では、生産者の高齢化に伴い、今後、高齢生産者のリタイアが加速することを見込み、若者の新規就農者の確保にいち早く力を入れた。また、福祉分野でも、介護福祉士などの復職などを社会福祉協議会が積極的に支援している。

一次産業分野や福祉分野のみならず、地方では生産の担い手不足は深刻で、この問題を解消できなければ、今ある生産活動やサービスの水準を維持できなくなるだけではなく、あらゆる産業が、地方から消滅していく可能性が高い。このリスクは、地方にある産業が、その地域で暮らし生活する人たちに密着しているものも少なくないことを考えると、地域コミュニティの崩壊にまでつながることを示唆する。

地方における生産の担い手不足には、決定的に頭数が少ないことによるものと、求人と求職とのマッチングがうまくいっていないものという2つがある。

地方における生産の担い手として白羽の矢が立ったのが、若者に加えて、高齢者や女性であった。70歳までの就業機会の確保について、企業として措置を制度化する努力義務が設けられたことが特徴の働き方改革関連法の制定は、定年を延長することで、担い手の流出を少しでも食い止めるという意味も含まれている。女性活躍の推進も、そもそもは、日本の労働力人口の減少への対応というのがきっかけであった。これらは、働いていない人の働く意欲を引き出し、また、働く機会を準備することで、既存の産業や仕事の担い手になる人の頭数を維持しようという動きである。

ただ、例えば、頭数を揃えるために、高齢者の活躍を期待しても、地方の多くは、65歳以上の有業率が全国平均を上回る水準にある（図4-3）。地方の方が高齢者の活躍が進んでいるため、仮に仕事があったとしても、その仕事を、新たに担うことができる高齢者が決定的に少ないという現実がある。

また、女性、男性を問わず、子育てや介護、家事など、家庭生活においてマルチタスクをこなさなければならない人の場合、仕事の内容や給与の水準、正規社員雇用などの条件ではなく、また、管理職への昇格などをあえて望まず、仕

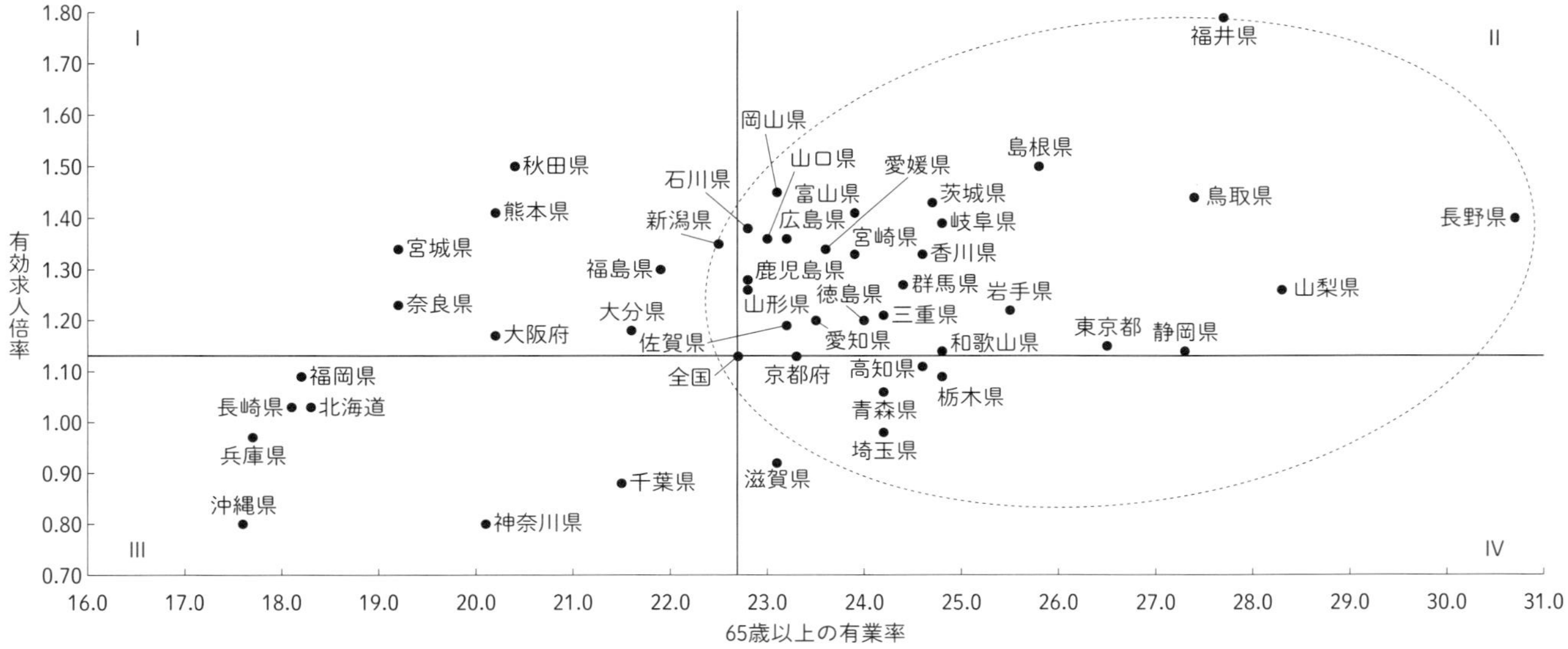

図４－３　47都道府県の65歳以上の有業率と有効求人倍率（2021年６月）

出所：総務省「平成29年就業構造基本調査」をもとに筆者作成.

事をする場所や時間が固定化・限定化されないことを重視する人も一定数いる。条件が合わないことで、働きたい、働き続けたい、という意思を押し殺している人もいるであろう。

リモートワークの急激な普及は、こうした人たちに働く場や機会を提供し、「生産の担い手」を創造する、多様で柔軟な働き方の実現を後押しするであろう。ただ、場所や時間が固定化・限定化され、リモートワークに向かない産業や職種が地方には多く、こうした産業や職種での人材不足も目立つ。

そこで、地方のみならず、日本の生産性を高め、慢性的な人手不足を解消する救世主として、近年急速に注目されていることがDX推進であろう。DX推進というと、難易度が高い取組みのように感じてしまう。生産工程におけるAIやロボットの導入など、大規模な投資が必要になるようにも感じるし、投資に対する成果がイメージできない、社内に専門人材もいない。何をすればいいのか、そもそもDXが何者かを理解していないといった声を聞く。DX推進とは、高度な知識を必要とし、難易度が高く、大規模な投資を伴うものから、「身近なデジタル化」までと守備範囲は広い。「身近なデジタル化」とは、企業であれば、紙（アナログ）で行っている勤怠管理や請求業務、販売管理や在庫管理を、ITツールを活用しデジタル化することで、手作業を減らし効率化を図っていくこと（デジタライゼーション）や、そもそもなぜデジタル化が必要なのかの理解や、道具になるITツールにはどのようなものがあるのかを把握する活動（デジタイゼーション）のことを指す。

手作業の業務は、小規模企業ほど残っているものであり、「生産の担い手」不足を補完するために、地方こそDXを強く推進して行く必要があると感じる。

（2）消費の担い手が減り続ける地方

ネットワークの拡大は、消費者がアプローチできる範囲を拡大させた。全世界にアクセスを可能にし、国内だけでなく、海外をも含み、私たちはどこでも消費することができるようになった。消費する場所が広域化し、多地点化することで、地域外での消費が増えていく。

情報通信技術の発展やスマートフォン等の情報通信機器の普及など、さらには、コロナウイルス感染症が拡大し、外出自粛や人との接触を極力抑えることが求められ、EC利用が推奨されることも重なり、消費のEC化はさらに加速した。

経済産業省が公表した「電子商取引に関する市場調査」の結果をみると、日本のBtoC-EC市場規模は、2013年に11・2兆円であったものが、2020年には19・3兆円と72・6%増と拡大している。また、2019年と2020年を比較すると「生活家電・AV機器・PC・周辺機器等」「衣類・服装雑貨等」、「食料、飲料、酒類」「生活雑貨、家具、インテリア」といった物販系分野の市場規模が特に拡大した（10・5兆円➘12・2兆円＝21・7%増）。物販系分野よりも市場規模が小さいとはいえ、「オンラインゲーム」「有料動画配信」「有料音楽配信」などのデジタル系分野も、巣ごもり需要の増加が影響してか、市場規模の拡大がみられる（2・1兆円➘2・5兆円＝14・9%増）。一方で、「旅行サービス」「飲食サービス」「チケット販売」の大幅な市場規模の縮小が影響し、サービス系分野は大幅に減少している（7・2兆円➘2・5兆円＝36・1%減）[5]。ここからは、消費行動が実店舗からインターネットへとシフト――つまり、消費のEC化が加速――していることが分かる。

図4-4は、「平成28年経済センサス―活動調査」から得たデータで、販売形態別年間商品販売額の都道府県別シェアを示している。年間商品販売額の9割前後を占める店舗販売は、店舗に消費者が実際に足を運ぶ必要があるため、人口シェアが大きく影響する。一方で、インターネット販売や通信・カタログ販売は、来店という物理的な制約がないため、消費者の所在地を問わない。すなわち人口シェアの影響を受けることがさほどない。東京都は人口シェアが11・1%であるのに対して、通信・カタログ販売、インターネット販売を合計した際の販売額シェアは33・0%であり、特にインターネット販売のシェアは40・3%になっている。大阪府まで含めると52・6%と、インターネット販売は、日本の2大都市に集中していることが分かる。海外からの流入もあるとはいえ、地方の消費者は、この2大都市でのイン

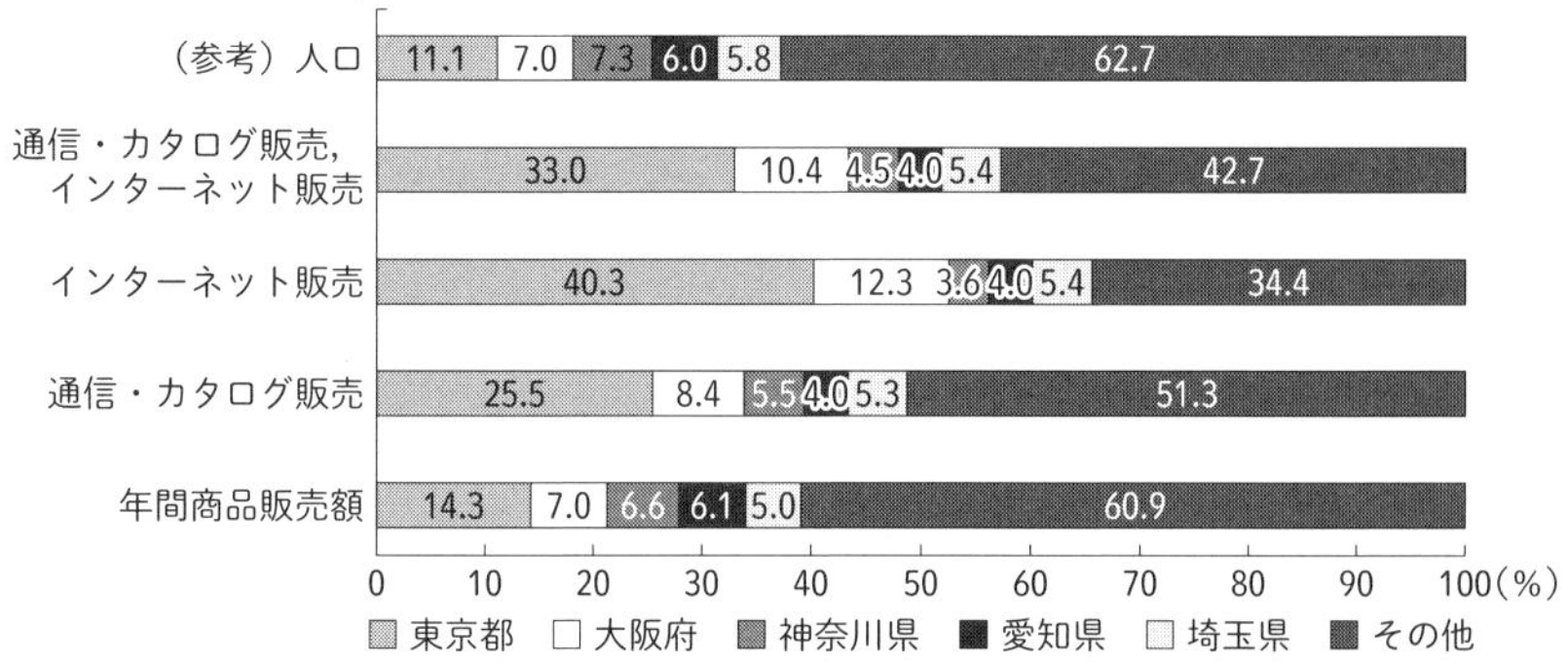

図４－４　販売形態別年間商品販売額のシェア（年間商品販売額上位５府県とその他42府県）

出所：経済産業省「経済センサス―活動調査」をもとに筆者作成.

ターネットを通した消費を好んでいるのである。(6)

ここでみたデータは、２０１６（平成28）年時点のものとはいえ、この構造が変わっていないのであれば、コロナウイルス感染症の拡大による消費のＥＣ化の進展は、ますます都市に消費が流れ、地方をさらに稼げなくする可能性がある。地方で消費の担い手をどう創造していくのかという以前に、消費の担い手を維持することすらままならない状況というのが地方の現実ではないだろうか。

（３）担い手に求められるリスキリング

地方にある手作業の仕事はＡＩやロボットに置き換わり、生産の担い手は、単純な仕事から解放され、非定型的で、コミュニケーション力が問われるクリエイティブな仕事に従事する。誰もが希望通りの働き方が選択できて、十分すぎる所得が持続的・安定的に得られる。欲しいものはすべて身近に揃っていて、悩むことなくすぐに手に入れられる。そこに暮らす人たちの地元での消費だけでも経済が回るのに、ＥＣなどによって全世界から消費が流れ込んでくる。全世界の人たちが、消費の担い手になっている。地方が、こんな姿になることができるのであろうか。

国も地方のＤＸ推進による課題解決には力を貸すといっているし、この分野の需要が地方で急激に増えていくことは想像できる。ＤＸ推進によって生産性は高まるだろうし、手作業から解放された人たちが、よりクリエイティブで、高付加価値の仕事を担うようになって、所得もあがるのだから、良いことばかりではないかと思ってしまう。しかし、実際には手放しでは喜べない現実がここにはある。

定型的、反復的な仕事で生計を立てている人も少なくないのが現実であって、DX化が完成した世界では、この人たちの仕事がなくないということを意味している。企業は簡単には人を解雇できないため、失業者が急増することは考えにくい（コロナウイルス感染症の拡大が長期化することで国内の大工場閉鎖といった報道が多くなっていることは心配であるが）とはいえ、企業側からすれば、これからの時代に発生する新たな生産の担い手へとトランスフォームできない、会社に対して価値貢献ができない社員を多く抱え込むという「次なる」生産の担い手問題が表面化することになるかもしれない。

手作業を必要とする仕事の需要がすぐに消滅することもなく、またAIやロボットに置き換わることもないであろうから既存の手作業を残すことでトランスフォームできない社員を守ることを決断するのならば、今よりも大幅に受注量を増やす必要が出てくる。一方で、DX化を含めた、高付加価値型のビジネスへの転換を図ると決断するならば、求められるスキルも当然変わることになり、トランスフォームするために必要な「リスキリング」[7]の機会も時間もコストも用意しなければならない。どちらを決断したとしても、いずれも既存事業を続けながら、同時並行的に進めていくことになるため、極めて難易度が高くなる。

また、消費の担い手問題も厄介で、例えば、インターネット販売や通信・カタログ販売の普及は、目利きでコストを惜しまない消費の担い手がいる一方、極限まで経済合理性を追求する消費の担い手がいるという二極化を進めた。コスト競争力が乏しい、または、潜在的なブランド力があるにもかかわらずプロモーション力を持ち合わせない地方は、他の地域に消費者を奪われ、さらに稼げないことになってしまう。

稼げる地方を創り上げるためには、「生産の担い手」と「消費の担い手」の確保や創造もさることながら、内にも外にも、「リスキリング」によって、地方が保有する深層の価値（地域資源）を理解し、享受できる能力を持った「担い手」を養い、育て上げることが、出発点になるのではないかと感じる。

5 稼げる地方への入り口――福井県のうねり――

なぜ、地方は稼げないのか。それは、消費が外に流れ出し続け、一方で、外からの消費が入ってこないことが最大の要因である。

外に消費が流れることで、地方には付加価値が残らない。付加価値が残らなければ、所得の上昇が期待できなくなる。人の流れは、所得水準が大きく影響するのだから、地方から「生産の担い手」も「消費の担い手」も減り続ける。消費が減るということは「生産の担い手」と「消費の担い手」が交わる機会がなくなるということである。他方、手強い「消費の担い手」との交渉機会がなくなれば、「生産の担い手」は育たない。ますます「生産の担い手」が弱体化していき、都市と地方とで、産業や仕事や人など、量的にも質的にも格差が広がっていく。人手不足を解消するために、「生産の担い手」を外から呼び込もうとしたとしても、地方での仕事の内容や所得の低さが致命的になる。地方は、外から人を呼び込むための強いカードを持ち合わせていない。

どうしたらこの悪循環から抜け出すことができるのか。そのヒントを地方における「消費」「産業」「仕事」の3つの視点に絞り、地方の代表格である福井県で起こった取組みや実情も交えながら探ろうとしよう。

（1）消費を内に向けさせる

外からの消費を取り込み、地方を活性化させる切り札として期待される観光消費は、新型コロナウイルス感染症の拡大による移動制限によって、インバウンドのみならず、国内旅行消費までをも含み、期待から大きく外れてしまっている。ワクチン接種も進み、感染拡大が収束すれば、需要の跳ね返りが見込めるし、収束を機に、地方でのサービスの安売りを見直し、適正な価格に修正するきっかけになるという見方もある。

他方で、インバウンドが減ったとしても、日本人の海外旅行による外での消費がなくなるため、この個人にストックされた予算を、国内に向けさせるために実施されたのが、「Ｇｏ Ｔｏトラベル事業」[8]であった。日帰り旅行よりも宿泊旅行の方が優遇されているため、特に県境をまたぐ消費が期待されていたのだろう[9]。しかし、感染拡大が収まらず、国内での移動までも制限されることになってしまい、２０２１年８月現在は休止されていた。ただ、地域に暮らす人たちが、いままでは宿泊したことがない、宿泊するということを考えすらしなかった近所のホテルに宿泊してみようと思わせる機会にもなったのではないだろうか。

そうした中で、福井県では、「Ｇｏ Ｔｏトラベル事業」に加えて、さらに福井県民の地域内での消費を喚起するために独自の取組みを準備した。そのひとつが、「ふくい ｄｅ お得キャンペーン」である。「宿泊割引」と「日帰割引」があり、「宿泊割引」では、「Ｇｏ Ｔｏ」に登録している福井県内の宿に、県民が宿泊する場合、宿泊代を割り引くというもので、さらに特徴的な点として「嶺北嶺南交流割」「奥越割」というものがある。福井県民すべてが大野市と勝山市の宿泊施設を利用すれば「奥越割」が適用され、嶺南６市町に在住の県民が大野市・勝山市を除く嶺北の宿泊施設を、嶺北11市町に在住の県民が大野市・勝山市を除く嶺南の宿泊施設を利用すれば「嶺北嶺南交流割」が適用され、「宿泊割引」に加えて、さらに割引されるようになっている[10]。なお、このキャンペーンはＣＯＶＩＤ－19の影響で一時休止の期間があった。

また、他の地域では、市町村の単位で行われることが多い、地元での消費を促すことで、地元の小売業や飲食業やサービス業を応援しようという取組みを、ふくいデジタルバウチャー推進協議会（福井県・福井県商工会議所連合会・福井県商工会連合会）が実施主体になって、県内全域で展開している。「ふく割」というもので、専用のアプリから電子クーポンを発行して、参加登録店舗で買い物やサービスを利用した際、クーポンを提示することで割引が受けられる。２０２１年９月３日現在で参加登録している２５６０の全店舗で使用することができる「ふく割」だけではなく、小規模店でのみ使用できる「しょうきぼ割」や「ようふく割」（衣料品店のみ）、「めがね割」（眼鏡店のみ）、「じざけ割」（酒店のみ）、「こうげい割」（伝統工芸品販売店のみ）、「マスク会食割」（飲食店のみ）、「さば割」（鯖江市内小売店のみ）なども用意されている。

福井県は、地形的にも、文化的にも、県・市町の成立という歴史的にも分断というバックグラウンドを持っている。例えば、同じ福井県に住んでいながら、嶺南のことを知らない嶺北に住む県民も多い。興味すらないという人もいる。嶺南の人であれば京都や大阪、嶺北の人であれば石川・金沢に消費の目が向いている。消費のEC化によって、東京や海外にまで消費が流れているであろう。コロナ禍というパンデミックは、私たちに、多くの制約を課している。しかし、福井県での取組みのように、消費の目を、足元に向けさせてくれるし、消費だけではなく、あらゆる面で、地元に関心を持つきっかけを与えてくれる。

地元の「消費の担い手」と「生産の担い手」が交わることで、地方の商品もサービスも磨き上げられていくであろう。この小さな交わりの連鎖が、生産性が高く魅力的な稼げる地方を創る原動力になるであろうし、地元の「消費の担い手」が、地元の「生産の担い手」を育てていくことによって魅力という武器を備えた地方には、外からの消費を引き込む力も備わっていく。すべて地元で消費を完結させることは無理であろう。ただ、一人ひとりの「消費の担い手」が、いましている地域外での消費のほんの数パーセントを、地元での消費に置き換えることを意識するだけで、地方は変っていくのではないだろうか。

（2）産業の切り口を変えてみる

地方を支える企業であれば、他の分野に転用できない設備（専用機）も抱えているところも多い。また、経営者であれば、先代や先々代から受け継ぎ、守り抜かなければならない、大切な理念や事業がある。経営者もそこで働く社員も、自身の仕事に対する思い入れもあるだろうから、稼げる地方を創るために、事業転換を要請されたとしても、無理な話である。地方の産業も、変わりたくても変われない事情を抱えている。

ただ、新型コロナウイルス感染症の拡大は、地方の産業や企業が自ら変わる機会を与えてくれた。これは、稼げる地方を創ることにつながる大きなうねりである。

福井県は、二次産業特化県であり、化学や繊維、眼鏡枠など、古くから続く地場産業が集積している。特に基礎技術、素材や部品といった、製造業のなかでも、いわゆる川中の分野に強く、生産はマーケット（川下）の動きに大きく左右されてしまう。川中の分野に長く居ると、自分たちでマーケットを創造していくことが苦手になっていく。福井県だけでなく、多くの地方が、この状態に陥っているのではないだろうか。

そうした中で、福井県立大学地域経済研究所が2021年3月に公表した「第二回 福井県企業の『コロナ禍での事業活動に関する緊急調査』結果報告書」で、興味深い報告をしている。「福井県企業の19・3%が、コロナ禍で何らかの製品・技術・顧客サービスの開発に着手しており、この動きは、福井県産業界においては産業革命的な規模」というもので、開発の具体的な内容として「繊維、その他の製造業、眼鏡産業でのマスク、防護服、アクリルパネル、消毒用アルコール、フェイスシールドなどコロナ関連対策製品」だけでなく「情報通信産業を中心にSNSクラウドサービス、iPadアプリ、設計図書照査システム、リモートエンハウスなどデジタル関連ツール」の開発が目立っている。「コロナ関連、防災関連などの分野で『命を守る』製品開発やニューノーマルで働き方が変わる中、それに関連したデジタルツールの開発」が行われているという。

伝統的な産業の切り方は、一次産業、二次産業、三次産業や、これを細分化した「農業、林業」や「漁業」、「食料品製造業」、「繊維工業」などといった、いわゆる「タテ」型である。産業政策を検討する場合、この切り方が影響し、政策もまた農業や工業や福祉と「タテ型」になっている。

しかし、地方の産業や企業の動きをみると、「タテ」型ではなく、産業を横断して、共通するテーマ性（福井県の場合「命を守る」）に沿って、それぞれの産業・企業が各自で事業を行っていることが分かる。テーマ性によって産業を切ることは「ヨコ」型であり、この切り口で、地方は産業政策、産業支援を検討してみてはどうだろうか。「タテ」型の場合、高度化や転換という視点がつきまとう。これでは、極めて小規模な企業は、政策や支援の対象から外されてしまう。

しかし、「ヨコ」型では、テーマに沿って、自社の規模や実情にあった範囲で挑戦する機会を与えることができる。既存の設備や技術を応用することで、新たな商品やサービスを生み出し、一歩とまでいかないまでも、半歩ずらした多角化を促すことにつながるのではないか。なによりも、規模も業種も問わず、地域に集積した産業、企業が一体となり、変化のうねりが起こることが期待できる。産業さえ作れば問題が解決するという考えは、捨てるべきで、例えば、「コロナ対策×ＤＸ推進」のような「テーマ×道具」という「ヨコ」型で徹底的に深掘りしてほしい。

（3）伝統的な手仕事を復権させる

地方に不足するクリエイティブ産業の確保・育成・創造が、地方の救世主になるという声を聞くことが多くなった。地方におけるクリエイティブ産業の不足によって、仕事と付加価値が外に流れ出しているのだから、これを食い止めることには賛成である。また、クリエイティブ産業は、とかく、働く場所や時間が固定化されず、制約が少ないため、多様な働き方が可能な分野でもある。

クリエイティブ産業と聞くと、テクノロジー、デジタル、デザイン、ソフトウェアといった先進性をイメージする言葉が思い浮かびやすい。しかし、クリエイティブ産業を軸とした国家政策を世界でいち早く展開した英国の文化・メディア・スポーツ省のクリエイティブ産業の定義には「工芸」が含まれている。

工場労働や事務作業という「手作業」ではなく、地方こそ「手仕事」＝「工芸」によって、稼げる地方をつくるヒントを見出してみてはどうだろうか。地方における「生産の担い手」は、仕事の工場化、機械化によって「手作業の担い手」になった。地方における生活や暮らしにおける智慧の結晶とも言える「工芸（手仕事）の担い手」を奪っていったのである。同質なモノを大量に作り出すことに価値があるという時代の流れが、その地の自然や文化といった資源によって創り出され、本来、その地域にとって、最も付加価値が高いはずの工芸を、古臭いもの、価値のないものにしまった。とはいえ、地方には、まだまだ伝統的工芸品産業や郷土工芸品が多く残っている。ただ、これらは、芸術や文化、歴史的な遺産として扱われることが多く、維持するもの、保全するものというスタンスがとられることも少なくはない。工芸を、維持するもの、保全するものから、地方が稼ぐためのカードにすることが期待される。

例えば、福井県には、伝統的工芸品の指定を受けた産業が7つある。福井県郷土工芸品の指定を受けたものも29ある。福井県で暮らしていれば、それぞれの市町には、暮らしに根づいた工芸的要素が残るものを発見できる。工芸とは手仕事であるから、それをつくる作家と知り合うことや、間接的にどのような作家が創作しているのかを聞くことになる。そうした出会いから気づいたことは、工芸とは男性的な手仕事と思っていたのが、意外と女性の作家が多くいるということで、例えば、福井県では、和紙、陶芸、ガラス工芸、蒔絵、組子細工といった具合である。創作活動をする時間には制約がなく、まさに、多様な働き方の実践者たちとも言える。こうした人たちの働き方や考え方にもっと光をあてて、ロールモデルとしてはどうか。

消費のEC化や、インバウンド需要の減少は、ますます、世界中にいる本物を求める「消費の担い手」とのアクセスを促すことになるであろう。そうしたとき、日本の地方に残る工芸ほど、「日本らしいもの」であり、「手仕事」から生まれる、極めて希少なものとして、再評価されるのではないだろうか。また、多様で柔軟な働き方を求める人の受け皿にもなるのではないだろうか。

おわりに

地方は稼げるようになるのか。地方は、革新性と伝統性とのはざまにある。環境変化とは、ゆっくり着実に訪れるものであり、変化の渦の中にいるときは、なかなか気づくことができないことも多い。ゆえに、変化に対応できなかったことで衰退してしまうというリスクを、地方のみならず私たちは常に抱えている。地方は、このリスクにはまり込み、稼げない状態になった。こうした状況をつくってしまったのは、地方ではなく、私たち地方の担い手ではないか。

人とは、変えることによるリスクや失敗を恐れ、現在の状況を変えることを嫌い、現状を維持したいという臆病さを持っている。例えば、画面越しでは本来の意思疎通などはできないといったあたかも正当な理由にすり替え、なかなか進まなかったリモート会議やリモート商談などは驚くほどの速さで浸透した。サブシステム——緊急時の対応手段——であったはずのリモートが、メインストリームになりつつある。

こうした現象は、私たちが変わることに臆病な生き物ではなく、変わることができる生き物であることを証明してくれたのではないか。また、これまでの地方にある足かせを取り払い、あらゆる構造を抜本的に見直すことで、今こそ、新たなステージへと飛び出す絶好のチャンスなのではないだろうか。

最後に、本章から見えてくることを少しだけ示して締め括るとしよう。

人口減少、環境重視の時代になったのだから、生産性という「ものさし」を「付加価値の最適化と労働時間の最短化」といった具合に変える必要があるのではないか。付加価値の極大化を目指すために生産と消費を増やすのではなく、付加価値は、地方の持続可能性を担保できる範囲でいいのではないか。私たちが人間らしい働き方、暮らし方ができる地方の誕生が望まれる。労働時間の最短化は、暮らしに振り分けることができる時間が増すことを意味している。これが実現すれば、人間的な暮らしが地方に広がる。地方だけでなく、日本も、地球も、これで良いのではないだろうか。

こうしてみると、かつての地方は、貧しかったのではない。豊かであった。暮らしが中心で、最小限で最適な労働があり、地域を維持するのに十分な付加価値を、自らの手で農業や工芸などによって生み出していた。適正な生産と消費の範囲で、地域が維持されていた。

2024年の上半期には、新紙幣の発行が日本では予定されている。その顔の一人が日本資本主義の父と呼ばれる「渋沢栄一」である。なぜ今「渋沢栄一」なのか。いま求められていることは「論語と算盤」であり、経済合理性（算盤）だけではなく、倫理であり、心と直接につながった生産と消費（論語）によって、稼げる地方をつくりあげていくことが求められているのではないだろうか。

注

（1）「日本の労働人口の49％が人工知能やロボット等で代替可能に〜601種の職業ごとに、コンピューター技術による代替確率を試算〜」(https://www.nri.com/-/media/Corporate/jp/Files/PDF/news/newsrelease/cc/2015/151202_1.pdf, 2021年10月16日閲覧)

（2）「8月の完全失業率2・2％、総務省『完全雇用に近い状況』」(https://www.nikkei.com/article/DGXLASFL01H96_R01C19A0000000/, 2021年10月16日閲覧)。

（3）国土政策局「企業等の東京一極集中に係る基本調査（市民向け国際アンケート）」(https://www.mlit.go.jp/policy/shingikai/content/001381856.pdf, 2021年9月10日閲覧)。

（4）厚生労働省「一般職業紹介状況（職業安定業務統計）：雇用関係指標（年度）」(https://www.mhlw.go.jp/toukei/list/114-1d.html, 2021年9月10日閲覧)。

（5）経済産業省「令和2年度産業経済研究委託事業（電子商取引に関する市場調査）報告書」(https://www.meti.go.jp/policy/it_policy/statistics/outlook/210730_new_hokokusho.pdf, 2021年10月16日閲覧)。

（6）ちなみに、その他（地方）のインターネット販売のシェアが33・4％であるのに対して、通信・カタログ販売のシェアが51・3％になっているのは、「ジャパネットたかた」がある長崎県や、「ふくや」「新日本製薬」がある福岡県、そして「セシール」の創業地である香川県への通信・カタログ販売を利用した消費が流入しているからと言えよう。

（7）市場の変化に合わせて、必要な新しいスキルや知識を取得することと定義しておく。

（8）国内旅行を対象に宿泊・日帰り旅行代金の1／2相当額を支援。支援額の内、①7割は旅行代金の割引に、②3割は旅行先で使える地域共通クーポンとして付与。一人一泊あたり2万円が上限（日帰り旅行については、1万円が上限）。連泊制限や利用回数の制限なし。

（9）2021年8月末現在では、9都府県がコロナウイルス感染症による緊急事態宣言下にあり、また、依然としてステージ3以上の地域が多いため、再開の見込みが立っていなかった。

（10）ここでいう嶺南6市町とは、敦賀市、小浜市、美浜町、高浜町、おおい町、若狭町であり、嶺北11市町とは、福井市、大野市、勝山市、鯖江市、あわら市、越前市、坂井市、永平寺町、池田町、南越前町、越前町である。

column 4

まちの主人公は自分

福井県鯖江市に漆器の生産が盛んな河和田《かわだ》という地区がある。人口は4000人にも満たない小さなまちであるが、ここでは年に一度、3万人以上（2020年度実績）の来場者を集める国内最大級の産業観光イベント「RENEW（リニュー）」(https://renew-fukui.com/)が開催されている。このイベントでは、参加する70社以上の漆器などの工房が一斉開放され、来場者は工場見学やワークショップ、ショッピングなどを通じて職人と話をしながら、普段使っているものの裏に、どんな顔の人が、どんな場所で、どんな技術で、どんな想いをもってものづくりに関わっているのかを体験・体感することができる。

◆「よそ者」に芽生えた当事者意識

このRENEWの立ち上げには、ある「よそ者」が大きく関わっている。合同会社TSUGI（ツギ）の代表である新山直広氏である。氏は大阪のニュータウン出身で、大学では建築分野を専攻していたが、リーマンショックによる世界の変化を受け考えが大きく変わった。新しいものを作り続けることよりも、今あるものを活かした生き生きとした暮らしにシフトすることへの必要性に気づき、地域おこしやまちづくりを志すようになる。その後、大学時代に河和田に来た縁もあり当地に移住を決意した。

移住した2009年当時の河和田は、移住者どころか若者すら少なく、23歳の氏は青年会ならぬ壮年会に属することになるような状況であった。またその頃、鯖江市から越前漆器の調査業務を請け負ったことで、漆器産業の危機的な状況を目の当たりにすることにもなる。同産業はピークだった1980年代から2012年のたった30年の間に、出荷額、従業員ともに約1／3にまで減少していた。そして生産者からは、景気の悪さへの嘆き、よかった時代への逃避、他社への悪口など、ネガティブなものが多く聞こえてきた。この時、移住してきた自分に多大な支援をしてくれた職人たちへの想いが、この危機的状況をだんだん自分事

写真4－1　RENEW総合案内所（福井県鯖江市うるしの里会館）

写真提供：合同会社 TSUGI

に変えていった。まちづくりをしたくてこのまちに来たが、高齢化など課題は山積していた。その中で、まずは主幹となるものづくりが元気にならないとまちは元気にならないと考え、そのために自分は何ができるか、このまちに足りないものは何か、そこで導き出された答えがデザインであり、自らデザイン事務所を設立するに至った。「よそ者」であることやデザイナーへの間違った認識など、最初は批判的な意見もあったが、地域に対する想いを持ち、実際に自分事として行動する氏の周りにはたくさんの人が集まってきていた。

◆来たれ若人、ものづくりのまちへ

そんな氏が仕掛けたのがRENEWである（**写真4－1**）。RENEWはリニューアルからきている。バブル時の成功体験から抜け出せない停滞した状況から、自分たちのマインドである工夫力や乗り切る力を発揮していこう、時代に合わせたものづくりに更新していこう、ものづくりの誇りを取り戻そう、そんな想いが込められている。

コンセプトに「来たれ若人、ものづくりのまちへ」とある。これは正しく未来の若者に来てもらおうと掲げている。伝統工芸は高齢化しており、今、人を雇わないと途絶えてしまう状況であり、雇用を生む必要があった。そのためには、まずは各工房が売上を伸ばさなければならないが、売上が伸びたからといって人は来ない。地域に魅力がないと人は来ず、来たいと思えるまちをどうつくるかが大きなミッションになった。

RENEWを開催するまでは、この地に産地という言葉はなかった。組合で一部使用されてはいたが、昨今使われるような意味合いは薄かった。各工房それぞれ自社利益追求の視点が強く、地域一帯で取り組むという意識はあまりないような状況であった。また、漆器産地と言いながらもそのほとんどがOEM※商品であるが故に、工房は直接消費者と接することがなく、工房で「魅せる」「伝える」という意識も欠如していた。

RENEWはそのような複数の工房を産地として繋ぐとともに、それぞれの工房にお客さんを連れてきた。これは「内」と「外」の両面において大きな効果をもたらした。「内」においては、イベントの来場者が工房に来て商品を手に取り、素敵だ、かわいいなど、制作現場を見てすごい、楽しいなどの声を直接かけてくれる。外の声は職人に自身の中の誇れるものを気づかせ、来てくれる人のためにもっとできることがあるのではないか、という外向きで前向きな意識を抱かせた。またそれは単独の話にとどまらず、産地全体にその意識の共有をもたらした。「外」においては多くの人が河和田を知るきっかけになり、実際に来場に繋げ産地のファンを生み出している。河和田地区から始まったRENEWはその地域だけには収まらず、周辺の別の産地を巻き込み、年々より大きなイベントに発展している。

事実、この6年で地域に24以上のファクトリーショップが開設されることになった。これは職人たちが自分事として意識に変化が生まれ、実際にチャレンジしている表れではないだろうか。また、「来たれ若人」の狙い通り、訪れる人が増えたことで工房への就職にも繋がっている。しかしそれはものづくりの人だけでなく、カフェをやりたい人、ゲストハウスをやりたい人、小売りをやりたい人、あるいはまったく関係のない人など、100名を超える多様な人々をこの地に引き寄せている。これは魅力あるまち、来たいと思えるまちに変わっているからではないだろうか。

◆理想の姿は、日本一ファイティングポーズをとっている産地

よそ者が仕掛けた取組みは、地域に「こんな未来の景色をつくりたい」というビジョンを示した。そこに「その未来なら共感できる、その未来なら一緒に実現したい」と、氏を認め信頼する人々が加わった。また彼らは、地域への想いを持った人に対し

「自分でもこのまちに関わっていいんだ」という気持ちを抱かせ、行動を後押しするような、ある種の確信性のようなものを作り地域に受け入れている。氏は人々に、「まちを良くするのは誰でもなく自分であり、まちの主人公は自分である」ということを気づかせたのだ。

最後に氏に河和田の理想の姿を尋ねてみた。「日本一ファイティングポーズをとっている産地になってほしい。コロナで何もかもが停滞し閉塞感が高まっているが、こういう時だからこそ士気を下げてはいけない」と語る。また「この産地の好きなところは時代に取り残されないように必死に工夫する人が多いところ」とし、「伝統は守るべきものではなく、更新するものであり、そうでなければ進化はない」と言う。

一人一人が地域のために何かしたいと気づき、自分事となったときに小さな渦が生まれ、それは地域の中の人だけでなく、外の人も巻き込みながら大きな渦となっていく。それが、ずっと変化を続け発展し続ける新しいベクトルを持った故郷になるのではないだろうか。

※OEM「Original Equipment Manufacturing」の略。他社ブランドの製品を製造すること。

【協力】合同会社TSUGI　代表　新山直広氏

05 こんな地方《ふるさと》だったらいいな！
——私たちが考える「新しい地方《ふるさと》」とは何か——

はじめに

新しい地方《ふるさと》とはどういう地域なのだろう。

この問いに対する答えは、おそらく人それぞれなのだと思う。例えば、自然の中でゆったりと生活できる場所、行きたいところに行きやすい場所、病気になり看護・介護が必要になっても困らない場所、老後住んでみたいと思う場所など、希望するふるさとのイメージは様々なのではないかと思う。

2021年8月、経済、社会調査、医療福祉、地方自治の教育研究者と、企業コンサルタント、出版関係者、銀行関係者の本書の筆者ら8名が、福井県を事例に「新しい地方《ふるさと》」とはどういう地域を指すのか、それぞれのイメージを明らかにしようとWeb会議室に集まりワークショップを行った。この8名は全員福井にゆかりのある者たちである。福井産まれの福井育ちで福井に住んでいる者、他県に出て福井にUターンした者、大都市から福井にIターンした者、福井から出て今は大都市に住んでいる者、福井に住む人たちと仕事をしている者である。地方と大都市のどちらにも居住経験があり、両者を比較できる者たちが一堂に会し、自分の研究や経験、イメージを織り込みながら、設定した項目に沿い自由にディスカッションを行った。

福井県を事例に、私たちが考える「新しい地方《ふるさと》ワークショップ」で設定した項目は、①福井の良いところ・強み（思いつくままに・なんでも良い）、②福井の困ったところ・弱み（思いつくままに・なんでも良い）、③良いところを伸ばすための方法、④困ったところを解決・改善するための方法、⑤私が理想とする福井・新しい地方《ふるさと》のイメージ、の5つである。

本章は、これらの項目に沿ってディスカッションした内容をふまえて構成している。

「①福井の良いところと強み」では、地方・福井の良いところ・強みとして、福井県の仕事の状況と、大自然がもたらす恵み、家族形態、子育てや医療・介護の状況などを検討し、福井県が幸福度日本一に選ばれる要因を探っている。また「②福井の困ったところ・弱み」として、若者が県外に流出する要因となる仕事の内容や、地縁・血縁による結束型のネットワークのメリットとデメリット、公共交通機関の少なさによる交通弱者の問題を検討している。

「③地方の強みを延ばし弱みを解決・改善する方法」では、福井県の良いところ・強みを伸ばす方法として、地方に多い中小企業のメリットや地場産業を活性化させる方法、大自然とボランティアを活用した事業の展開と拡大方法、結束型のネットワークのメリットを活かした地域づくりについて検討した。また、「④福井県の困ったところ・弱みを解決・改善する方法」として、大都市圏等で経験を積んだU・Iターン者が働く場づくりや、結束型のネットワークのデメリットを払拭するための方法について検討している。また公共交通機関を利用することのメリットを明らかにし、多様な移動手段の提案と利用拡大について検討している。

「⑤私たちが考える新しい地方《ふるさと》とは何か」で、筆者らが持つ多様な専門性を用いて検討し結論づけた、私たちが考える新しい地方《ふるさと》の3つの条件を示した。福井県にゆかりのある筆者らが、日頃「こんな地方だったらもっと良い」「もっと素敵になるにの」と感じている意見を出し合い整理した「新しい地方《ふるさと》」を紹介したい。

1 地方・福井の強みと弱み

自然豊かな地方での生活をイメージするとき、多くの人が「大自然の中でのびのびと生活できる地方は子育てには最適」「しかし、仕事がない、公共交通機関がないなど不便なことが多い」「今の仕事と生活を捨て、不便で刺激もない地方で生活することはできない」と考えるのではないだろうか。豊かな自然にあこがれても、実際の生活となると二の足を踏む人が多いのが実情であろう。大都市圏と比較すると、確かに地方の生活には不便なことが多い。特に近代的でスマートな職場や居住環境で、お金さえ出せば何でも手に入る便利な生活に慣れた年代は、不便な地方ではとても暮らせないと感じるのではないだろうか。

大都市への人口集中が進む近年、それでも地方が良い、地方で暮らしたい人がいる。そのような人がいる以上、地方には、やりたい仕事がない、不便で刺激がないなど困ったこと・弱みがある反面、それを上回る良い点や強みもあるのではないか。そこで福井県を事例に、地方の良いところ・強みと困ったところ・弱みを具体的に考えてみたい。

（1）地方・福井の良いところ・強み

①地域資源が育む産業

地方・福井県は、有効求人倍率が全国一で[1]、働く場と機会が多い地域である。仕事内容は、豊かな自然や固有の伝統性に裏付けられた地場産業、すなわち伝統的工芸品や繊維、化学工業、眼鏡枠などの製造業が中心で、この地域に固有の資源や暮らしの知恵から生まれたものが多い[2]。地域資源を活用して創業する人も多く、福井県の社長輩出率は全国トップである[3]。

②大自然が生み出す多様なドラマ

豊かな自然がもたらすものは仕事だけではない。越前ガニや越前そば、コシヒカリに代表される新鮮でおいしい豊かな海の幸・山の幸を日常的に安価に得ることができる。(4) 自然の恵みをふんだんに蓄えた、食べるものには困らない地域である。豊かな自然は、日本海の荒波でつくられた東尋坊や越前海岸、全国名水百選にも選ばれる御清水や瓜破の滝などの観光資源をうみだし、(5) 日常の生活から離れイベントとして出かけなければ見ることも感じることもできない広大で美しい大自然を日常の中で楽しむことができる。

広大な自然空間は、公園やキャンプ場、アスレチック施設等にも活用されている。また、子どもたちの自由工作や音楽の練習場、地域高齢者の集いの場、トップアスリートの育成の場として無料または少ない費用で自由に使える場がつくられている。(6)(7)(8) 例えば、冬は自宅近くにスキー場やスケート場があり、夏はいたるところに海水浴場が開かれ、海岸ではシュノーケリングやダイビング、サーフィン、ボートやヨットなど、思いついたときに手軽に利用できるスポーツがある。それ以外にも、野球やソフトボール、バドミントン、フェンシング、近年人気が高まっているボルダリングなど、固有のスポーツに特化した専用の練習場があちこちにあり、(9) 世界で活躍するアスリートが輩出されている。(10)

親子が無料で利用できる施設では、自然の動植物を活用した自由研究や工作などの多様な体験ができる遊びや学修の機会が準備されている。(11) これらの場には、地域住民がボランティアとして活動しており、それらが県内の高いボランティア活動や高齢者の健康長寿、子どもたちの教育力や体力の高さにつながっている。

③福井に根づく相互扶助機能

さらに夫婦共働きが全国一の福井県は、三世代同居・近居が多く定住性も高い。夫婦二人で働くダブルインカムや、働き手が3人以上のマルチインカムも多く、世帯収入、貯蓄率が高く、経済的にゆとりある生活が可能となっている。三世代同居・近居や定住性が高いことにより、地域には地縁・血縁による結束型のネットワークが形成されている。この結束型ネットワークのちからが、福井県の未婚率の低さや子育てのしやすさ、高い合計特殊出生率につながっている[12][13]。ずっとそこに居続ける、言い換えると逃げるところがない地域性が、勤勉さや手堅さ、相互に助け合う互助の精神を持つ県民性につながっていると思われる。

高齢になると、誰もが自分が暮らす地域の医療や福祉が気になると思う。福井県の医療・福祉面は、特に嶺北地域で病院や介護施設が充実している。医師や看護師、リハビリ職などの士業職も、全国平均を上回っている[14]。医療と介護の連携による地域の支援体制は、県医師会の協力のもと、県内の病院や診療所、看護・介護施設等をつなぐWebシステム「ふくいメディカルネット」が構築されている[15]。ふくいメディカルネットを活用すると、例えば高度急性期病院で受けた検査や治療内容を、自宅近くの診療所の医師が確認できる。よって住民は、県内のどこに住んでいても安心して医療を受けることができるのである。行政と県内医療団体との協力体制も良く、全国に先駆けて進められた体育館を活用したコロナウイルス感染者の病床確保を「福井方式」として耳にした人も多いと思う[16][17]。

このように、働く場や住まい、食事、経済、育児、医療・福祉、住民同士の相互扶助機能が存在する地域では、そこで安心して生活するために必要なものが身近にあり、不安要素が少ない地域、すなわち失点が少ない地域だといえる。そしてこの失点が少ないことが、福井県が幸福度日本一[18]に選ばれる要因となっていると思われる。

（2）福井の困ったところ・弱み

①華やかさがない日常

とはいえ、県内だけで生活していると福井県の良さがわからない・感じられないものである。働く場所がたくさんあっても、誰もが知っている一流企業や本社がない、テレビで見るような華やかな仕事、大都市にあるような近代的な社屋がない。仕事は、選ばなければあるという状況であり、仕事の選択肢が少ないのである。そのため、県民の一般的な働き方とは違う働き方がしたい、自己の能力を高めることができる仕事がしたい若者が県外に流出している[19]。

また、地縁・血縁による結束型のネットワークの存在は、地域の助け合いなど相互扶助機能が働くメリットがある半面、先祖代々の墓守や、地域の集まりには必ず顔を出さなければならないなどのしがらみが多く、いつも対面を気にしなければならない。さらに、結束型のネットワークは同調圧力や横並び志向が強く、異質な存在やよそ者には不寛容である。異分子が排除されやすいデメリットをもつ[20]。そんな地方の環境に、若い世代は自由とは程遠い感覚を覚えるのではないだろうか。親類縁者や近所付き合いも、若者にとっては窮屈でしかないのではないだろうか。相互扶助のありがたみがわかるのは、結婚し世帯を構える年代になってからであり、若者たちは自由に憧れ、しがらみを捨て、華やかな大都市圏に出たいと考えるのだと思う。加えて、若い世代は県内の観光地に出かけ四季折々の景色を楽しんだり、アウトレジャーやスポーツなどを楽しむ日常より、大都市圏にある大掛かりなテーマパークや、テレビによく出る有名な地域や遊び場に、行きたいとき・行きたい時間に手軽に利用できる電車やバスで出かける日常のほうが、刺激も多く楽しいと感じるのではないかと思う。

福井県には、ディズニーランドのような誰もが知っているテーマパークもなければ、渋谷のような若者の街、巣鴨のようなおばあちゃんの原宿もない。県内には、高齢者向け、家族向け、若者向け、子ども向けというように、特定の年代・領域を対象とする特徴的な遊び場がないか、あっても少ないのである。どこに行っても同じ景色、似たような施設では、若者などはすぐに飽きてしまうだろう。

② 交通弱者の増加

車社会の福井県は、公共交通機関が不便であることもネックである。自家用車がなければ、運転ができなければ移動することもままならないのである。このような地域では、高齢等で車の運転ができなくなった途端に交通弱者になる。少子高齢化が進む地方は、交通弱者問題を真剣に検討する必要がある。

福井県永平寺町では、遠隔型自動運転システムによるレベル3自動運転を開始している[21][22]。レベル3とは、ある場所ですべての操作が自動化し、緊急時のみドライバーが運転するシステムである。自動運転が進むと、運転ができない人も車で移動することができるようになり、電車やバスに乗っているときと同じように読書や仮眠を取るなど自由な時間をもつことができる。しかし、システムトラブルが発生したときや緊急時の対応等、まだまだ解決すべき問題が多く、実用化までには時間がかかるであろう。必要十分な電力の供給体制を構築するにも時間がかかると思われる。公共交通機関が少ない地方では、自動車で移動するという選択しかないのである。

それでは徒歩や自転車を使った移動はどうだろうか。大都市圏のような歩道や遊歩道、自転車専用道路は、健康づくりのサイクリングコース等として一部地域しか整備されておらず、道路も一車線の区間が多い。そのため、車を運転している人にとっても不自由に感じることが多く、道路を歩いたり自転車で走る人には危険が伴うのが現状である。農道も多く、強い横風が吹く日などは遮るものがないため徒歩でも危険である。このような道路では、徒歩や自転車で安心・安全に移動することは困難である。交通弱者が徒歩や自転車でも安心・安全に移動できる道路や移動方法を検討する必要があるだろう。

2 地方の強みを伸ばし、弱みを解決・改善する方法

このように、福井県には地方の良いところ・強みと困ったところ・弱みが存在する。おそらくこれらは、他の地方と呼ばれる地域にも共通する内容であろう。

2019年から始まったコロナウイルスの感染拡大は、我々の仕事や生活様式を大幅に変えざるを得ない状況をうみだした。特に人口が集中する大都市圏では、感染者の大幅な増加や感染者を治療・看護する病床の不足、また、県をまたぐ移動の自粛やリモートワーク、夜間の飲食店の営業自粛等が進められた[23]。2019年以降、大都市圏に住まう人・世帯の地方移住が現実味を帯びたのではないかと思う。

福井県では、２００７年より県や市町の支援を受けてＵ・Ｉターンした方を「新ふくい人」として人数を集計している。福井県のＵ・Ｉターン数は年々増加しており、平成26年が３６１人であったのに対し２０１８年度は７１９人であった。年代では20～34歳の子育て世代が全体の約50％を占め、関西（53・２％）や中京（17・７％）からの移住が増加している。報道発表資料では、コロナウイルスの感染が拡大した２０２０年度は、６２３世帯１００４人が移住し、移住者数は過去最高となっている。増加率も上がり、過去３年の増加率が４・８～14％で推移していたのに対し、２０２０年度は前年度から22・４％増加している。移住者の地域別では、関東からの移住が３２５人で３割を超え、これまで最多だった関西は２位となった。中京を含めた３大都市圏の合計は、全体の８割近くである。コロナウイルスの感染拡大が福井県への移住数を押し上げたと思われる(24)(25)(26)。

コロナウイルス感染拡大は、感染リスクが小さい地方への移住を検討・決断・実行するきっかけになると思われる。しかし、仕事や生活のしやすさ、子育て支援や地域医療の充実等が伴わければ、移住を検討する地域として選ばれないであろう。せっかく移住したとしても、再び大都市圏に戻ってしまうこともあるだろう。そこで、福井県を事例に地方の良いところ・強みを伸ばし、困ったところ・弱みを解決・改善する方法を検討してみようと思う。

（1）福井県の良いところ・強みを伸ばす方法

①寄り添い型、伴走型支援の検討

有効求人倍率が全国一の福井県は、豊かな自然や固有の伝統性に裏付けられた地域産業や第二次産業が中心で、地域にある資源を元手に創業する人も多く、福井県の社長輩出率は全国トップである。したがって県内には中小企業が多く、従業員数が少ない職場も多い。大企業に比べ中小企業は、社長はじめ従業員間の人間関係を築きやすく、アットホームな職場環境をつくりやすい。そのような職場では、従業員の個別性にあわせた多様な働き方を準備しやすくなると考えられる。同時に、多様な働き方を認めあう職場づくりを推進することで、仕事が継続しやすくなるのではないかと思う。

国が示す法令を遵守したガチガチの規則で従業員を縛るのではなく、その時々の個人・世帯の状況にあわせた多様な働き方や、従業員が相互に助け合える職場環境をつくり、従業員のワークライフバランスに貢献する社内のしくみを創設することで、中小企業の強みを活かした職場をつくることができるのではないかと思う。同時に、企業独自のワークライフバランス事業を地域で支えるしくみをつくることができれば、地域の中に働きやすい職場が増えるのではないかと思う。

社長輩出率が高い地域では、新たな事業を起こすことが比較的容易なのではないかと思われる。県外の状況を知るU・Iターン者は、福井県にはないもの、その地域ではまったく新しい事業を起こすことが可能ではないだろうか。事業性がしっかりしていれば、地元金融機関も融資しやすいであろう。地方を拠点に、これまでにない新たな事業の創設を、地域の新たな資源として支援するしくみがあれば、チャレンジする人も出てくるのではないかと思う。その際、事業に補助金を出し、あとはその人任せにしまうのではなく、事業が継続できるようその事業をPRする、自ら品物を買うなど資源を活用する、消費行動を引き出し継続するためのシステムが地域にあればさらに良いのではないかと考える。

② ロールモデルをつくる

福井県には、豊かな自然環境を活かした遊び場や施設が数多く、県もちからを入れて環境を整備している。植物や昆虫の観察や地域産業を活かした工作や楽器演奏の練習、地域によっては町ぐるみでバドミントン等の特定のスポーツを推進しているところもある。このような施設では、県内の子どもや大人たちが体験型の学修やスポーツなどに取り組む姿がみられる。毎週決まった曜日に、性別や年代、職業が違う地域住民が集い、楽しげにバスケットボールやバレーボールなどを練習する姿をみると、自分も一緒にスポーツがしたいと思うようになる。このように、その土地、その地域の特徴を活かした学修やスポーツの推進は、地方の将来を担う子どもたちの高い学力や体力、住民の健康長寿につながっていると思われる。活動を支援する側がこのことを意識し、単に入れ物をつくるだけでなく、子どもたちの地域学修や地域スポーツの場づくりに取り組むことが重要であろう。

地域学修と地域スポーツの場づくりに欠かせない人材が地域ボランティアである。ボランティアの中にはプロ級の腕前を持つ方も存在し、この方々が活動に参加する者のロールモデルとなっている。多様なロールモデルの存在は、子どもたちの可能性を引き出す原動力にもなる。このようなロールモデルを誘致する・育成する・地域住民がその価値を知る・評価するしくみをつくり、県や市町で応援することができれば、子どもたちはロールモデルを目標に、より多くの体験学修・スポーツに取り組むことができるのではないか。目の前の「楽しい」だけでなく、10年20年の長期的な視野に立って考え取り組むことが必要である。

また、これらの事業は県内の子どもだけでなく、大人も子どもも県外者にも開き、誰もが自由に参加し楽しむことができる活動にしてはどうだろうか。事業資金の出所が自治体の場合、県民向けの事業になりがちである。しかし、例えば県民は無料、県外者には低価格で参加できるように開かれた事業にすることができれば、周辺地域の若者や家族連れが地域に訪れるかもしれない。事業に参加した結果、その事業が楽しく有意義なものであれば、口コミやＷｅｂを通じて地域の評判も上がるであろう。楽しいだけでなく安価で珍しい事業であれば、近年は自分たちがＰＲしなくてもＳＮＳなどを通じて参加者が上手にＰＲしてくれたりもする。

開かれた事業は、他県から訪れた家族が、その地域固有の美しい自然を知る、伝統工芸や新鮮な食材・郷土料理を知る、県内でお金を消費する、ボランティア人材や活動の意義を知るきっかけになる。開かれた事業づくりとボランティア人材の誘致・育成は、子どもの成長を支えるだけでなく地方の経済をも支えるちからになる可能性がある。地域の中に、働きやすい職場、子どもたちと一緒に楽しめる遊び場やアウトレジャーが身近にある地域、夫婦共働きがしやすい、優れた子育て支援策がある地域は、子どもをのびのびと育てたいと考える子育て世帯が移住しやすい。その際、異質な存在やよそ者を排除する雰囲気や同調圧力が強い結束型のネットワークの存在が移住の足かせにならないようにしなければならない。結束型のネットワークの強みは相互扶助機能が高いことである。地域住民が異文化を受け入れる・認めることができれば、ネットワークの強みが発揮され、お互いの生活の質が上がるのではないかと思う。

③相互扶助機能を活かす

福井県では、県や市町の支援を受けてUターン・Iターンした人を対象に交流会を実施している。同じカテゴリーに属する人を集め仲間をつくることも重要だが、その地方に昔からある地縁・血縁による結束型のネットワーク集団と緩やかにつながる・親しくなるための支援も必要なのではないだろうか。例えば、地方に移住した世帯がちょっとした困りごとを抱えたときに、気軽に結束型ネットワークによる相談支援が受けられる環境があれば良いのではないか。その際、相談援助者には個人情報の保護に関する意識づけが必要になるだろう。また、移住者はともにこの地域をつくる、育てていく人たちであることの意識づけができると良いと思う。結束型ネットワークの強みが発揮でき、住民同士の相互扶助機能が向上するための支援も必要なのではないかと思う。

（2）福井県の困ったところ・弱みを解決・改善する方法

地方の地縁・血縁による結束型のネットワークの存在は、相互扶助機能の強みより地方の困り事として捉えられていると思う。確かにプライバシーがないに等しい家族のような関係性は、自由を好む若者世代には邪魔なもの・必要のないものとして感じられるだろう。日常の中にある大自然の美しさや相互扶助機能の良さなどは、自由を求め大都市に出た若者たちが結婚や子育てをする年代になったとき、はじめてわかる・感じるものなのではないかと思う。家族や子どもの健康を守る若い親世代が、大都市を離れ地方に帰る、初めての地方に移住しようと考えたときに、容易に戻ること、移住することができると良いのではないかと思う。そのためには、仕事や住まい、結束型のネットワークがU・Iターン者の決断を妨げることがないようにしなければならない。

どうすれば防げるのだろうか。最初に、地方の仕事や住まいを考えてみよう。

①U・Iターン者が輝ける場をつくる

地方・福井県では、テレビで見るような華やかな仕事につくことは難しい。大都市圏に比べると給与も低い[27]。しかし、有効求人倍率が全国一の福井県では、仕事さえ選ばなければ働く場はある。給与も、大都市圏と比べると低賃金かもしれないが、大都市より少ない費用で生活することが可能である。生活費を圧迫する住宅費を例に考えてみよう。福井県内で住宅を取得しようとすると、大都市圏よりはるかに安価で広い一軒家を購入することができる。賃貸住宅も同様である。住まいづくりの支援も多く、子育て世帯や新婚世帯、U・Iターン世帯を対象とする支援制度もある。これらの制度を利用しない手はない[28]。

気に入った仕事がないなら自分で創る方法もある。福井県は、県内にはない新たな事業の創設にもちからを入れている[29]。新たな仕事をつくる発想力は、県内で生まれ育った既存の在住者より、他地域を知るU・Iターン者の方が有利であろう。少し時間がかかっても、自分のちからで稼ぐ、生活することができる人が増えてくれば、いち地方でしかなかった地域が「稼げる地方」へと変化し活性化するのではないだろうか。その活力が、さらなる新規事業の展開へとつながっていくのではないかと思う。

事業をつくるだけでなく、事業評価ができる人材の育成も必要である。大都市圏などの他地域で経験を積み、その地域とのつながりを持つU・Iターン者は、マーケットを県内だけに絞らず広く展開するであろう。ものづくりがうまい地方・福井県ならではの事業を展開すれば、全国各地区に地方・福井県をPRできる。また、他地域との比較することで適正価格がわかり、価格評価も容易にできるのではないかと思う。事業評価ができる人材としてU・Iターン者を育成することも可能なのではないかと思う。

このように、仕事があること、起業しやすいこと、広い居住空間がある住宅を安価に手に入れることができる地方は、安心して生活するための基盤づくりが容易である。自分が住みたい地方・地域の各種支援制度を活用し、そこに個人・世帯の居場所をつくり、新たな仕事、新たな生活を築いていく楽しみ方があっても良いのではないかと思う。

②多様な人たちが緩く繋がる空気を整える

次に、安心して住み続けるために重要な地域住民とのつながりについて考えてみる。

どんな地方にも存在する地縁・血縁による結束型ネットワークは、住民同士の助け合いなど優れた相互扶助機能を発揮する。一方で、プライバシーがないに等しい過度な詮索や価値観の押し付けなどが起こることで、その地で新たな生活を築いていこうとする人々の生活意欲がそがれてしまい、転居する人もいるだろう。人は相互の関係性の中で生きている。そうである以上、受け入れる側は多様な価値観や仕事・生活様式を受けとめる・受け入れる努力が必要である。家族的なつながりを求めたり、そうでなければならないといった固定観念の押し付けは、多様な生き方・考え方を否定するものである。新しいものを好意的にみる、遠くから見守るなど、柔軟で距離感のある緩やかなつながり方をすると良いのではないか。新たに生活し始める側も、その地域に古くからある慣習や考え方を否定したり、それまでの自己の価値観に基づいて行動するだけではなく、ともに地域をつくる・育てる一員になる意識が必要なのだと思う。例えば、ご近所さんとすれ違った際には挨拶する、地域の方々と一緒に清掃活動や除雪作業をしたり、一緒に地域活動する時間をもつのも良いと思う。いつもでなくて良い。そのための時間を取ることができるときで良い。自分や家族の状況にあわせ地域の活動に参加したり、その際に自分からかかわる機会をもつことで、近隣住民との距離感のある緩やかなつながりを構築することができると良いのではないかと思う。

③公共交通の価値を問い直す

仕事や生活環境が整うと、自宅から出て楽しく過ごせる場が欲しくなるものである。県内には自然を活用した様々な遊び場があるが、公共交通機関が少なく、どこに行くにも自家用車が必要である。地方の自然環境の保護や高齢化に伴い増加する交通弱者対策の視点からみると、車社会の街づくりや個人の利便性を追求する自家用車の運転だけを移動手段と考えることは得策ではない。10年・20年先のことを考え、今から電車やバス等公共交通機関の利用者を増やすことが望ましい。

福井県も他地域と同じくコミュニティバスを運用している。(30) 地域をいくつものエリアに分け、エリア内の幹線道路だけでなく住宅地も走るコミュニティバスは、自家用車をもたない交通弱者にとっては非常に有効な移動手段である。しかし、例えば自家用車なら10分で行くところを30分かけて移動するため、普段自家用車を利用する人や仕事に追われ少しの時間も惜しいと考える人などは、コミュニティバスは非効率で利用しないだろう。公共交通機関の利用者数を増加させるためには、住民一人ひとりが非効率を受け入れなければならない。

どうすれば非効率を受け入れることができるのだろうか。公共交通機関の良いところを考えてみよう。電車やバスなどは一度に多くの人を移動させることができるため、電気やガソリン等の燃料を節約することができる。車の排気ガスに含まれるＣＯ２も削減できるため、オゾン層だけでなく地方の豊かな森林を保護することができる。また、自家用車は、運転中は運転しかできないが、公共交通機関では移動中に本や新聞を読む、考えをまとめる、仮眠を取るなど、自分だけに与えられた時間として有効に活用することができる。車窓から、これまで気がつかなかった地域や建造物を知ったり、四季折々の自然を感じることができるだろう。福井鉄道の路面電車や、(31) 女性添乗員がいるえちぜん鉄道などのように、(32) ローカル色豊かな電車に乗ることそのものを楽しむこともできる。駅やバス停まで歩くことが増え、健康寿命が延伸するかもしれない。

より細い路地に入る、玄関から玄関まで移動したいときもあるだろう。そのようなニーズには、安価に利用できるタクシーや乗り合い自動車のようなしくみをつくり対応する方法もある。徒歩や自転車を利用したい人たちには、雪国ならではの融雪装置の設置や、除雪で傷んだ道路の補修工事等の際に歩道や自転車道を整備し、同時に公共自転車の設置個所を増やすことで、安全な道路、利用しやすい公共自転車が増える。歩行や自転車が利用しやすい地域の環境をつくることで、公共交通機関の利用者も増加するのではないかと思う。

このように、移動の選択肢を増やすこと、行動することのメリットをＰＲすること、非効率を受け入れた行動を実行することで、人は「その方法も良いかもしれない」「やってみよう」と考え実行するのではなだろうか。多様な移動方法を準備することで、交通弱者が移動しやすい街をつくってみてはどうだろうか。

3 私たちが考える新しい地方《ふるさと》とは何か

福井県に何らかのかかわりを持ち、福井県以外の地域も良く知る私たちは、福井県を事例に、地方の良いところ・困ったところ、強みと弱みを明らかにし、良いところを伸ばし困ったところを解決・改善する方法を検討してきた。これらの検討をふまえ、新しい地方《ふるさと》とはどのような地域なのか、筆者らが考える新しい地方《ふるさと》の条件を提示する。

(1) 安心して生活できる日常がある地域

海・山・川・里など豊かな自然、広大な空間がある地方では、人と多様な動植物が共存している。このような環境では、自由でのびのびと暮らせる広い居住空間や、新鮮でおいしい食材を手に入れることができる。自宅から一歩外に出ると、地域にはご近所さんをはじめ顔見知りがあちこちに存在し、周囲には挨拶を交わす人、笑顔で交流する人、困ったときには手を貸す・貸してくれる人達がいる。四季折々の自然を身体で感じ、ゆったりとした時間の流れの中で、他者との穏やかなかかわりを楽しみながら、安心して生活することができる日常が新しい地方《ふるさと》にはある。

無機質で機械仕掛けのような決まりきった生活を送っているうちに、人間らしい感情や感性が失われ、ふと気がつくと面白みのない人生を送っているのではないかと不安になることがある。豊かな自然、豊かな時間と空間、穏やかな人間関係がある日常は、加点も少ないが失点も少ない。そのような日常は、これまでの日常をアップグレードするではなくダウングレードやダウンサイズすることになるであろう。しかし、ダウングレード・ダウンサイズした新しい地方《ふるさと》の暮らしから、これまで当たり前に思っていたことがそうではなかったことに気がつく。これまで大事にしていたことや、なければ不便だと思っていたものが、実は余分なもの、無駄なものであることに気づく。これまでの価値観が大きく変化し、ダウングレード・ダウンサイズした生活様式に新しい価値を見出していく。余分なもの・無駄なものをそぎ落とし、新たな視点で自分の生活を見つめることで、はじめて自分らしい生き方や等身大の暮らしがみえてくるのではないだろうか。電気もなければスーパーもないなど、長年慣れ親しんだ便利な生活を極端にダウングレードするのではない。そこそこ便利であること、知恵と工夫次第で楽しく暮らせることが、安心して生活できる条件になるのではないかと思う。新しい地方《ふるさと》は、自分らしさを取り戻す日常生活がある場なのだと思う。

(2) 人々の緩やかなつながりがある地域

地方によくある強固な結束型のネットワークは、人々の関係性が強すぎ外部からネットワークに入ることが困難である。また、ネットワークから出ようとするときはすべてを捨てないと抜けることができない。あるかないか、入るか出るかの二者選択なのである。このようなネットワークが存在する閉鎖型の地域では、狭くて強固な関係性が頼りであり、そこには選択肢もなければ新たな発見もない。変わらないことが安心であり美徳である。

一方、緩やかなつながりは、異質で多様な人々が自由に出入りしており、人々の関係性は何かあったときに頼りになる程度のものである。多様な考えや価値が存在するネットワークには、新たな出会いや地域資源の発掘・発見など多くの刺激があり、その刺激が人々を活発にさせ、人と人との自由で緩やかなつながりを拡大していく。そこから、今まで考えたこともなかった新しい発想や価値がうまれ、それがさらなる活動につながっていく。人々の緩やかなつながりは、新陳代謝が良くクリエイティブなのである。

新陳代謝が良くクリエイティブな地域は、従来のような定住型の地域ではない。様々な人々が出入りし、移動することを良しとする。価値観や経験値が違う人が地域に出入りすることで、物事をいくつもの違った視点で捉えることができる。多様なもののみかた・考え方は、これまでにはない新しい発想をうみだす原動力になる。そこから新たなしくみづくりが始まるかもしれない。それまで放置されていたもの、思いもつかないものが地域の資源になり、お金をうみだす道具に変わることもあるだろう。徳島県上勝町の葉っぱビジネスや別府のオンパク、兵庫県稲美町のため池とフットパスを活用したまちづくりなどがその例である。[33][34][35]

このように、緩やかなつながりは、人々を活発化させ新たな地域の資源をうみだす原動力をもつ。ガチガチに固められた結束型のネットワークの中で息をひそめて暮らす日常より、様々な人が出入りし、多様な価値観、多様な経験値がある人たちと自由につながることができる選択型のネットワークの中で、多様な活動を自由に実行できる日常の方が楽しいのではないだろうか。新しい地方《ふるさと》は、多様な人々が自由につながり、多種多様な活動がうまれる場なのだと思う。

(3) 多様な選択肢があり、子育てしやすい地域

安心して生活できる日常がある地域、人々の緩やかなつながりがある地域では、豊かな自然、穏やかな時間と空間、人と人との緩やかな関係性がある。自由に出入りでき、多様な人々、多様な価値観を持つ人々と緩やかにつながることで、新たな地域資源の発掘や発見から新たな発想がうまれ、今までなかったものがうみだされていく。

このような地域では選択肢が多くなる。自然を活用して子育てを楽しみたい人々は同じ考えをもつ人とつながり、例えば子どもと一緒に楽しめる公園づくりを考えるだろう。既存の施設を活用し、様々な特技や趣味活動に通じるボランティアの指導の下で一日遊べる体験型の遊び場をつくる人もいると思う。障害を持つ方や高齢者の支援に関心が高い人々は、興味・関心がある人たちとのつながりの中で、自分たちが住まう地域の中に必要な支援の場を考えつくっていくかもしれない。地域に住まうあらゆる年代、多様な特技を持つ人々が、日常の中で必要なもの、あれば助かるしくみを考え、それぞれが地域で助け合う、支えあうことができる資源をつくっていけば、既存の制度や施設を選ぶだけでなく、それ以外にも多種多様な選択肢が増えていくだろう。

このような地域は子育てに適しているだろう。子どもの自由な発想や意見を尊重し、子どもたちが考える子どもたち

の場がつくられたり、子どもたちの成長と発達を支える支援者の意見に沿った場や取り組みがうまれやすいと考えるからである。このような地域では、地域の中に子どもたちの遊び場、学修の場が増えるだろう。数ある活動の中からやりたいことを選択・決定する機会も増えると思う。やりたいことや必要なものがなければ、大人たちと一緒につくっていけばよい。多様な年代の住民が集まり、ともに考え行動する経験を積むこともできる。これらの活動により、地域で子どもを育てる、子どもの健全な成長・発達を地域で支えることができる地域がつくられていくであろう。

多くの選択肢があり地域で子どもを育てることができる地域づくりを実行するために必要な資源は、豊かな自然、ゆっくり進む時間と広大な空間、誰とでも自由につながることができる緩やかな選択型ネットワークである。何もないと思っていた地域では、緩やかな選択型ネットワークを通じて資源がみいだされ、いろんな年代、多種多様な希望、ニーズに沿った選択肢がつくりだされていく。選択肢が多い新しい地方《ふるさと》では、子どもや子育て世帯が暮らしやすいだけでなく、様々な年代、課題を抱える人々が生活しやすい地域づくりも行われるであろう。新しい地方《ふるさと》は、様々な年代、多様な個性や能力を持つ人々がかかわりあい支えあうための選択肢をつくる創造型の地域なのだと思う。

おわりに

2014（平成26）年、国は人口急減・超高齢化に直面する我が国の課題に政府一体となって取り組み、各地域がそれぞれの特徴を活かした自律的で持続的な社会を創造することを目指し、「まち・ひと・しごと創生長期ビジョン」「まち・ひと・しごと総合戦略」を閣議決定した。この政策では、東京の一極集中を是正し、地方の人口減少を克服し、将来にわたって成長力を確保し、活力ある日本社会を維持するために、①稼ぐ地域をつくるとともに、安心して働けるようにする、②地方とのつながりを築き、地方への新しいひとの流れをつくる、③結婚・出産・子育ての希望をかなえる、④ひとが集う、安心して暮らすことができる魅力的な地域をつくるという4つの基本目標と、①多様な人材の活躍を推進する、②新しい時代の流れを力にするという2つの横断的な目標が掲げられている[36]。

まち・ひと・しごと創生法に寄らずとも、私たちは、自分や家族が安心して生活できる日常があり、自分や家族の人権が守られ、夢や希望をもって職場や地域で活躍したいと考えているのではないだろうか。希望とは、大切な何かを行動によって実現する気持ちのことである[37]。これまでは、大切な何かを実現できると考える大都市に企業や人が移動し、大都市はより大きく便利な地域へと変わっていった。その一方で、大都市に流れた人が戻ることがない地方は人口が減り衰退していった。

しかし、新型コロナウイルスの感染拡大が、人口が集中する大都市の弱点を明らかにした。大規模な従業員を抱える企業は大幅な働き方の改革が迫られ、それまで進まなかったリモートワークやディーセントワークが推進されるようになった。このような労働環境の変化により、それまで退職してからでなければできないと思っていた地方移住が実現可能となり、仕事だけでなく私生活の充足を図ることの重要性が再確認されている。大都市ではなく地方で暮らすことに希望を見出す人が増えてきたのであろう。

新しい地方《ふるさと》では、人は自然豊かな地域という入れ物に自由に出入りし、そこで出会いかかわりをもつ人と自由で緩やかにつながりあい、ともに仕事をしたり助け合う。そして、自分や家族、地域に必要な資源をつくり、多様な仕事、多様なつながりを選択することができる選択肢を増やしながら、人を育て地域をつくる構成員となる。自分や自分たちが住まう地域で、自分らしく笑顔で元気に暮らし働くことができる日常を、地域の仲間と一緒につくりあげていくことが、結果として国が目指すまち・ひと・しごと創生法の、その地域の特徴を活かした自律的で持続的な地域・社会をつくることにつながるのではないだろうか。

新しい地方《ふるさと》を創るとは、地域資源づくりであり、人づくりなのであろう。地域資源とは「自然資源（自然や気候など）」「人的・知的資源（人材、大学、研究機関、伝統的知識・慣習など）」「経済資源（産業・産物、インフラ・施設、産業技術など）」「社会資源（社会システム、伝統文化、景観・観光資源など）」と言われる。本章で取り上げてきた自然や仕事、医療や福祉、相互扶助機能、公共交通、スポーツ文化、U・Iターン者などは、いずれも福井県の地域資源である。ただ、近年では、地域資源といえば、経済（観光）資源にばかり注目される傾向が強かった。地域資源とは、経済価値の原資であるとともに、その地域に住み、暮らす人たちが共有するかけがえのない、極めて希少な生活資源なのである。地域資源を守り、育て、その価値を享受できる力量を持った人たちが集まり、安心して暮らせる地域が創り上げられることが求められる。地域資源のエクスプローラー（探究者）やコーディネーター（調整役）、プランナー（設計者）、ベネフィッシャリー（享受者・輸出者）などが育ち、活躍する地方が、新しい地方《ふるさと》の姿になってくるのではないだろうか。

注

（1）「北陸の3月求人倍率　3県とも上昇（２０２１年4月30日）」（https://www.nikkei.com/article/DGXZQOCC303KE0Q1A430C2000000/，２０２１年8月29日閲覧）。

（2）福井県「暮らし・産業、福井の産業。福井県の産業」（https://www.pref.fukui.lg.jp/doc/about/industry.html，２０２１年８月29日閲覧）。

（3）株式会社 帝国データバンク福井支店「別企画：福井県企業の社長分析（２０２０年）福井県企業の社長分析（２０２０年）」（https://www.tdb.co.jp/report/watching/press/pdf/s200201_39.pdf，２０２１年5月26日閲覧）。

（4）福井市「ふくい「一押しの逸品」【29品目】（２０２１年４月21日）」（https://www.city.fukui.lg.jp/sigoto/nourin/rokuji/p014693.html，２０２１年8月29日閲覧）。

（5）公益社団法人 福井県観光連盟「福井県観光情報ホームページ」（https://www.fuku-e.com/，２０２１年8月29日閲覧）。

（6）福井県「「福井の自然公園」ホームページへようこそ!!」（https://www.pref.fukui.lg.jp/doc/shizen/kouen/kouen.html，２０２１年8月1日閲覧）。

（7）旅ぐるなび「福井県の運動公園・ほかスポーツ施設　人気ランキング」（https://gurutabi.gnavi.co.jp/i/p18/gs20907/，２０２１年8月1日閲覧）。

（8）勝山市バドミントン協会「ホームページ」（https://katsuyama-badminton.com/，２０２１年8月29日閲覧）。

（9）福井県スポーツ情報ポータルサイト「F. sports！スポーツ施設」（https://f-sports.pref.fukui.lg.jp/facility, ２０２１年8月29日閲覧）。
（10）「東京五輪代表決定の福井県勢、過去最多の17人 リオでは9人、躍進の理由は（２０２１年6月28日）」（https://www.fukuishimbun.co.jp/articles/-/1346089, ２０２１年8月29日閲覧）。
（11）福井県「児童科学館エンゼルランド、福井県児童科学館」（https://angelland.or.jp/, ２０２１年8月29日閲覧）。
（12）福井県「平成27年国勢調査」（https://www.pref.fukui.lg.jp/doc/toukei-jouhou/kokutyou/2015kokusei.html, ２０２１年8月2日閲覧）。
（13）［杉村・石原・塚本編 2019］
（14）日本医師会総合政策研究機構「No. 443 地域の医療提供体制の現状――都道府県別・二次医療圏別データ集――、２０２０年4月第8版 APPENDIX 更新（２０２１年1月）」（https://www.jmari.med.or.jp/research/research/wr_697.html, ２０２１年8月2日閲覧）。
（15）福井医療情報連携システム運営協議会「ふくいメディカルネット」（http://www.fukui.med.or.jp/fukuimedical-net/, ２０２１年8月2日閲覧）。
（16）「社説 コロナ感染拡大 仮設病床整え自宅療養減らせ（２０２１年8月14日）」（https://www.yomiuri.co.jp/editorial/20210813-OYT1T50338/, ２０２１年9月4日閲覧）。
（17）「〝野戦病院〟型施設を「常設」の意向 田村厚労相（２０２１年8月22日）」（https://www.fnn.jp/articles/-/227969, ２０２１年9月5日閲覧）。
（18）「令和初公表！ 47都道府県「幸福度ランキング」」（https://toyokeizai.net/articles/-/372861, ２０２１年6月6日閲覧）。
（19）福井県「福井県の人口の動向と将来見通し（案）（平成27年10月）」（https://www.pref.fukui.lg.jp/doc/wakatei/sousei4_d/fil/mitooshi.pdf, ２０２１年9月11日閲覧）。
（20）［杉村・石原・塚本編 2019］
（21）「自動走行「ZEN drive」運用開始（２０２０年12月23日）」（https://www.town.eiheiji.lg.jp/200/206/208/p010484.html, ２０２１年9月11日閲覧）。
（22）「国内初！ レベル3の認可を受けた遠隔型自動運転システムによる無人自動運転移動サービスを開始します（２０２１年3月23

日）」（https://www.meti.go.jp/press/2020/03/20210323006/20210323006.html, ２０２１年９月12日閲覧）。

（23）「新型コロナウイルス感染症について」（https://www.mhlw.go.jp/stf/seisakunitsuite/bunya/0000164708_00001.html, ２０２１年９月12日閲覧）。

（24）「『新ふくい人』居住促進への提言（平成18年９月８日）」（https://www.pref.fukui.lg.jp/doc/seiki/venture/venture18_d/fil/006.pdf, ２０２１年９月13日閲覧）。

（25）「報道発表資料、平成30年度の移住者は、過去最高の７１９人となりました（平成31年４月24日）」（http://www2.pref.fukui.jp/press/view.php?cod=aJ1B7Q1555916795fa, ２０２１年９月13日閲覧）。

（26）「福井県移住者が初の１０００人越え　２０２０年度　コロナ禍で地方回帰（２０２１年５月３日）」（http://www2.pref.fukui.jp/press/view.php?cod=aJ1B7Q1555916795fa, ２０２１年９月13日閲覧）。

（27）「令和２年賃金構造基本統計調査賃金・都道府県別賃金（男女計）」（https://www.mhlw.go.jp/toukei/itiran/roudou/chingin/kouzou/z2020/dl/02.pdf, ２０２１年９月13日閲覧）。

（28）「令和３年度福井県内の住まいづくり支援制度一覧」（https://www.pref.fukui.lg.jp/doc/kenchikujyuutakuka/jukanrenhojo_d/fil/1.pdf, ２０２１年９月13日）。

（29）「創業・ベンチャー支援について（２０２１年４月28日）」（https://www.pref.fukui.lg.jp/doc/sinsan/sougyousien.html, ２０２１年９月14日閲覧）。

（30）「福井県内市町　コミュニティバス等運行情報（２０２１年４月１日）」（https://www.pref.fukui.lg.jp/doc/sokou/koukyoukoutuu/comibus.html, ２０２１年９月16日閲覧）。

（31）「福井県の鉄道会社・福鉄（ふくてつ）のホームページ」（https://fukutetsu.jp/, ２０２１年９月16日閲覧）。

（32）「えちぜん鉄道、『看板娘が添乗』で乗客増える（２０１５年２月１日）」（https://www.nikkei.com/article/DGXMZO82390210W5A120C1000000/, ２０２１年９月16日閲覧）。

（33）事業構想「『葉っぱビジネス』の仕掛け人が語る、高齢者活用の重要性（２０１５年10月号）」（https://www.projectdesign.jp/201510/pn-tokushima/002488.php, ２０２１年９月16日閲覧）。

（34）鶴田浩一郎・野上泰生「地域の輝きを育てる『オンパク』モデル―オンパク型イベント手法を通じた地域資源の活用と人材育成―ＮＩＲＡモノグラフシリーズ、No. 06, 2008. 03. ⑤鶴田（４Ｃ）」（https://www.nira.or.jp/pdf/case13.pdf, ２０２１年９月16日閲覧）。

（35）全国市町村会「兵庫県稲美町／ため池を活用した町の魅力づくり～人と緑のホームタウンいなみ～（２０１４年８月11日）」（http://www.zck.or.jp/site/forum/1298.html、２０２１年９月16日閲覧）。
（36）「地方創生、まち・ひと・しごと創生「長期ビジョン」「総合戦略」「基本方針」」（https://www.chisou.go.jp/sousei/mahishi_index.html、２０２１年９月18日閲覧）。
（37）国立大学付属研究所・センター会議、玄田有史「こうして希望は育まれる―希望と向き合う社会科学―、未踏の領野に挑む、知の開拓者たち、Vol. 17、２０１６年５月31日」（u-kaigi.org/interview/interview_17/、２０２１年９月18日閲覧）。

column 5

地域資源と金融

◆福井銀行地域創生チームの誕生

遡ること10年前の2011年9月、地域密着型金融が叫ばれる中、福井銀行内でもその役割をどのように果たしていくべきか議論がなされ、行内に〝地域振興室〟が誕生した。

その後、2014年9月、第2次安倍改造内閣が発足し「地方創生」という言葉が生まれ、「まち・ひと・しごと創生本部」が立ち上がり、当チームの名称も「地域創生チーム」と改編することになった。今でもよく「地方創生チーム」と間違われるのだが、私たちは、「地域創生」という名前にこだわっている。地方とは都会からみた表現であり、我々地方に住み続けている人間にとっては地域がぴったりくるし、地域活性という言葉に繋がる。また地域を「まち」と読み替えることもある。私たち当事者にとってはアイデンティティが詰まった言葉だと思っている。

チーム名はさておき、当チームのミッションは、まさに地域の活性化に資する取組みをサポートすることであり、福井県内全域をフィールドとして、行政、企業、地域住民の皆様とスクラムを組み、様々な活動を行っている。

◆地域創生は人口減少対策そのもの

具体的な活動を「まち・ひと・しごと」に分けるとすれば、「まちづくり」では、2024年春の北陸新幹線敦賀延伸に向けた駅周辺再開発事業、DMO（観光地域づくりを行う法人）や地域商社設立への関与、「ひとづくり」では、人手不足や後継者不足の解消のサポート、将来の担い手づくりとして高校生に地元企業を知っていただく取り組みの事務局運営、「しごとづくり」という点では、産学官金が連携した「ふくいオープンイノベーション推進機構」を活用した新事業や新分野進出のサポート、伝

写真5‐1　福井県の観光活性化を目的として、福井銀行で結成されたチーム「ふくジェンヌ」

写真提供：株式会社福井銀行

統産業の再興計画にも関与している。また女性行員を「ふくジェンヌ」と称し、県内観光地や飲食店などを紹介する活動を行うなど、これらに関する活動は多岐にわたっている（**写真5‐1**）。

このように、従来からの個人・企業と銀行という「点」での支援だけでなく、「面」という地域全体の活性化のサポートを行い、魅力あるまち（地域）を創り、仕事を創ることで雇用が拡大し、そして人が増える、この好循環の実現に向けて取り組んでいる。

すべては誇れる福井をどのような形で後世にバトンタッチしていくか、私たちはそんな想いを持ちながら活動している。

◆地域資源と金融の新たな挑戦

人口減少、マイナス金利、IT化などによる金融業界を取り巻く環境が激変していることは既知のこととして、さらなる福井の価値向上・経済発展のためにできることはないか？　あるいは私たちに期待されることは何なのか？

その答えは様々だが、これまでの活動で新たな役割・果たすべき機能が見えてきたと考えている。それは、地域の力を最大化するためのコーディネート機能を発揮することである。言い換えれば、行政・企業・住民を繋ぐ「ハブ」的な役割であるが、まちづくりのような大きなプロジェクトにはまさに官民連携した結束力が求められることが背景にある。ただし、我々はコー

写真５－２　福井銀行本店ビル．コンセプトは「地域をつなぎ、未来を創る」
写真提供：株式会社 福井銀行

ディネート・連携するだけでなく、主体性・当事者意識を持って行うことが重要であると考えている。

であるならば、今できることは何か。

その一つが「観光振興への更なる関与」である。観光事業は飲食・宿泊・交通を起点とし人が周遊するといった経済波及効果が高い。また北陸新幹線敦賀延伸は１００年に１度のチャンスであり、福井の弱点とされる観光を盛り上げて福井の活性化に貢献したい、そんな想いが日に日に高まっている。福井にある自然や伝統産業、農産物、海産物、観光地などの豊かな地域資源をさらに磨き上げ、つなぎ、観光商品化し、福井に訪れる国内外の様々なお客さまに提供する、そんな事業へ主体性を持って関与していきたいと考えている。観光振興への関与を通じ、生産者・地域事業者の所得が向上し、交流人口が増加する、また第１章コラムでご紹介したまちづくりの活動と連携した地域価値向上と持続可能な地域づくりと合わせることで定住人口増加につなげる、そんな活動に取り組んでいきたい。

もしかしたら、本著が発刊される頃には、観光を軸とした新事業が立ち上がっているかもしれない。

◆地域総合力の向上にむけて

人口減少、少子高齢化、課題は様々ある。しかし、力を結集すれば何か良い解決策生まれると思う。これからはまさに「地域総合力」が問われる時代なのだと思う。第1章~第4章のコラムでご紹介したように「新しい地方《ふるさと》」を創り上げる力は確実に芽生えている。私たち地域金融機関はしっかりと縁の下の力持ちらしく地域金融を支えつつ、一当事者として地域課題に真正面に取組み地域を牽引していきたいと考えている。この活動を5年、10年と続け、当行が掲げる企業理念「地域産業の育成・発展と地域に暮らす人々の豊かな生活の実現」(**写真5-2**)を達成し、新しい地方《ふるさと》づくりに貢献できるよう、挑戦し続けていきたい。

終章　新しい地方《ふるさと》づくりに向けた政策への展望

はじめに

本章では、これまでの議論を振り返り、「新しい地方《ふるさと》の創造」に向けた政策への展望を述べることにしたい。この点については、すでに各章で部分的に触れられている。そのなかにはほぼ同じ内容のものもあれば、角度は異なるが内容は類似しているものもある。また、一見異なる内容であるが根本の部分は共通しているもの、あるいは微妙にニュアンスが異なるものもある。書籍としての一貫したメッセージは保ちながら、同時に執筆者それぞれの立場の違いも垣間見える。

もちろん本書のテーマについて唯一の正解と呼べるものはないし、読者も本書からさまざまな考えを抱くであろう。しかし、各章で示された内容がバラバラのままであっては不要な混乱や誤解を招く可能性がある。また、本書の最終目的は探求や思索ではなく、実践である。本書で明らかにしたことや提案した内容は、国・自治体の政策や個人・NPO・企業などの具体的な活動に結びついてこそ意味がある。

そこで、本章ではこれまでの内容をあらためて整理・吟味するとともに、そこからどのような政策を展開しうるか述べることにしたい。もとより筆者が各章の議論のすべてを適切に伝えられる力量がないことは自覚しているから、筆者が捉えられる範囲に限られる。しかし、それでも本章は全体のメッセージを適切に伝える一助として、また、読者の考えを呼び起こすきっかけとしての意味があるだろう。

1 本書の問題意識と幸福度への視座

まず、序章では各章の執筆担当者で共有されている問題意識を提示し、本書全体のメッセージを読者に想起させる内容となっている。概略をまとめると以下のとおりである。

人口減少の本当の問題は、東京一極集中に見られる地域間格差よりも、地方そのもの機能低下にある、との問題提起がなされた。そのうえで、引き算の視点としてダウングレード・ダウンサイズが提唱されている。それは、少子高齢化にともなう経済や公共インフラ等への影響などが現れる2040年の未来を踏まえた、バックキャスティングの発想から導かれる。

また、ここに新型コロナウイルスの蔓延によって新たな動向が加わると予想する。まず、定住人口至上主義から脱却しつつ、ダウングレードを前向きに進めていく調整的戦略が求められるであろう。そして、地方の高い定住性や時間の余裕、合意形成のしやすさなどがおもしろい題材になると指摘されている。

続く第1章は、福井の幸福についての考察である。政策の究極の目的とは「対象者の幸福を最大化すること」であろう。そこで、「新しい地方《ふるさと》を創る」には、「やり方」ではなく「あり方」が何であるかに立ち返る必要があるのではないか、という問題提起に続き、次の4つの衝動が幸福に影響を及ぼしていることに着目している。

①**獲得衝動**……モノや経験を獲得することで他人よりも高いステータスを得たい
②**親和衝動**……互いに相手を気遣いながら長期的に親密な関係を築きたい
③**学習衝動**……新しいことを学び、世界や自分自身についての理解を深めたい

④ **防衛衝動**……自分自身や家族、信念や財産に危害を加えるものから守りたい

福井県の幸福度が全国トップクラスであることは広く知られているが、客観的幸福度を測る調査では教育分野と仕事分野が顕著な特徴を有する「特化型」であることが指摘されている。つまり、獲得衝動と学習衝動が評価されていると言えるだろう。

ただし、現実は大学への進学や就職の際に多くの若年層が大都市に流出し、人口減少の一因にもなっている。このことから、主観的幸福度の面では獲得衝動と学習衝動は必ずしも高くないと考えられる。つまり、幸福度に関する客観的評価と主観的評価にギャップがあることに注意しなければならない。主観的幸福度の高まりを示す調査も出てきているが、人口減少が止まったわけではないので、今後もギャップの実態と解消策を考える必要があるだろう。

同時に、福井には独自の原点と歴史、自然があり、アイデンティティの源となってきた。地域のあり方とは、そうした背景の下で暮らす人々が4つの衝動を満たすために模索しているものに他ならない。客観的幸福度が高いことも誇るべきであるが、他の地域がマネをしてできるものではないし、他の地域との比較で実感されるものでもないことに注意すべきである。

2 アンケート調査の結果等から注目すべき点

第2章と第3章は、アンケート調査の分析が中心である。第2章は新たな知見がいくつも提示されていて、第3章は女性の目線が前面に出ている。いずれも、これからの地域のあり方を考えるうえで重要な題材となるだろう。多岐にわたる分析なのですべての内容を圧縮して紹介することは困難だが、特に注目される結果や政策への示唆として重要な部分を列挙することにしたい。

(1) 定年によるUターンにも有望性がある

第2章では、Uターンした人の福井の居住年数から、次のことが明らかになった(抜粋)。

「Uターン」したものについて、福井県外での居住年数4年と答えたものが35人(19・2%)と最大で、これに41年以上の18人(9・9%)が続く。大学進学を期に出ていったものが卒業と同時に戻ってくるパターンと定年退職後に戻ってくるパターンが多いことが予想される。

これまでのUターンで注目されていたのは、大学卒業後の就職を機としたものである。したがって、就職活動の際に福井の企業の魅力を伝えたり、Uターン就職への経済的支援によって負担軽減を図ったりするものであった。しかしながら、大学卒業だけでなく定年退職を機に福井へ戻ってくるパターンも意外に多いことが明らかとなった。実家があるから戻るのであろうが、軽視して良い大きさではない。

(2) 福井への愛着は流出した層にも強く残っている

次に、第2章で分析された、「残る人(福井県に定住し続けている人)」、「出る人(福井から流出した人)」、「戻る人(Uターンして暮らしている人)」の福井県への愛着について、次のことが明らかとなった。

どの居住経路でも「愛着がある」と「どちらかといえば愛着がある」を合わせると9割前後に達する。これに対して、「愛着がない」と「どちらかといえば愛着がない」を合わせても5%前後でしかない。福井県への愛想が尽き果てたものが出て行ってしまうという構図ではなさそうだ。

「残る人」や「戻る人」は、現に居住していることを通じて福井への愛着を深めているだろう。それに加えて、「出る人」も現在は他の地域に居住しながら、「残る人」や「戻る人」と同程度の愛着を福井に抱いていることになる。つまり、他県に暮らしていても福井県への愛着が衰えないのである。

これは、「福井の住みよさは離れてこそ分かる」ということを意味しているのではないだろうか。福井を離れれば暮らしていた頃の記憶も徐々に薄れていき、暮らしている地域への愛着も醸成されるであろう。しかし、今回のアンケート調査が福井の暮らしを思い起こすきっかけとなり、現在の居住環境と比較したところ、あらためて福井の住みよさを実感したという面があったのではないだろうか。

（3）キャリアアップに関心のある層は、福井を離れる

さらに、第2章では「残る人」、「出る人」、「戻る人」の福井県での仕事に関する認識について、次のことが明らかとなった（抜粋）。


職業上のキャリアアップへの関心の程度と居住経路との関係については、「非常に関心がある」と答えたものは、「定住」や「Uターン」では2割以下なのに、「流出」では35・5％と他の経路の2倍近くに達し、キャリア志向が強い傾向がみられる。実際の働き方に関しても、管理職の割合は、「定住」が3・4％、「Uターン」が17・0％なのに対し、「流出」では25・3％と就労者の4分の1以上に達している。

また、働き口の見つけやすさとの関係では、肯定的な評価は、「定住」で5割程度、「Uターン」で3割程度なのに対して、「流出」では15％程度にとどまる。「どちらかといえばしにくい」と「しにくい」を合わせた否定的な評価は、「定住」と「Uターン」では3割以下なのに対して、「流出」では5割以上に達する。居住経路によって、評価が極端に分かれるが、働く場所は沢山あるが、働き方の選択肢は限られるという福井県の地域特性が反映された結果だと考えられる。

キャリアアップのしやすさについて、肯定的な評価は、「定住」で2割程度、「流出」と「Uターン」では1割以

下と少ない。すべての居住経路で否定的な評価が肯定的な評価を上回り、「定住」で4割程度、「Uターン」で5割程度、「流出」では突出して高く6割以上に達する。

すべての移住経路で否定的な評価が肯定的な評価を上回り、「流出」でそうした傾向が最も顕著にあらわれるというパターンは、「高収入の得やすさ」、「職業上のスキルの磨きやすさ」、「仕事の幅の広げやすさ」、「職業上のコネクションの広げやすさ」、「転職のしやすさ」、「起業のしやすさ」の6項目でも共通している。

このように、キャリアップやそれにともなう収入・スキル・コネクションを重視する人々にとって、福井は相対的に適していないことになる。その結果、大阪や東京、さらには海外といった新天地を求めて流出する層、あるいは進学の際に流出して福井に戻ってこない層がいることになるのであろう。

(4) ワークライフバランスへの評価が女性に十分浸透していない

第3章では、両親のライフスタイルに対する評価を居住経路ごとにみてみると、次のような特徴が明らかになった。

他県の状況を知る者が、女性の就業率、共働き世帯が多い福井県とそれ以外の地域を比較し、福井県は女性が仕事をすることや仕事と家庭を両立すること等、家事分担含め両親のライフスタイルを肯定的にみていることから、福井県は仕事と家庭の両立を望む女性には住みやすい地域だと思われる。しかし、他県を知らない女性（=定住）は否定的にみている者が多いことから、「隣の芝生は青く見える」のではないかと思われる。

両親のライフスタイルは本人のものではないが、本人の将来設計に大きな影響を与える要素となる。福井に残れば本人も両親と同じようなライフスタイルになると予想され、他県の状況を知らなければ比較材料がないために、これを否定的に捉えてしまいがちになる。逆に言えば、他県でのライフスタイルに根拠のない願望を描いてしまうのである。

こうした状態のままで福井を離れることになれば、「こんなはずではなかった」と後悔するケースも出てくるのではないか。先に触れた、福井への愛着は流出した層にも強く残っていることと何らかの関係があるかもしれない。

(5) 主観的幸福度の決定要因から見える「楽しむ」ことの重要性

第3章では、地元住民の主観的幸福度を決定する大きな要因が「家族・生活」「医療・福祉」の2分野であるとの興味深い調査研究を紹介している。具体的には、主観的幸福度への寄与率は、多い順に、降水量16・6%(家族・生活)、火災死11・1%(家族・生活)、病院診療所10・1%(医療・福祉)、平均寿命9・7%(医療・福祉)、気分障害9・3%(医療・福祉)、脳血管死8・1%(医療・福祉)である。

先に述べたとおり、客観的幸福度で見れば福井は教育分野と仕事分野で突出する「特化型」であり、4つの衝動のうち獲得衝動と学習衝動が評価されていると言えるだろう。ただし、主観的幸福度の面では獲得衝動と学習衝動は必ずしも高くない。ここに客観的評価と主観的評価のギャップがあった。第3章の指摘は、主観的幸福度が客観的幸福度とは別の要素で成り立っているということを示唆するものであり、興味深い。

では、「家族・生活」「医療・福祉」の2分野は主観的評価と客観的評価にギャップがあるのだろうか。寄与率が最も高い降水量については、福井は降雪も含めて厳しい環境にあるから、客観的評価はむしろ低くなる。しかし、筆者は異なる角度からむしろこのことを高く評価している。すなわち、雪を媒介にした地域でのつながりや助け合いを生み、主観的幸福度に別の形でプラスの要因になっている、ということである。確かに、デメリットをメリットに変えることで主観的幸福度も高まるのではないか。

さらに、医療・福祉分野ではさまざまな分野の水準が全国平均と比較され、全体として高水準であることが紹介されている。つまり、特にデメリットの部分は見当たらない。そこで、メリットを生かして楽しむことの重要性が提起されている。

以上から示唆されるのは、デメリットはメリットに変えられ、メリットは楽しむことでさらに大きくなる、ということではないだろうか。これまで、デメリットは地域のあり方を制約するものと考えられてきた。しかし、それは捉え方の問題であり、制約にならないような捉え方をすれば良いのである。そして、メリットは楽しむことで徹底的に享受することができる。

3 「稼ぐ地方」への展望と「強み・弱み」の把握

次に第4章では、地方に押し寄せている大きな波として、DX化、エネルギー革命、新型コロナウィルス感染症の拡大、ネットワークの広域化の4点を挙げる。地方はこれらに対応しなければならないのだが、地域特性という足かせがある、と指摘している。つまり、硬直化した産業構造、仕事と労働力の規模やマッチングにおける問題などである。そのため、地方は稼ぐことができなくなっており、低水準の賃金や生産性に堕していると述べる。そこで、強力なDX化による担い手確保とともに、消費でも担い手を確保すること、両者のリスキリングの必要性を訴えている。そのうえで、福井が稼ぐ地域になるための方策として、消費を内に向けさせること、産業の切り口を変えてみること、伝統的な手仕事を復権させることを提唱した。

さらに、第5章では、これまでの内容を踏まえて、5つのテーマで執筆者が自らの経験なども踏まえて意見を交わし、議論が深められている。まず、福井の良いところ・強みについては、地域資源が育む産業、大自然が生み出す多様なドラマ、福井に根づく相互扶助機能に分けて整理されている。一方、福井の困ったところ・弱みとして、華やかさがない日常、交通弱者の増加が挙げられている。

続いて、良いところを延ばすための方法として、寄り添い型・伴走型支援の検討、ロールモデルをつくる、相互扶助機能を活かすことが挙げられ、困ったところを解決・改善するための方法として、U・Iターン者が輝ける場をつくる、多様な人たちが緩く繋がる空気を整える、公共交通の価値を問い直すことが挙げられている。

最後に、理想とする福井・新しい地方《ふるさと》のイメージとして、安心して生活できる日常がある地域、人々の緩やかなつながりがある地域、多様な選択肢がある地域であって、子育てができる地域、が挙げられている。

4 新しい地方《ふるさと》づくりへの展望――短期の取組み――

ここまで、本書の概要を整理してきた。これらの内容を踏まえて、今後とるべき政策への示唆を何点か述べることにしたい。以下、政策の対象を、福井に暮らしていた人（出る人）と福井に暮らしている人（残る人、戻る人）に分けて、また、時間軸を短期と中長期に分けて述べることにしたい。

（1）福井に暮らしていた人（出る人）を対象とした政策への示唆

まず、定年によるUターンの有望性から得られる政策への示唆は、単に戻って老後を穏やかに過ごすだけでなく、キャリアアップの成果を福井で生かすことで、さらに高い成果に結びつくことが期待される。

こうした人々は、40年ほど前に大都市への就職を選択した時点ではキャリアアップを重視していたと考えられる。おそらく定年を迎えて、一定のキャリアアップを実現したのではないだろうか。そこで、退職した後も引き続き活躍したい人に対して、福井で実現するセカンドキャリアの情報を発信することが有益である。学生時代に培ったネットワークと大都市で磨いたスキルを福井で発揮してもらうことによって、定年後も福井で新たなキャリアを実現することが期待される。福井にもたらす成果も、定住してきた人とは一味違ったものになるのではないだろうか。

具体的な方法としては、大都市における福井出身者が集う県人会活動を通じた情報提供や、セカンドキャリアの受け皿づくり、起業相談の場づくりや支援などが想定される。

次に、福井への愛着が流出した層にも強く残っていることから得られる政策への示唆として、福井に居住経験がある が離れた人を対象に、地域の最新情勢を個別・定期的に情報発信することが考えられる。彼らに残っている福井への愛着を刺激することによって、福井との関係を続ける誘因となるだけでなく、周囲への情報発信主体にもなってくれることが期待できるだろう。

具体的な方法としては、転出の際に福井からの情報発信を承諾した人に対して月に1回程度県や出身市・町、コミュニティの最新情報をメールマガジンなどで発信することが考えられる。加えて、移住に関連する情報や支援策なども発信することで、周囲への情報拡散を促すこともできるだろう。

(2) 福井に暮らしている人(残る人、戻る人)を対象とした政策への示唆

次に、キャリアアップに関心のある層が福井を離れることから示唆される政策は、福井でのキャリアアップの可能性を強力に発信することである。県はすでに「実は福井の技」[1]など世界レベルで評価されている技術を広く紹介しているし、社長輩出日本一という福井の特徴は多くの県民に知られている。しかし、これらは大学生にとってみれば、大都市に本社を置く大企業への就職で得られるキャリアアップと同等の魅力には映っていないようである。もちろんこうした傾向は福井の学生に限らないし、他の地方でも大なり小なり同じであろう。

したがって、既存の施策は有益ではあるが大きな成果を期待できるものではない。そこで、別のアプローチも必要になるだろう。この点は短期の取組みよりも長期的視点での戦略となるため、後述する。

次に、ワークライフバランスへの評価が女性に十分浸透していないことから得られる政策への示唆として、福井での高水準なワークライフバランスを他地域との比較でイメージできるように伝えることであろう。ワークライフバランスや子育てといった要素が福井の強みであることは第2章や第3章で示されたアンケート結果からも明らかである。そこ

で、自分の将来設計がイメージできるように、国内の実態と比較したうえで福井の現状をありのままに伝えればよいと考える。

ただし、一般的にはキャリアアップと子育てを高い次元で両立することは依然として難しいと言わざるをえない。前者を優先させる人にとって福井は物足りない地域になってしまうのではないか。この点についての対応は、長期的視点での戦略として後述することにしたい。

5 新しい地方《ふるさと》づくりへの展望——長期の戦略——

では、長期的な戦略に向けた示唆を述べることにしたい。本書は「新しい地方《ふるさと》」のあり方をテーマとして、幸福を決める4つの衝動という観点から、これまでの大きな流れとこれからの変化を踏まえて展望するものである。本章では、ここまでの議論の全体像を整理するとともに、短期的な政策への示唆についても述べてきた。

より重要なのは、これからの変化を踏まえた長期的な戦略であろう。しかも、これからの変化は現在の延長線上にはない。バックキャスティングの発想で将来像を大胆に描いていくことが必要であり、そこから考えるべき政策もこれまでとは大きく異なるものとなる。

そこで、以下では長期的な戦略に向けた示唆をいくつか列挙することにしたい。

(1)「強みを延ばし、弱みを借りる・曲げる」戦略の導入

まず、戦略の基本的な方向性についてである。第4章では「地方の強みを延ばし弱みを解決・改善する」というテーマで議論が行われた。おそらく、地方自治体でも同様の考え方であると思われる。ただし、やや長期の視点に立つならば、こうした戦略に加えて弱みを「借りる」「曲げる」ことも大切になってくるのではないだろうか。

弱みを「借りる」とは、弱みを自らの取り組みで克服するのではなく、他の地域の強みを取り込むことである。例えば、居住環境は優れているものの企業立地が不十分なために、住民が他地域へ通勤している地域をイメージしてみよう。その地域にとって居住環境は「強み」である一方、企業立地は「弱み」である。この場合、弱みを克服する方法は企業立地を増やすことになる。しかし、これは言うほど容易ではない。むしろ、通勤先のある他地域の方が企業立地の面ですでに強みを有しているのだから、その強みは通勤先のある他地域に委ね、自らは居住環境をさらに良くすることの方が有効かつ容易ではないだろうか。また、これとは逆に、通勤先の地域が逆の強み、弱みとなっていることから、相互の強みを借りる連携が生まれることも期待できる。

弱みを克服する戦略は重要だが、ともすればフルセット主義に陥る可能性がある。弱みが致命的になってはいけないとしても、あえて他地域の強みを借りる方策も検討すべきではないだろうか。

また、弱みを「曲げる」とは、弱みに対して異なる切り口・角度から対処することである。「あばたもえくぼ」と言われるが、弱みも見方によっては強みとなる。先ほどの例で言えば、企業立地が少ないのならば誘致するのではなく、「自ら起業する環境がある」と考えてはどうだろうか。就職先がなければ起業を決断する人も多くなるだろう。

これは、第3章で紹介された、雪を媒介にした地域でのつながりや助け合いを生む、という点が大きなヒントになっている。降雪は福井にとって弱みであり、客観的評価は低い。しかし、主観的幸福度ではプラス要因に「曲げる」ことができる。デメリットでもメリットに変えられ、徹底的に活かせば良いのである。

例えば、福井県では起業が少なく、第3章で述べられているように産業構造も硬直化している。しかし、福井は創業や廃業も少ない少産少死型の地域であるから、廃業のリスクが小さいことになる。つまり、起業は少ないとしても、持続可能な起業には強みを持つ地域であると言える。さらに、社長輩出日本一だから、メンターも身近にいることになる。このように、起業が少ないというデメリットを、激動の時代を生き残る起業を促進するという形に「曲げる」ことで、メリットに変えられるのではないだろうか。

（2）キャリアアップで流出する人をプラスに活かす戦略

次に、キャリアアップを優先して、福井を離れる人々への対応である。この点は従来、福井の弱みと考えられてきた。しかし、やはり弱みを曲げる戦略の一環として新たな対応を図ることによって、流出をむしろ福井にプラスをもたらすものへと変えられるのではないだろうか。

大学生にとってのキャリアアップとは、大企業への就職や地位向上にあることが多い。高水準の給与や福利厚生、働きがいに魅力を感じているため、大学生の就職ランキングには有名な大企業が並ぶ。大企業の本社は東京に集中しているから、大学生のキャリアアップ志向が東京一極集中をもたらす。このような東京の優位性は、福井のような地方がいくら努力しても同等の水準を獲得することは不可能であると言える。

しかし、キャリアアップには転機も訪れる。例えば、大企業でスキルやネットワークを獲得してから転職や独立・起業する人がいる（大企業での地位向上には時間を要するから、それを忌避して最初から起業する学生も存在する）。つまり、大企業で一定の目的を果たした後に、新たなキャリアの可能性を模索するのである。あるいは、当初はキャリアアップを重視していたのが子育てやワークライフバランス重視に移行する人もいる。晩婚化が進んでいるため、就職の際には出産や子育てをあまり意識することはなかったかもしれないが、やがて結婚や出産を迎えると、キャリアアップよりも子育てやワークライフバランスを強く意識するようになるのである。

いずれにしても、キャリアアップを重視してきた人にも転機が訪れれば、新たなキャリアや別の要素を重視する段階に至る人々がいる。前者の場合は、先に述べたように福井が持続可能な起業が可能な地域として魅力を持つであろう。また、後者の場合でも、これまでキャリアアップと子育てを両立することが依然として難しいなかで、一方を重視してきたからこそ、むしろ転機によって他方をより重視するようになるのではないか。そこが福井への流入を促すチャンスになると考えられる。

しかも、転機が訪れた人はキャリアアップの過程で培ったスキルやネットワークをすでに持っている。これが福井で有効に活用されるならば、むしろキャリアアップのために流出したことが福井にプラスをもたらしてくれることになる。これはキャリアアップの機会を求めて流出を招いていた弱みを「曲げる」戦略と言えるだろう。

具体的な方策としては、キャリアアップを実現した人に対して、大都市で得たスキルやネットワークを活用して福井で起業してもらうための支援策に加え、異業種交流やオープンイノベーションの機会を用意して新しいビジネスチャンスを発掘・発信することが考えられる。また、キャリアアップから子育てやワークライフバランスを重視するようになった人には、まさに福井の強みを発信することで流入が促進されるだろう。

(3) 新しい地方《ふるさと》の究極型「福井ポートフォリオ」

第4章では「稼ぐ地域」が重視されているなかで、産業構造の硬直化や雇用の量・質やマッチングなどの問題があるため、地方が稼げない場所になっていることが指摘された。また、今後の新たな動向等によって、地域が稼ぐことはますます困難になる側面もあると述べられている。このように、「稼ぐ地域」への変貌には困難な要素も多いものの、次の点が必要なこととして挙げられている。

① 消費を内に向けさせる
② 産業の切り口を変えてみる
③ 伝統的な手仕事を復権させる

また、第5章では「緩やかなつながり」が提唱されている。人々の緩やかなつながりは、新陳代謝が良くクリエイティブな環境をもたらす。つまり、新しい地域資源を創造する原動力となるだろう。そこで、従来のような結束型のネットワークよりも、多様な価値観や経験値がある人たちと自由につながることができる選択型のネットワークを構築する必要がある。

これまで述べてきたことも含めて、上記の点から政策への示唆を述べるとすれば、ライフスタイルのどこかに福井を組み込む「福井ポートフォリオ」を提示することではないだろうか。そして、ポートフォリオの要素を緩やかに結びつけ、新たな地域経済循環を構築することではないだろうか。

ポートフォリオとは本来「折りカバン」のことで、最近では投資を分散させる際の組み合わせの意味で使われることが多い。投資対象となる国内外の債券や株式には、多様なリスクとリターンがある。自らの資産を特定のリスクとリターンの投資先に集中させるのではなく、分散し、組み合わせることで最善のバランスを確保するのである。このような分散、組み合わせのあり方がポートフォリオである。

これをライフスタイルに当てはめてみれば、かつては終身雇用で職場と居住地が限られていた。そのため就職時の決断がきわめて重要となり、大都市に流出すれば戻れる機会は定年退職後まで待たなければならなかった。大都市と地方では労働環境も居住環境も大きく違い、大都市の強みが地方の弱みに、大都市の弱みが地方の強みとなっている。したがって、就職の際に大都市か地方を選択すれば、いずれかの強みを享受するとともに弱みも甘受しなければならなかった。そして、他方の強みを享受することも放棄せざるをえない。すなわち、組み合わせることができず、二者択一をしなければならなかったのである。

しかし、終身雇用が徐々に崩壊し、新型コロナウイルスの蔓延などによって在宅勤務も可能になりつつある。これらの変化によって、就職時の仕事や住居に限定されることなく、年齢に応じて、あるいは気持ちの変化に応じて自由に変更することができる。副業も許容されつつあるから、同時期に複数の仕事と住居を組み合わせることもできるだろう。このように、生涯の、あるいはある時点での仕事と住居に、ポートフォリオを構築することができるようになるのである。選択の幅が広がり、最善のポートフォリオを組むことで、得られる幸福も最大となるだろう。そこで、福井を選択してもらうとしても他の選択肢を放棄するのではなく、各人のポートフォリオのなかに少しでも組み込んでもらうことが、これからの戦略として重要になるのではないだろうか。

ポートフォリオという言葉が分かりにくければ、「半農・半X」というライフスタイルをイメージしてもよい。これは農業と他の業種を組み合わせて生計を立てることを表しており、仕事のポートフォリオと言える。福井ポートフォリオは「半福・半X」とも呼べるもので、各人のポートフォリオのなかに福井を少しでも組み込んでもらうことである。

これは先に述べた短期的な政策にも関係している。まず、福井への愛着が残っている人には、かつてのライフスタイルのなかに福井での居住があったことになる。第2章のアンケートから明らかになったように、こうした人々の心の中には今なおポートフォリオの中に福井が存在し続けていると言える。そこで、福井の最新情勢を発信することによって、本人のポートフォリオにおける福井の位置づけを高めるとともに、周囲への発信を通じて多くの人々のポートフォリオにも影響を与えることができる。

また、定年によるUターンの促進は、定年後に福井を位置づけてもらうポートフォリオ戦略となる。学生時代を福井で過ごしたことと、大都市で勤務したことの両方が存在しているからこそ、定年後のライフスタイルに組み込まれるものと言えるだろう。

キャリアアップの転機として転職や独立・起業、あるいは子育てやワークライフバランスの舞台として福井を選択してもらうことに関しては、やはりライフスタイルのポートフォリオのなかにキャリアアップという経験があったからこそ、キャリアアップでは得られないものを重視する際に選択されることになるだろう。

(4)「福井ポートフォリオ」から人口を捉え直す

この「福井ポートフォリオ」は、人口を捉え直す重要なきっかけにもなる。これまでは、大学への進学や就職で若者が大都市に流出することがマイナス、Uターンで戻ってきてもらうことがプラスとシンプルに考えられてきた。終身雇用や職住近接など、これまでの住まい方、働き方を踏まえ、ライフスタイルにおけるポートフォリオが限定されていたから生まれた考え方と言える。

しかし、先に述べたように終身雇用が徐々に崩壊し、在宅勤務が可能になりつつある。したがって、若者の流出によってライフスタイルのポートフォリオのなかでキャリアアップという成果を得ることが、福井にとっては一時的なマイナスになるとしても、それで終わるわけではない。次のステージとして福井で活かされるのならば、むしろプラスに転換するのである。人生でさまざまな経験を積み重ねてきた人が、ポートフォリオのなかでどのような形でも福井が選ばれれば、その経験が福井にとってプラスの要素となる。

ここで重要となるのが「緩やかなつながり」ではないだろうか。ポートフォリオのなかに福井があることで、ポートフォリオを構成する他の要素と結びつけられる。ポートフォリオは場所の組み合わせでもあるから、地域間のつながりが構築されることになるのである。そして、つながりが緩やかだからこそ柔軟な組み合わせや多様化が可能になる。福井が他の多くの地域と緩やかにつながることによって、福井は新陳代謝が良くクリエイティブな地域となるだろう。

このような考え方に立つと、人口の捉え方が大きく変わってくる。これまでは定住人口の減少抑制、つまり定住という形でいかに強く福井とつながる人を確保するかが重視されてきた。逆に言えば、他の地域とのつながりを遮断することが福井とのつながりを強めるという考え方があったと言える。しかし、それによって形成されたのは結束型ネットワークであり、つながりが強すぎるがゆえに息苦しさを感じさせ、かえってポートフォリオから離れる要因となっていたのではないか。あるいは、他の地域に流出して定住人口でなくなった人を「裏切者」のごとく扱い、福井とのつながりを急速に薄れさせてしまったのではないか。

しかし、いつでも他の地域に流出できる時代は、いつでも他の地域から流入できる時代でもある。いったん流出しても、再び流入する可能性がある。そして、流出することによって他の地域との緩やかなつながりが生まれれば、それが流入の際に大きなプラスとなる。こうして、流入と流出を繰り返すことで地域の新陳代謝が良くなりクリエイティビティも高まるのである。

そこで、今後は結束型のネットワークよりも「緩やかなつながり」に基づく選択型のネットワークを構築する必要がある。選択型ネットワークで福井の存在感を高めることこそ、「福井ポートフォリオ」の考え方であり、「半福・半X」の追求なのである。

したがって、重要なのは定住人口ではなく人口移動である。もちろん一定規模の定住人口は必要かもしれないが、これまでは定住に囚われすぎていたように思われる。これからは、流入と流出いずれの移動も増やし、「人口移動率（移動人口／定住人口）」を新しい地方《ふるさと》のクリエイティビティを測るための指標として重視すべきではないだろうか。

（5）「福井ポートフォリオ」から地域経済循環を捉え直す

そして、「福井ポートフォリオ」は地域経済循環のあり方も変えていくと見込まれる。高度経済成長期には、外部からの企業誘致や大規模な公共事業の実施など、地域外から経済活動を「取り込む」ことが重視されてきた。しかし、やはり取り込むことに過剰に囚われ、「出ていく」部分にまで注意が行き届かなかったのではないだろうか。その教訓を踏まえて、地方創生が進められている現代では、六次産業化や地産地消といった形で経済活動を「回す」ことが重視されるようになっている。地域経済循環の考え方もこうした潮流のなかで提唱されてきた。

しかし、「福井ポートフォリオ」の追求は、他地域への流入と流出を繰り返すことによって高い価値を創出する方法と言えるから、他地域への流出を食い止めるような形で「回す」ことさえ、必ずしも有効ではなくなってくるであろう。むしろ、流出を食い止めるのではなく流出をプラスに変えるという意味で、「育てる」視点が必要になるのではないか。もちろん無為に流出を容認するわけではないし、域内で「回す」ことを放棄するものでもない。「育てる」とは、むしろ流出も将来の流入に結実させるように広域で「回す」プロセスと言えるだろう。

第4章で提唱された、産業の切り口を変えてみることや伝統的な手仕事を復権させることは、こうしたプロセスを促進する手段となる。したがって、これらも「育てる」プロセスに位置づけられることで、「新しい地方《ふるさと》」が「さらに稼ぐ地域」となるのではないだろうか。

考えられる政策として、農林水産業で例えてみたい。「いちほまれ」など福井のおいしいブランド米は、米だけでも高い価値を持つが、各地でブランド米の競争は激化している。しかし、ここに嶺南地方の梅を組み合わせれば、他の地域にはないおにぎりができる。六次産業化の取り組みとして、福井のなかで経済活動を「回す」ことによって価値を高め、稼ぐ方法と言えるだろう。

ここに「福井ポートフォリオ」の視点を組み込めば、ライフスタイルのポートフォリオに何らかの形で福井が位置づけられている人が、他の地域の産品を組み合わせて新たな商品を開発することができる。究極の卵かけご飯といった庶民の味から、最高級の握り寿司といった高い価値の商品開発まで、一気に可能性を広げることができるようになる。卵との組み合わせは、福井と卵が特産品の地域の両方に愛着のある人がもたらすであろうし、握り寿司は福井と特産品の魚がある地域の両方に愛着がある人や、腕のある寿司職人との組み合わせで生まれるであろう。このように考えると、他の地域への流出が、むしろ「回す」範囲を広げ、「育てる」プロセスとなることによって、さらに「稼ぐ地域」になることができるのではないだろうか。

（6）「福井ポートフォリオ」からライフスタイルの設計を捉え直す

最後に、「福井ポートフォリオ」から人口や地域経済循環を捉え直すことで見えてくる、ライフスタイルの新たな設計方法を提示することにしたい。

福井県では「ふくい暮らしライフデザイン設計書」と題するパンフレットを発行している。これは、将来の家計の収支に関するシミュレーションを福井県と東京都で比較すると、60歳までに約3000万円の差が生まれることを示したものである（**表1**）。

この表で注目すべきことは、まず、収入面である。確かに東京都には大企業が集積しており、福井県で就職するよりも高い収入が得られるであろう。東京都は福井県よりも600万円高く、その大半は結婚前に生じる。しかし、それで

表1　将来の家計の収支シミュレーション――福井県と東京都の比較――

	世帯主年齢	23～29歳	30～49歳	50～60歳	計
	ライフステージ	結婚前	結婚・子育て	大学進学・独立	
福井県	収　入	2,510万円	18,910万円	13,110万円	34,530万円
	支　出	-2,010万円	-16,640万円	-11,240万円	-29,890万円
	収支差	500万円	2,270万円	1,870万円	4,640万円
東京都	収　入	2,940万円	18,790万円	13,420万円	35,150万円
	支　出	-2,350万円	-18,230万円	-12,920万円	-33,500万円
	収支差	590万円	560万円	500万円	1,650万円

出所：福井県「ふくい暮らしライフデザイン設計書」.

も福井県は女性が出産後もフルタイムで職場復帰できる環境があるため、その差がかなり縮まるのである。この点は、大学を卒業して就職を控える時期にはあまり顧みられないと思われるので、興味深いポイントである。

次に、支出面である。福井県では住宅取得や物価水準、保育環境などの面から支出が東京都を大きく下回り、3500万円もの差が付いている。差の大半は結婚後であり、やはり就職を控える学生には顧みられないであろう。

このように、収入と支出の両面から、実は福井の方が「稼げる地域」であることを示した意味は大きい。稼ぐために東京都で就職したいと考える人にとって、その判断が誤りであることを示しているからである。

しかしながら、このシミュレーションは、就職から定年まで同じ地域で働き続けることを前提としている。ここに「福井ポートフォリオ」の視点を組み込むと、さらに違った点が浮かび上がる。例えば、いったん東京都で就職して結婚・子育ての段階で福井に移住する方法が考えられる。その方が、収支のシミュレーションがもっと良くなるのである。東京都で得たスキルやネットワークを福井で活用できれば、福井での収入もさらに高くなるだろう。

つまり、卒業後はキャリアアップを求めて東京都で就職したとしても、ずっと福井に戻らないのではなく、新たなキャリアを求めて起業したいと考えた場合でも福井県に戻ることができ、あるいはライフスタイルのなかでワークライフバランスを重視する時期に福井県に戻ることもできる。「福井ポートフォリオ」の視点に立てば、福井県はそうしたニーズの受け皿にもなることが期待される。

おわりに

本章では、これまでの議論を踏まえつつ、筆者の思いも交えて政策への示唆を述べた。県や市町での政策形成をすぐに取り組めるものばかりでなく、長期的な潮流の変化も見据えたものとなっている。何らかの形で政策に活かされることを期待したい。

もちろん、本書を通じて提示された「新しい地方《ふるさと》」の姿や本章で述べた政策への示唆は、必ずしもあらゆる地域や人に共通のものではないかもしれない。しかし、「新しい地方《ふるさと》」は、人々がこれからの生き方を模索するうえで必ず重要な前提となり、政策が果たす役割も引き続き大きいであろう。本書の議論が「新しい地方《ふるさと》とは何か」を考えるきっかけとして、本章の内容がこれからの政策のあり方を探るきっかけとして、少しでも参考になる題材が提供できたのであれば、幸いである。

注

（1）「『実は福井の技』サイト」（http://info.pref.fukui.jp/tisan/sangakukan/jitsuwafukui/，2021年10月5日閲覧）

（2）ここで用いる「ライフスタイル」は、第3章で用いられている「ライフスタイル」とはやや異なる使い方をしている。すなわち、本章の「ライフスタイル」は、ある時期における職業や住居、家庭での役割分担の状況を表すほか、生涯を通じた職業や住居、家庭での役割分担の変遷（「ライフコース」「ライフステージ」などと呼べる）も含む。すなわち、第3章での「ライフスタイル」の概念を時系列でも捉えていることになる。

あとがき

　何を書こうかと悩みながら、今、パソコンのキーボードを叩いている。もう何年も、パソコンがなければ仕事にならない生活が続いている。デスク周りの景色は、ここ数年、なにも変わっていない。

　ただ、ふと外を眺めると、そこに広がるのは、スカイツリーや東京タワーではない。180度広がる山並みに、数日ぶりに見た蒼穹。うっすらと白い雲が出現している。鳥たちが一本の筋を描くように横切り、街路樹の揺れが、風の流れを教えてくれる景色である。ここが東京ではなく、福井――地方――なのだということを実感させられる。

　日本の創造都市研究を牽引する佐々木雅幸が「創造農村」を語る際、その冒頭でアルビン・トフラー（アメリカの作家であり未来学者）の著書『第3の波』（1980年）を取り上げ「トフラーが予言したエレクトリックコテージ（電子情報機器を装備した住居）の夢が、いまや実現しているようにも取れる」と言っている。徳島県神山町にある美しい谷間の川べりで、ひとりの青年がパソコン画面を相手に、インターネットで繫がった遠く海外のオフィスにいる仲間と仕事をしている姿を見て語った言葉である。

　この言葉が発せられたのは2014年のことで、その当時は、一部の特殊な人たちの特別な働き方だと思っていた人も少なくないと思う。

　ただ、2019年以降の新型コロナウイルス感染症拡大は、リモートワークを急激に普及させ、トフラーの夢は、一部の特別な人たちだけのことではなくなった。

　さて、筆者らは、福井県と何らかの関りを持っているという意味では共通しているものの、専門は社会学や社会福祉学、公共政策論、経営学、統計学、金融と様々であり、職場も違えば、暮らしの場も違う。専門が違えば、それぞれが持つ論点も異なることが多い。ゆえに、ひとつの作品として書籍を創り上げることは難題で、数多くの編集会議と名づけたミーティングを行うことで、すり合わせの作業を行うことになった。ただ、コロナウイルス感染症の拡大や、筆者らの住まいが福井や東京と物理的な制約があるなかで、一堂に会す機会は一度もなかった。すべてがリモート（電子空間）で行われたのである。

編集会議とは、膝を突き合わせて行うことが当たり前であった時代ではなくなったのかもしれない。「人口減少対策」というプロジェクトから始まり、共通の問題意識や地方を何とかしたいという使命感を持った筆者ら同士の信頼関係と、便利になった道具を使いこなすことで、リモートであったとしても充実した編集・研究交流の場を創り上げることができることを気づかせてくれた。こうした環境が、本書を生み出す原動力にもなっている。

こうして考えると、書籍づくりも地域づくり・地方づくりも似たところがあるように感じる。コミュニティとは同質的なものの集まりであると思われてきた。しかし、コミュニティ内にはいろいろな人たちが住まい、暮らしている。こうした、いろいろな人という小さな多様性が存在するがゆえに表面化しない対立も起こっていたであろう。多様性の時代といわれる現代であるからこそ、地方では、そこで暮らし、生活する人たち同士が改めて共通の問題意識を持ち、強い信頼関係や絆を創り上げることが一層、重要になっているのではないだろうか。

地方は、弱い存在ではない。中央や都市が優れているという価値観では、地方は魅力を持ち合わせていない。ただ、目線を少し変えることで、地方の魅力や価値が見えてくる。「新しい地方《ふるさと》」には、私たちの価値観を変えるパワーが備わっている。

また、「新しい地方《ふるさと》」とは、コモンズ的な視点とともに、定住者・定住人口、交流者・交流人口、関心者・関心人口とが協力して、新たな生活や暮らしが創られる創造性が溢れる出す空間ともいえる。

さらには、そこで暮らす人たちの活動を通じて、そして、その地の地域資源を活用して、何らかの新たなものが誕生し続けることが、ムーブメント（運動）となるエリアなのかもしれない。

他にも、その地に備わった伝統性と、世の中の要請という革新性のバランスを取ったうえで、その地で生活しているのか（定住）、興味を持って訪れるのか（交流）、遠く離れた場所から応援するのか（関心）はともかくとして、その地にあった新たな産業や生業が多様な人たちの共同作業によって創造されることで、その地の人たちが暮らし続けられる持続可能な空間が「新しい地方《ふるさと》」なのではないだろうか。

少し横道に逸れるが、とある講演の場で松下幸之助はオーディエンスから「なぜ成功できたのか？」という質問に対して「強く願ったから」と答えたという。それを聞いたオーディエンスから笑い声が漏れたようであるが、唯一「なるほど」とうなずいたのが若かりし頃の稲盛和夫だったと聞いたことがある。未来を予言することはできない。ただ、新しい地方《ふるさと》を創りたいと「強く願う」ことはできる。また、願うことで、一種の予言的なものが現実になっていくように感じてならない。新しい地方《ふるさと》の姿とは、ひとつではないのかもしれない。私たち一人ひとりの心の中、頭の中で「こうありたい」と強く思い描く姿が「新しい地方《ふるさと》」なのかもしれない。

本書で「新しい地方《ふるさと》」とは何か。これを論じきることができていないことは否めない。さらに議論を深め、進展させるという歩みを筆者らは止めることはない。是非、次回作に期待していて欲しい。

そして、なによりも、本書を契機に、地方を見つめ直し、地方のあり方とは何か、地方を変えなければならない、地方を変えるのは、私たち一人ひとりの考え方や行動に委ねられるという意識が広く、そして深く広がることを期待したい。

本書が、地域づくり・地方づくりに関心を持つ多くの人たちに広く読まれ、国や自治体、産業や企業などの現場で奮闘している方々への励ましとなり、また、今の生活を少しでも変えたいと思っている方々の背中を押すことで、日本の地方を、そして日本を元気にする一助になることを願ってやまない。

最後に、本書は、公立大学法人福井県立大学より、個人研究推進支援（出版・論文投稿支援【出版支援】）を拝受している。進士五十八学長はじめ、本学より特別なご配慮をいただいたことに、この場を借りて、深く御礼申し上げたい。また、本書の出版にあたっては、温かいご配慮をいただいた晃洋書房の坂野美鈴氏はじめ関係各位、とりわけ、他の編集作業が重なる中で、本書をまとめ上げるために行なった、筆者らの編集会議やワークショップに何度も参加いただいた丸井清泰氏には、心から御礼申し上げたい。編集会議でいただいた忌憚ない指摘やアイデアがなければ、本書を世に送り出すことができなかっただろう。

2022年3月

著者を代表して　杉山友城

主な参考文献

相田潤・近藤克則（2014）「ソーシャルキャピタルと健康格差」『医療と社会』24(1)。

木下斉（2021）『まちづくり幻想』SBクリエイティブ（SB新書）。

クルグマン、P. R. & M. オブズフェルド（1996）『国際経済—理論と政策：I国際貿易（第3版）』（石井菜穂子・浦田秀次郎・竹中平蔵ほか訳）、新世社。

幸福度指数研究会（2011）『日本でいちばん幸せな県民』PHP研究所。

佐々木雅幸・川井田祥子・萩原雅也（2014）『創造農村』学芸出版。

杉村和彦・石原一成・塚本利幸編（2019）『三世代近居の健康長寿学——福井・北陸・日本・世界——』晃洋書房。

杉山友城（2020）『地域創生と文化創造——人口減少時代に求められる地域経営——』晃洋書房。

鈴木孝弘・田辺和俊（2016）「幸福度の都道府県間格差の統計分析」『東洋大学紀要　自然科学篇』60。

東京若越クラブ・福井新聞社（2019）『福井の幸福を語ろう』中央経済社。

東洋経済（2021）「住みよさランキング　2021」『都市データパック』東洋経済新報社。

中澤高志（2015）「高度成長期の地方織物産地における「集団就職」の導入とその経緯——福井県勝山市の事例から——」『地理学評論 Series A』88(1)。

成田光江（2018）『複合介護——家族を襲う多重ケア——』創英社／三省堂書店。

南保勝（2019）『地域経営分析——地域の持続的発展に向けて——』晃洋書房。

日本総合研究所（2012）『日本でいちばんいい県　都道府県別幸福度ランキング　2012年版』東洋経済新報社。

———（2014）『全47都道府県幸福度ランキング　2014年版』東洋経済新報社。

――（２０１６）『全47都道府県幸福度ランキング　２０１６年版』東洋経済新報社。

――（２０１８）『全47都道府県幸福度ランキング　２０１８年版』東洋経済新報社。

――（２０２０）『全47都道府県幸福度ランキング　２０２０年版』東洋経済新報社。

藤吉雅春（２０１５）『福井モデル　未来は地方から始まる』文藝春秋。

ブランド総合研究所（２０２０）「都道府県ＳＤＧｓ調査２０２０」ブランド総合研究所。

増田寛也（２０１４）『地方消滅』中央公論新社（中公新書）。

柳宗悦（１９４８）『手仕事の日本』靖文社。

ローレンス、ポール・R.&ニティン・ノーリア（２０１３）『ハーバード・ビジネススクールの〈人間行動学〉講義――人を突き動かす４つの衝動――』ダイレクト出版。

索　　引

あ

か

さ

た

な

は

ま

や

ら

わ

成田光江（なりた　みつえ）―第３章・第５章―

三重県出身．看護師，社会福祉士．進学で上京し約40年東京在住．東京都心の地域包括ケアシステムの構築に取り組み，完成後の2018年に福井県立大学着任．現在，福井県立大学看護福祉学部准教授．

主要業績・主な取り組み

「地域包括ケアと看護」『臨床老年看護』７・８月号（2020年）

『複合介護――家族を襲う多重ケア――』（単著，創英社／三省堂書店，2018年）

『実践社会学を創る』（共著，日本教育財団出版局，2016年）

専門分野

医療福祉学，社会福祉学，看護学

福井銀行 地域創生チーム（ふくいぎんこう ちいきそうせいちーむ）―コラム１～５―

吉村直樹（よしむら　なおき），林　順一（はやし　じゅんいち）
坂下佳弘（さかした　よしひろ），河上佳史（かわかみ　よしふみ）
橋本敬之（はしもと　たかゆき），横田裕美（よこた　ひろみ）

2011年９月地域振興室を創設，2015年４月地域創生チームに組織改編．主に地域活性化に資する活動を担う．

主要業績・主な取り組み

福井県内の各自治体や大学，支援機関との連携協定に基づいた地域のプロジェクト企画推進や産学官連携活動，新幹線新駅周辺や各市町のまちづくり関与等．

執筆者紹介（執筆順，＊は編著者）

＊杉山友城（すぎやま　ともき）**―序章・第１章・第４章―**

静岡県出身，福井県小浜市産業専門員，法政大学大学院中小企業研究所特任研究員，株式会社アタックス主任コンサルタント――静岡，福井，愛知（名古屋）――等を経て，現在，福井県立大学地域経済研究所准教授，博士（経営学）．

主要業績・主な取り組み

『地域創生と文化創造――人口減少時代に求められる地域経営――』（単著，晃洋書房，2020年）

『地域創生の産業システム――もの・ひと・まちづくりの技と文化――』（共著，水曜社，2015年）

『データで見る地域経済入門――地域分析の経済学――』（共著，ミネルヴァ書房，2003年）

専門分野

地域活性論，地域産業論，中小企業経営論

井上武史（いのうえ　たけし）**―序章・終章―**

千葉県出身．就職を機に両親のふるさと福井に移り，1993年から2007年まで敦賀市役所，2007年から2017年まで福井県立大学地域経済研究所に勤務．現在，東洋大学経済学部教授，博士（経済学）．

主要業績・主な取り組み

『原子力発電と地域資源――「依存度低減」と「地方創生」への対応――』（単著，晃洋書房，2020年）

『原子力発電と地方財政――「財政規律」と「制度改革」の展開――』（単著，晃洋書房，2015年）自治体学会賞受賞

『原子力発電と地域政策――「国策への協力」と「自治の実践」の展開――』（単著，晃洋書房，2014年）

専門分野

都市政策論，地方財政論

栃川昌文（とちかわ　まさふみ）**―序章―**

福井県出身，福井県内のソフトウェア会社に勤務後，（公財）ふくい産業支援センター勤務を経て，独立．現在，株式会社ビジネス・アイ代表取締役．

主要業績・主な取り組み

主に福井県内の中小企業のIT経営への取組支援（コンサルティング）

商工会議所等でのセミナー講師

主な資格　ITコーディネータ，公認システム監査人，ISMS（ISO27001）審査員補

専門分野

IT導入支援およびそれに伴う業務改善支援，情報セキュリティ対策支援，データ活用支援

塚本利幸（つかもと　としゆき）**―第２章―**

滋賀県出身，大学・大学院時代に10年ほど京都に通学，大谷大学（京都）の特別研究員を経て，1999年に福井県立大学に着任，福井県で子育てを経験，現在，福井県立大学看護福祉学部教授．

主要業績・主な取り組み

『三世代近居の健康長寿学――福井・北陸・日本・世界――』（共著，晃洋書房，2019年）

『フランスに学ぶ男女共同の子育てと少子化抑止政策』（共著，明石書店，2014年）

『男女共同参画の実践――少子高齢社会への戦略――』（共著，明石書店，2007年）

専門分野

社会学，社会調査，ジェンダー論

新しい〈地方《ふるさと》〉を創る
——未来への戦略——

2022年3月10日　初版第1刷発行　　＊定価はカバーに表示してあります

編著者　杉山友城©
発行者　萩原淳平
印刷者　江戸孝典

発行所　株式会社　晃洋書房
〒615-0026　京都市右京区西院北矢掛町7番地
電話　075(312)0788番(代)
振替口座　01040-6-32280

装丁　吉野綾　　印刷・製本　共同印刷工業(株)
ISBN978-4-7710-3589-8